A Trajetória da Humanidade

Em busca da evolução e da verdade

Benedicto Ismael Camargo Dutra

A Trajetória da Humanidade

Em busca da evolução e da verdade

MADRAS®

© 2016, Madras Editora Ltda.

Editor:
Wagner Veneziani Costa

Produção e Capa:
Equipe Técnica Madras

Revisão:
Silvia Massimini Felix

Dados Internacionais de Catalogação na Publicação (CIP)
(Câmara Brasileira do Livro, SP, Brasil)

Dutra, Benedicto Ismael Camargo
A trajetória da humanidade : em busca da evolução e da verdade / Benedicto Ismael Camargo Dutra. -- São Paulo : Madras, 2016.

ISBN: 978-85-0990-1

1. Autoajuda 2. Crescimento pessoal 3. Criação 4. Evolução humana 5. Verdade 6. Terra (Planeta) - Origem I. Título.

16-00602   CDD-301.09

Índices para catálogo sistemático:
1. Seres humanos : Antropologia : História
301.09

É proibida a reprodução total ou parcial desta obra, de qualquer forma ou por qualquer meio eletrônico, mecânico, inclusive por meio de processos xerográficos, incluindo ainda o uso da internet, sem a permissão expressa da Madras Editora, na pessoa de seu editor (Lei nº 9.610, de 19/2/1998).

Todos os direitos desta edição reservados pela

MADRAS EDITORA LTDA.
Rua Paulo Gonçalves, 88 — Santana
CEP: 02403-020 — São Paulo/SP
Caixa Postal: 12183 — CEP: 02013-970
Tel.: (11) 2281-5555 — Fax: (11) 2959-3090
www.madras.com.br

Índice

Introdução – Pérolas para adorno da alma 7
Século XXI da Era Cristã 10
    Regressão ao passado longínquo 10
    Modernidade e religião 13
    Mais de 7 bilhões de habitantes no planeta 18
    O terrorismo, o dinheiro e as Leis da Criação 20
O Nascimento da Terra e dos Seres Humanos 23
    O nascimento da Terra 26
    Teoria da evolução 27
    Origem do ser humano 27
    O que é viver? 32
Atlântida, o Continente Perdido 35
    As lendas celtas e o Graal 38
    Os atlantes na Babilônia 40
A Grande Pirâmide 45
    Os sumérios 46
Krishna, o profeta da Índia 49
Moisés 52
Resgatando Kassandra 57
Salomão e a rainha de Sabá 61
Os Anunciadores: Buda, Lao-Tsé, Zoroáster 64
    Buda 65
    Lao-Tsé 67
    Zoroáster 68
Jesus, o Amor de Deus 70
    O nascimento 71
    Um só Criador, uma só Verdade 73
    Judas Iscariotes 75
    Uma imaginária aparição de Jesus 78

Decifrando o Filho do Homem 83
Os discípulos em Roma... 89
A energia espiritual da Criação.. 97
E 20 Séculos se Passaram... 99
Religião e poder econômico... 103
Lutero, um homem de coragem... 109
Resistir com coragem.. 111
Longevidade e morte prematura.. 113
Religião e Democracia 118
O Sol, uma breve nota.. 123
No limite 125
Leis da Criação e caos humano.. 128
Tempos de Juízo Final 131
Os predadores e o *tsunami* 135
Evangelhos apócrifos e a inquietação humana 137
Ansiedade mundial.. 140
Grandes Transformações.. 143
Os seres humanos 147
Renascimento da Terra 148
Uma Nova Era em Gestação.. 151
Imediatismo na economia 152
Tempos obscuros 154
Uma nova forma de viver 155
Despertar o eu interior.. 157
A ciência e o comportamento humano.............................. 158
Ciência e espiritualidade... 160
Física quântica e espiritualidade 161
Jesus, um revolucionário... 163
Como teria sido... 164
Reflexões sobre o século XXI 166
Principais transformações 168
Veias abertas.. 170
A nova civilização humana... 172
A naturalidade e as guerras 174
O cérebro e o coração... 176
Dominadores e dominados... 178
Robocop: o poder da manipulação das massas 179
Trajetória humana 181
Como modificar a trajetória da humanidade.................... 183
A Mensagem do Graal e a humanidade............................ 184
Na Luz da Verdade: um Comentário Indispensável............... 187
Conclusão 189
Referências Bibliográficas 191

Introdução

Pérolas para Adorno da Alma

*P*ara que o ser humano da atualidade não caminhe sem rumo pela vida, torna-se indispensável que adquira uma visão geral, sem lacunas, sobre todos os tempos, do começo da humanidade até agora, pois atualmente a realidade se acha tão fragmentada, que se torna dificílimo uma visão do que é a vida. Por isso, este trabalho é dedicado aos jovens de todas as idades que vivem no planeta dos seres humanos – a Terra –, procurando pela verdade da vida e, principalmente, àqueles que tateiam ansiosamente, temerosos de nunca conseguirem encontrá-la.

Uma grande inquietação perpassa a Terra. Grande parte dos seres humanos está insatisfeita com as respostas disponíveis. "Quem procura, acha" significa que o encontro está reservado àqueles que buscam. Eis a grande promessa. Somente poderá achar aquele que efetivamente procurar. No entanto, na vida moderna, os incentivos para a busca estão sendo retirados, havendo uma forte pressão para um viver conectado, sem tempo para sonhar fazendo devaneios em busca da própria intuição.

Estamos diante de um momento significativo da humanidade, porém as pessoas ainda permanecem travadas em suas crescentes dificuldades. Estamos adentrando na possibilidade de uma grande ruptura. A humanidade chegou ao limite do materialismo e um grande colapso se anuncia. Percebe-se isso na confusão e desorientação, nas crises econômicas, na alteração do clima e nas depressões e ansiedade. Falta a motivação essencial que só a compreensão do significado da vida pode oferecer para dirigir o querer para projetos enobrecedores que dignifiquem a espécie humana. É preciso procurar para encontrar.

"Procurai, e encontrareis!" Essa é a expressão da verdade que deve ser aplicada a tudo na vida. (Mensagem do Graal, de Abdruschin). A frase encerra o funcionamento das leis da Criação. O querer do eu interior gera o impulso para a ação, atraindo a igual espécie; refletindo no silêncio, vamos atraindo respostas e compreensão. Com o avanço da indolência, o eu interior vai emudecendo e as pessoas passam a viver como produto de massa, sem atentar para a vontade própria, sem definir objetivos, sem saber o que procuram. Formam-se caricaturas em de vez de seres humanos investigativos, que pensem com clareza e façam perguntas; que ponham em ação as capacitações que dão a habilidade de observar e analisar os acontecimentos com lucidez, para se conectar com o significado maior da vida, evoluir, ser feliz.

Nos dias atuais de desgastantes lutas pela sobrevivência, no cerne do bombardeio da multimídia eletrônica, o pesquisador sincero se depara com uma enormidade de obstáculos que desviam sua atenção para que fique sem rumo e tenha sua força de vontade enfraquecida, pois, se não esmorecer e confiar no auxílio da Luz, sua força de vontade será vitoriosa.

Em um mundo cada vez mais agitado, há um consenso de que os leitores dispõem de cada vez menos tempo para ler, por isso mesmo este livro tem o propósito de oferecer-lhes um panorama condensado, da trajetória espiritual do ser humano, desde os primórdios até os dias de hoje, apontando os caminhos seguros que cada um almeja, e que, individualmente, deverá alcançar com o próprio esforço. Os seres humanos se acomodaram e cessaram a busca. Eis que, atualmente, vai aos poucos se esboçando um despertar para o saber verdadeiro e o poder sobre a vida.

A vida é uma coisa muito séria, mas isso não significa que as pessoas devam ser antipáticas e rabugentas; ao contrário, elas devem ser alegres e otimistas. Contudo, não podemos nos iludir; devemos reconhecer a realidade da forma como se apresenta, com seus altos e baixos, com turbulência e violência, mas sempre com a esperança de que há um futuro melhor a ser alcançado.

A vida terrena exige trabalho, atividade construtiva e beneficiadora. Mas, antes que os seres humanos pudessem existir, deveria surgir, na matéria, uma estrela especial que lhes desse abrigo. O surgimento do planeta Terra é um acontecimento inenarrável, um presente do Criador para que o espírito humano pudesse fortalecer sua autoconsciência.

A história tem seus aspectos invisíveis nem sempre examinados, como por exemplo a vinda da corte de Portugal para o Brasil e a união matrimonial do príncipe d. Pedro, que atraiu a vinda da imperatriz Maria Leopoldina, a qual se tornou a principal artífice da independência.

O Brasil, localizado no Hemisfério Sul do planeta, era tido como o país que vivia do lado da felicidade da vida. Mesmo atualmente tem chamado a atenção do mundo pela alegria espontânea do povo. O mesmo acontece com os filmes brasileiros, que são apreciados porque o público gosta de ver a fisionomia alegre dos intérpretes, mas ultimamente a mídia tem explorado à exaustão o "mundo cão" e a miséria humana produzida por criaturas que, com sua capacitação, deveriam produzir unicamente beleza e alegria no maravilhoso planeta que receberam para que pudessem evoluir, pois para isso alcançaram sua independência política, no ano de 1822.

A alegria e a criatividade brasileira se originam de uma reduzida conexão intuitiva, que tem sido mantida pela simplicidade desse povo que reconhece a existência de um Criador Todo-Poderoso, sem se prender aos artifícios intelectivos que despertam mania de grandeza e violência na cabeça das pessoas que enaltecem o raciocínio, em detrimento do lado espiritual, negando a intuição.

Essa qualidade tem feito do brasileiro uma criatura extraordinária, que ama a paz e a harmonia. Povo do "deixa disso" – pois brigas e guerras não valem a pena –, no Brasil convivem em paz pessoas de todas as raças e religiões. É um país abençoado, cantado em verso e prosa. No entanto, essa alegria natural também se acha sob ameaça. A alegria, a criatividade, o anseio de evoluir e ser feliz não podem ser desprezados ou jogados fora, pois constituem o que há de melhor no coração brasileiro.

Nesta época, mais do que nunca, o brasileiro precisa utilizar-se de todas as suas qualidades para não cair na vala comum dos seres humanos indolentes e robotizados que, por valorizarem apenas aspectos materiais da vida, estão perdendo o ânimo, aumentando assim as estatísticas de suicídios.

Este livro também quer homenagear Roselis von Sass, que escreveu vários livros destinados às pessoas que ainda cultivam, consciente ou inconscientemente, o anseio pelo verdadeiro saber espiritual. Tomando os livros escritos por Roselis, e as obras editadas pela Ordem do Graal como fonte, surgiu a ideia de traçar *A Trajetória da Humanidade* e reunir pérolas do saber espiritual, para o embelezamento da alma.

A vida é breve. O tempo é curto. Não há espaço para frases supérfluas. Tampouco se busca aliciar leitores. São pérolas oferecidas àqueles que procuram compreender o significado da vida com sinceridade e bom senso. Afinal, pérolas não devem ser atiradas aos insensatos, mas ser apresentadas àqueles que buscam pelas joias da sabedoria. A recompensa é possibilitar o reconhecimento do saber da Luz da Verdade e, com este saber, o fortalecimento interior para alcançar a liberdade espiritual.

"Conhecereis a Verdade, e a Verdade vos libertará."

(João 8:32)

Século XXI da Era Cristã

Regressão ao passado longínquo

Tudo foi organizado para que tivéssemos uma vida amena e feliz. Porém, muitas pessoas estão descontentes com as atuais condições de vida, sobretudo porque não conhecem seu real significado e, assim sendo, não sabem exatamente quem são, de onde vieram, para onde vão. Por isso mesmo tudo se torna muito mais difícil. Desconhecendo as respostas, as pessoas não se preocupam se estão agindo com bondade, tampouco se importam se estão agindo com falsidades e mentiras.

Não nascemos para sofrer. O sofrimento é criação humana. Diariamente somos bombardeados com pessimismo, conflitos e negatividade, que pesam em nosso íntimo e atraem sombras. A nobreza, o otimismo, a justiça, a coragem e o heroísmo são valores que nos trazem Luz e beleza! Caminhar na Luz nos leva ao encontro da alegria, do amor e da felicidade. O ser humano necessita conhecer as Leis da Criação para cumprir mais facilmente seu percurso pelo Universo.

Quando as pessoas apresentam distúrbios de comportamento, alguns médicos e terapeutas recomendam que elas busquem o trauma que causou tudo isso. Atualmente, toda a humanidade apresenta um comportamento afastado da naturalidade. Ela deveria, então, tentar regressar a um passado longínquo, bem distante, onde tudo começou, para restabelecer a naturalidade perdida.

Mas onde tudo teria começando? Certamente na encarnação dos primeiros seres humanos, no por que e para que vivemos, por que há tanto sofrimentos, miséria e doenças. Se fosse possível voltar para visualizar as imagens de como tudo ocorreu, então muita coisa poderia ser esclarecida e a felicidade seria muito mais facilmente encontrada pela humanidade inquieta, que age sem responsabilidade, sem dar valor à própria vida e à de seus semelhantes e que, com isso, está permitindo que o bom senso se perca.

Mas como voltar ao passado? Por exemplo: uma pessoa não encontra o talão de cheques, mas se lembra de que ele está no bolso do casaco. Onde está o casaco? A pessoa começa a recordar quando usou o casaco, onde foi com ele, o que fez, se estava calor ou não, se tirou o casaco em algum lugar. Com isso, ela está fazendo uma incursão a um passado recente para encontrar o casaco e o talão de cheques perdidos. Isso é feito apenas com a memória? Muitos dirão que sim. Mas será que uma parte da intuição tenta voltar ao passado?

Se pudéssemos regressar a um passado mais longínquo, ao tempo em que a semente espiritual foi expelida da região de seu surgimento, iniciando sua peregrinação como uma semente lançada para poder germinar e dar frutos, tornar-se autoconsciente em direção à materialidade, em decorrência do impulso de se tornar consciente, o que encontraríamos? Poderíamos observar, em meio a uma névoa brilhante e multicolorida, a sementinha semiconsciente descendo para alcançar o ambiente terreno, seguindo seu impulso interior, definindo sua tendência, seu modo de ser, suas primeiras escolhas, se terá uma atuação masculina ou feminina, e assim por diante, até alcançar o ambiente terreno, onde cobriria seu corpo com matéria idêntica, ou seja, a primeira encarnação, uma dentre uma série de outras, indispensável ao seu desenvolvimento e maturidade, até o dia de poder retornar à sua origem, fortalecida e consciente, para a região mais elevada de onde partiu no início. Então, certamente, tudo seria mais fácil de compreender. Cada um poderia perceber onde e quando desperdiçou o tempo que lhe foi dado, e também em que espécies de fios do destino se enredou, fios estes que o conduziram para as atuais condições de vida.

Evidentemente, esse tipo de volta ao passado só poderíamos fazer na imaginação. O livro *Na Luz da Verdade, Mensagem do Graal*, escrito por Abdruschin, explica minuciosamente o funcionamento das engrenagens da Criação. Para captar os quadros mostrados pelo autor, entretanto, é preciso refletir. É indispensável que cada ser humano coloque em ação todas as faculdades que lhe foram dadas com raciocínio lúcido e intuição.

"Quem deixa que outros pensem em seu lugar, dá-lhes poderes sobre si, rebaixa-se a servo, tornando-se, assim, refém. Deus, no entanto, deu ao ser humano uma força de livre resolução, deu-lhe a faculdade de raciocinar, de sentir intuitivamente e, para tanto, terá de receber, evidentemente, uma prestação de contas de tudo aquilo que essa faculdade de livre resolução condiciona! Com isso, Ele queria criaturas humanas livres, não servos!" (*Mensagem do Graal*)

Entendendo a vida, cada ser humano compreenderá, finalmente, que as causas dos sofrimentos foram produzidas pelos próprios seres humanos, que se esqueceram de sua origem e da finalidade da própria existência ao ficarem vagando a esmo em um mundo de asperezas, decorrentes de sua falta de coração no modo de viver, distanciado das Leis da Criação. Assim, muitas pessoas estão tristes e carentes de calor humano porque não buscam um modo de ser alegre e natural. Tudo é simulado: gestos, palavras, ações. Falta autenticidade. As pessoas querem mostrar que são independentes, fortes, que não precisam da ajuda de ninguém para ter sucesso. Assim, todos se sentem isolados, desconectados. O ego sempre fala mais alto.

Outras pessoas, ainda, se deixam vencer pela publicidade enganosa das bebidas alcoólicas para afugentar a tristeza e a insegurança. Segundo o cientista político Robert Reynolds, de cem pessoas que começam a beber, 15 vão se tornar alcoólatras. Isso garante uma renda vitalícia à indústria de bebidas. Essas empresas não lucram com aqueles que bebem socialmente; lucram com o vício.

De todos os seres criados, só os humanos produzem sofrimento, pois não se utilizaram das capacitações do sentimento intuitivo. Com sua ambição de poder e o pretenso querer saber melhor, afastaram-se da Luz e de suas leis. Aceitaram cultos idólatras e afastaram-se dos enteais, os construtores dos mundos na Vontade Criadora de Deus. Depois aderiram a uma religião dogmática com a indicação de tortuosos caminhos, não incentivando o natural esforço para compreender a Criação e seu funcionamento como o único meio para a salvação.

Atualmente, todos são estimulados a permanecer acomodados na inércia. Percebem que o tempo passou. Passou a infância e a juventude, sem que tenham dado sentido às próprias vidas. Estão presos ao cipoal que construíram ao longo dos séculos. Contudo, a conscientização, a compreensão dos mistérios da criação do planeta e de todas as criaturas, é o único caminho que conduz à porta de entrada para uma vida melhor.

Com seu modo de ser, os humanos fecharam os canais por onde passa a força da Luz, e assim ficaram separados de energia que tudo vivifica. Prejudicam a si mesmos, afastando-se cada vez mais do auxílio. A Terra ficou povoada de rostos aflitos, cansados, indispostos. Suas expressões denotam mágoa e desânimo, em vez dos rostos felizes daqueles que, reconhecendo as leis do Criador, deram à sua vida o real significado, compreendendo que fazem parte do grande movimento circular que impulsiona o espírito para o aperfeiçoamento, desde que não se aprisionem ao mundo material, sujeitando-se ao ciclo da decomposição e novo formar.

Necessitamos ter coragem e determinação para buscar o desenvolvimento contínuo, realizando todo o potencial humano de que dispomos, o qual, logicamente, inclui a espiritualidade. As pessoas querem exercer o controle de tudo, perderam a conexão com a sabedoria interior, aquela que nos capacita a pressentir perigos e visualizar soluções, que permite nos sentirmos livres da opressão das preocupações próprias e das causadas por aqueles que nos são próximos e crescermos de forma a não provocar sofrimentos aos nossos semelhantes, sem deixarmos que as lembranças tristes nos perturbem.

Modernidade e religião

Atualmente, enfrentamos uma situação em que o poder público se acha desestruturado, não conseguindo restabelecer a normalidade na vida urbana. As novas gerações perderam o rumo, não se importam mais com a salvação do mundo, perderam a fé nas religiões, nas autoridades e nas empresas. Querem aproveitar o momento. Não estão preparadas para assumir a condução do futuro. O caos nos aguarda. As drogas vão ganhando espaço, produzindo uma geração violenta, sem aptidões para uma construção duradoura e harmoniosa. A vida se tornou áspera e difícil. As pessoas, desanimadas, deixam a vida rolar, isto é, deixam-se levar pelos acontecimentos externos sem saber o que querem, ou pelo menos o que deveria ser prioridade na vida.

O mundo vive os efeitos da globalização econômico-financeira, uma poderosa máquina de produzir riquezas e acumular capital financeiro, com amplo domínio da mídia e das informações, apta a farejar e aproveitar as melhores oportunidades de ganho em todo o planeta. A nova globalização dissemina a cultura e os costumes norte-americanos pelo mundo, embora nos países atrasados os primeiros a chegar sejam os maus costumes e o que há de pior naquele país, pois isso exerce maior atrativo sobre a população sem aspirações mais elevadas. Até recentemente, na era cristã, o mundo viveu a globalização religiosa. Agora tudo se acelera, não há mais espaço para dogmas, uma vasta literatura vem fazendo o trabalho de desmistificação, mas o ser humano baixou as antenas e assim não consegue captar mais nada do mundo espiritual. O dinheiro é a religião preferida pelos seres humanos.

A globalização está mostrando um novo perfil das nações, da sociedade, das religiões, das empresas e da própria família, que assumem novos contornos, tomam direções movidas pelo imediatismo e pela ausência de alvos mais elevados, que se evidencia no aceleramento da decadência e degeneração geral que se transforma em um verdadeiro "salve-se quem puder", cercado de contínuo aumento da violência urbana. Não se pode, porém, afirmar que a culpa caiba à mídia, se bem que autores e produtores captam antes, com sua inspiração, o que está se formando no mundo da matéria fina em razão dos maus desejos humanos, e multiplicam essas imagens tenebrosas. Já a multiplicação exponencial do que há de pior no ser humano acelera a eclosão de ocorrências maléficas no plano concreto da matéria. Assim, estamos próximos do inferno criado e alimentado pelos próprios seres humanos.

A globalização também ocorre nessa esteira de objetivos imediatistas voltados para a ampliação e consolidação de poder e dominação, visto que não há confiança mútua entre povos e indivíduos, cada qual procurando se cercar daquilo que amplie o poder próprio e enfraqueça o do outro. Assim, essa luta não apresenta trégua, não ensejando tempo nem energia para um esforço contínuo em prol da melhoria geral.

Ao lado da destruição ambiental, também as nações, a sociedade, as famílias e as religiões se transformam em escombros diante da aceleração dos efeitos porque foram assentadas em bases frágeis, distanciadas das Leis da Criação, cujo reconhecimento e respeito promovem o aprimoramento em paz e harmonia.

Em muitas regiões do planeta, como no norte da China, o lençol freático está descendo rapidamente. Nascentes, rios e lagos estão desaparecendo. É a preciosa água que vai desaparecendo da superfície das terras desnudas, sem florestas. A espécie humana foi a única a introduzir a destruição do meio ambiente, das belezas da natureza, das demais criaturas, chegando mesmo a extinguir espécies inteiras. A espécie humana foi a única a estabelecer o sofrimento onde somente a alegria deveria existir. A hora do retorno à essência humana é agora.

Forças titânicas cooperaram na formação do planeta há cerca de 5 bilhões de anos, para que os seres humanos tivessem tudo de que precisassem em sua vida terrena, unindo solo, água, florestas com o sopro da vida. Enumerar seria impossível, pois teríamos de abranger todos os ramos das ciências física, astronômica, biológica e tudo o mais que o conhecimento humano ainda não alcançou.

Enfim, o maravilhoso planeta dotado de tudo que os seres humanos necessitariam não foi uma obra de seis dias como está descrito na Bíblia, repleta de interpretações induzidas pelos erros humanos.

Em continuidade à obra perfeita, caberia ao ser humano evoluir e dar o toque de seu espírito puro voltado para a Luz, para que o mundo terreno, em formação pela vontade humana, caminhasse *pari passu* com a perfeição e harmonia circundantes.

Mas os humanos quedaram-se na indolência espiritual, dando espaço a construções mais rasteiras. A cobiça em geral, e em especial a pelo poder, trouxe para o mundo a grande desilusão que se reflete em todos os sentidos e em todos os níveis da vida, desde a mais abjeta miséria até a mais brutal violência.

O trabalho escravo, largamente utilizado em um passado não muito distante, tem como característica o uso da força para suprimir a liberdade, obrigando a pessoa a trabalhar contra sua vontade e sem a possibilidade de escapar e mudar de situação.

As nações que estruturaram sua economia com intensa utilização de mão de obra escrava, moldando seus alicerces com a argamassa do ódio e da revolta, pois o modo brutal e desumano com que se fazia o tráfico de escravos deveria cobrir de vergonha os seres humanos. Embora se trate de um sofrimento inenarrável, a escravidão é, em sua essência, um atentado contra a própria natureza humana e, lamentavelmente, ainda pode ser encontrada em várias regiões.

Vivemos em um mundo onde a falsidade tomou conta de todos os relacionamentos entre as pessoas. Não há consideração pelo próximo. Tudo é resolvido pela lógica fria do poder e do dinheiro. Então, não é estranho que, nesse meio, a desconfiança de tudo marque presença dominante, não dando sossego à inquieta alma humana.

Os seres humanos, notadamente no século XX, puseram de lado o senso de responsabilidade, interferindo arbitrariamente em todos os mecanismos de defesa das condições de vida do planeta. Parece que somente tomaremos a razão de volta quando atingirmos a condição de Terra arrasada, e para isso não falta muito, basta pensar no aquecimento global e suas catastróficas consequências, tais como: secas, enchentes, incontidas tormentas e o surgimento de pestes com a descontrolada proliferação de insetos. Será necessário que "a casa caia" para que as pessoas tomem consciência de sua insensatez.

A humanidade, com sua maneira errada de viver, construiu enormes diques onde foi represando o ódio e a revolta, que começam a ser extravasados. O afastamento das Leis da Criação introduziu miséria e tristeza em um mundo onde apenas paz e harmonia deveriam imperar. Atos de terrorismo vão se tornando frequentes.

Falta a afetividade nos relacionamentos humanos, pois máquina é que não somos. Falta o desejo de contribuir para a felicidade daqueles que estão próximos, e dos que estão distantes também, como forma de criar paz e harmonia. Intimidar, subjugar, impor ideias, tudo isso provoca medos, insatisfações e revoltas.

A violência urbana aumenta nos países mais pobres, onde a concentração humana, as precárias condições de vida e o despreparo geral criaram um cenário propício para que as maiores atrocidades fossem cometidas, causando lamentáveis episódios da desarmonia existente. Em milênios de civilização, não conseguimos estabelecer uma ética humana universal. Faltou o reconhecimento das leis universais da Criação. O diálogo se torna muito difícil. Como lidar com a insegurança e violência que se espalham pelo mundo, inclusive no Brasil?

Desde longa data, os seres humanos se habituaram às solenidades festivas, apresentadas ao ar livre ou em templos especialmente construídos para atos devocionais e como forma de agradecimento. Sons, cores, danças... tudo para demonstrar ao Criador Onipotente a gratidão e a alegria pelo dom da vida.

Mais tarde, com a intervenção do intelecto, as solenidades foram perdendo sua pureza original, algumas descambando em verdadeiras orgias sexuais, em que se adoravam ídolos sob o efeito de drogas e beberagens. A decadência criou um sentimento de vazio interior que procurou no entretenimento a válvula de escape, mantendo o cérebro distraído, impedindo que a intuição se manifestasse.

Muitos séculos se passaram até que chegássemos ao estágio em que a busca por entretenimento propiciou o surgimento de teatro, do cinema e, mais recentemente, da TV, cuja programação em sua trajetória decadente vai adentrando livremente nas casas e é consumida com avidez por crianças e adultos de ambos os sexos. Antes, as pessoas procuravam por entretenimentos que dessem asas à imaginação, ao sonho e à fantasia. Vibravam com a nobreza, a justiça e a beleza, com a harmonia. Hoje, há certa frustração perante a tendência de filmes cada vez mais brutais e sombrios, sugestionando negativamente, desarmonizando e estimulando o fortalecimento do lado humano mais sombrio.

Qual é a finalidade do cinema e da TV? Em sentido comercial, que prepondera no mundo contemporâneo, poderíamos dizer que a finalidade principal é o lucro dos investidores e, prosseguindo nessa linha de raciocínio, chegaremos ao pensamento extremo de que "vale tudo por dinheiro". Mas aquilo que representa lucro hoje pode se tornar custo amanhã, pois é notório o elevado poder hipnótico do cinema e da televisão, por meio de cenas previamente estruturadas para penetrar no mais recôndito da consciência humana, de forma praticamente subliminar, interferindo nos humores da população de forma positiva, incentivando a construção benéfica ou negativamente, incentivando o desencanto com a vida. Essa é uma grande ameaça para a sociedade. Nunca, como na atualidade, estivemos diante de uma sociedade emocionalmente tão doente que, com sofreguidão, se deixa atrair e prender pelo que há de pior.

Posto que as atuais condições de vida se complicam a cada dia, as pessoas necessitam de muita paciência e serenidade, porque a turbulência dos acontecimentos é muito forte e a irradiação dos seres humanos, muito pesada. Quando nos descuidamos, esses fatores externos pressionam nossa alma, introduzindo fluidos negativos prejudiciais, por isso é necessário muito esforço para manter a harmonia em nosso ambiente, pois as trevas semeiam a discórdia como meio de enfraquecer aqueles que lutam para alcançar a Luz da Verdade, arrastando todos para atitudes geradoras de mais sentimentos negativos de cobiça, ódio, descontentamento e violência que, por sua vez, se espalham pelo mundo disseminando caos e ruína. A harmonia beneficiadora pode ser promovida através dos pensamentos, palavras e ações visando sempre ao bem; o contrário disso desarmoniza, não serve à Luz, denota ausência de espiritualidade.

Mas como chegamos a tal extremo de desolação?

É uma longa história e poucos até agora se dispuseram a estudá-la com sinceridade e seriedade. É a história da trajetória espiritual humana, desde seus primórdios, quando surgiram os primeiros seres humanos, até a chegada da época do amadurecimento e da colheita.

A religião deveria se amparar no conhecimento das Leis da Criação que expressam a vontade de Deus. A palavra "vontade" precisa ser entendida de forma muito mais ampla, porque, sendo a vontade de Deus perfeita, as leis que promovem o desenvolvimento dos mundos e sua conservação são rigorosamente lógicas e imutáveis. Distanciados da vontade de Deus, os seres humanos produziram a intolerância e o fanatismo religioso, embora tenham inúmeras vezes dito "seja feita vossa vontade".

O impacto das revelações de *O Código Da Vinci*, livro de Dan Brown, embora fazendo grande confusão, desperta fortemente no ser humano o desejo pela busca do Santo Graal, sem, contudo, elucidar o mistério. Por outro lado, Dan Brown pôs em evidência a fragilidade da construção doutrinária religiosa, cuja sustentação esteve sempre dependente da fé cega. O livro expôs as fraturas da construção, mas também mexeu com crenças dos indivíduos que agora, confusos, não sabem mais em que acreditar, pois nunca se esforçaram para encontrar a verdade por si mesmos, aceitando de bom grado a verdade imposta por outros. Dessa forma, não precisaram se dar ao trabalho de refletir sobre o significado da vida.

O estudo da História, a real, não a inventada e maquiada para atender a interesses específicos, ainda nos encherá de vergonha, tais as artimanhas desenvolvidas pelos seres humanos. Quando se trata de lutar pelo poder, o ser humano se esquece de tudo, passa por cima de tudo que atrapalhe seu caminho. Não vacila em pisotear sobre as dádivas recebidas, principalmente sobre os ensinamentos que deveriam conduzir ao reconhecimento dos caminhos a ser trilhados, desviando bilhões de seres humanos da estrada simples e reta das Leis da Criação.

A obediência a Deus nunca foi exatamente compreendida, nem no tempo de Jesus nem na atualidade. Não houve um esforço maior dos seres humanos para a compreensão do significado da mensagem trazida por Jesus. Obedecer a Deus é respeitar Sua vontade, traduzida nas Leis da Criação. "Seja feita vossa vontade..." Nisso reside a evolução e a salvação da alma. Não por uma existência submetida a regulamentos criados pelo intelecto humano, mas por meio da evolução do espírito que se obtém através das vivências, na busca do reconhecimento da vontade de Deus, isto é, das Leis da Criação, aquilo que deve ser vivenciado pelo indivíduo sem a necessidade de intermediários.

Segundo Abdruschin, "para a humanidade só é possível uma ascensão através do pleno reconhecimento, jamais pela crença cega e ignorante". (*Mensagem do Graal*).

Mais de 7 bilhões de habitantes no planeta

O desenvolvimento tecnológico da humanidade atingiu um nível que revolucionou os transportes e as comunicações. Em algumas horas se vai de São Paulo a Tóquio em modernos e confortáveis aviões. Em poucos segundos, grandes somas de dinheiro são transferidas de um país a outro, podendo gerar pânico e caos econômico. O complexo tecnológico e as comunicações digitais por satélites também permitem que as imagens sejam transmitidas de um canto a outro da Terra em tempo real, mas predominam as imagens de tragédias e catástrofes, como terremotos, tufões, aviões explodindo, submarinos atômicos afundando, causando danos irrecuperáveis ao fundo do mar e matando seres humanos, além de guerras sem tréguas. Há também as imagens de filmes de baixo nível geradas além das fronteiras e que adentram nos lares.

Os geólogos, com a ajuda de seus equipamentos, têm advertido sobre a possibilidade de que a Terra sofra abalos sísmicos de grande intensidade a qualquer momento, e não há como prever a ocorrência desses eventos catastróficos.

Apesar de todo o progresso tecnológico e científico, o planeta está estressado: o solo e as florestas estão sendo destruídos, a poluição é apresentada em várias modalidades; há um aquecimento do planeta; explosões solares; alterações climáticas; população excessiva. O padrão climático está alterado sem que se conheçam as causas com exatidão.

O *habitat* terrestre está deteriorado. A maior parte dos habitantes vive em precárias condições nos países mais pobres, distanciados dos progressos tecnológicos e da economia de mercado que requer renda para consumir. Populações inteiras estão sem condições de subsistência porque as economias autossuficientes foram desintegradas, e vão sendo empurradas para as regiões urbanas, sem preparo e sem qualificação profissional.

A panaceia da distribuição de renda pelo Estado aos mais necessitados tem seus méritos, mas não corrige a distorção gerada pela falta de preparo e de oportunidades para uma existência condigna.

Outra questão importante é a do crescimento continuado da população. Os pesquisadores advertem que em algumas décadas seremos mais de 9 bilhões de pessoas. Como alimentar toda essa gente? Como educar e dar emprego? Como garantir boa saúde? Como assegurar uma velhice tranquila?

Atualmente, mais de 7 bilhões de pessoas habitam o planeta. Há muitas pessoas despreparadas, sem um propósito mais elevado na vida, gerando lixo de todas as espécies: sujeiras e detritos que impedem o surgimento de floridos jardins, além do lixo mental que polui o mundo mais fino com pensamentos da mais baixa espécie.

Felizmente, existem pessoas que procuram desenvolver beleza à sua volta, mas uma grande maioria está focada somente no atendimento de suas necessidades corporais, pensando apenas em comida, bebida e distrações. São fortemente estimuladas a manter esse tipo de comportamento, sem ideais mais nobres, sendo mantidas em um clima psicológico de permanente insegurança. Esqueceram-se do coração, de olhar as belezas que estão à sua volta, de alimentar aspirações mais nobres, incapazes de contribuir para o embelezamento do mundo em que vivem. É indispensável que haja consideração, respeito e amor para que possa ocorrer a boa convivência.

Todos dependem de água e do ar para se manterem vivos, necessitam de alimentação e moradia e produzem lixo e dejetos que requerem tratamento especial para não contaminar o meio ambiente. Agindo de forma responsável, com pesquisa e trabalho, todos os resíduos poderão ter utilização benéfica. Estamos atravessando uma fase de profundas alterações climáticas e tudo contribui para o agravamento, pois as pressões econômicas oprimem as preocupações com a preservação ambiental.

As cidades vão perdendo as características de aprazíveis locais para moradia e para a convivência pacífica entre os seres humanos. A infraestrutura não acompanha o explosivo crescimento da população que ocupa desordenadamente o solo, criando bolsões de miséria, sem saneamento, sem água encanada, sem escolas, sem áreas de lazer. No Rio de Janeiro, a favela da Rocinha foi se formando a partir dos anos 1930, concentrando atualmente cerca de 100 mil habitantes. Há muita coisa para ser feita, mas muitas pessoas permanecem desocupadas porque não há empregos e tampouco alternativas para utilização dessa mão de obra em benfeitorias. A violência se esparrama pelas cidades. Sem ordem, sem lei.

Tudo se torna mais difícil: produção de alimentos, moradias, vestimentas, tratamento da saúde. Existem muitas pessoas para cada vaga disponível. As esperanças de futuro melhor se reduzem. Estamos vivendo um momento de muitas dificuldades. A economia ficou refém da energia disponível, sendo o petróleo a base fundamental, com limites finitos.

Os seres humanos espiritualmente desenvolvidos, por meio de sua atuação, em gratidão ao Todo-Poderoso, deveriam transformar esse planeta em um santuário, vivendo em paz e desfrutando de uma beleza paradisíaca.

Vez por outra encontramos bonitas cidades arborizadas e com floridos jardins, mas, no geral, o planeta mais parece um estábulo com lixo, sujeira e discórdias para onde quer que se olhe. As pessoas preferem achar que elas estão com a razão a ser felizes. Cada qual acha que está certo, errado está sempre o outro. Isto é, ter razão é mais importante, mesmo que não tenham. Preferem ter razão a contribuírem para a felicidade dos que os cercam. Falta o bom entrosamento que só pode surgir se todos desejarem o bem dos outros.

O terrorismo, o dinheiro e as Leis da Criação

Como pode o ser humano chegar ao extremo de atentar contra a própria vida e praticar atitudes que visam a destruir o próximo? Essa é uma questão vital e que deveria merecer a atenção não só das autoridades governamentais, religiosas ou econômicas, mas também da população em geral, sejam brancos, amarelos ou negros, homens ou mulheres, professores ou profissionais de qualquer área. A humanidade tem decaído a níveis baixíssimos de civilidade.

Estamos no século XXI da chamada Era Cristã, mas, se fizermos uma retrospectiva, observaremos que os seres humanos raramente se dedicaram com sinceridade à busca de uma convivência pacífica e harmoniosa que propicie o verdadeiro aprimoramento humano recomendado por Cristo.

Houve muitos séculos em que o poder político-religioso atuou sem impedimentos, determinando para os seres humanos as normas de vida que deveriam ser seguidas. Veio, depois, a consolidação do poder político-econômico, mais sutil em sua forma de atuar, mas também disposto a estabelecer as normas de vida rígidas. A realidade, entretanto, tem sido um permanente conflito e luta pelo poder, com o uso de força avassaladora, ora por motivos religiosos como justificativa, ora pelas sutilezas do poder econômico que padroniza o comportamento das massas, impondo severas condições de vida.

Assim, a vida humana ficou despojada de sua essência espiritual, tornando-se uma correria atrás de riquezas materiais, ou uma renhida luta pela sobrevivência. Em meio às suas aflições, os seres humanos não usam o tempo de que dispõem para um aprofundamento interior, enxergando no dinheiro a válvula de escape, pois, por meio dele, se sentem poderosos para exercer domínio, fazer aquisições, desfrutar de prazeres.

A cultura do dinheiro é rasteira. O consumo se torna vital para o funcionamento das engrenagens econômicas. O dinheiro circula e se concentra nas mãos dos detentores da produção de consumo massivo, falta a adequada participação na riqueza produzida. As pessoas precisam fugir da indolência e comodismo, estabelecendo propósitos, movimentando-se. O estoque de dinheiro virtual aumenta com os créditos contábeis, que têm a força de atuar como avalanche sobre seus alvos, sejam mercadorias, títulos ou moedas. Os Bancos Centrais do mundo tornaram-se os grandes tomadores de dinheiro e sugam os recursos que inundam o mercado, remunerando juros com a receita gerada pelos impostos pagos pela população. Com a deterioração da economia e da política, a vida urbana se desestrutura. A cultura desaparece. A religião perde a influência. As famílias detonam. Onde tudo isso vai dar? Quem sabe?

No filme *Deixados para trás* (*Left behind*, 2000), o personagem Nikolae encarna o Anticristo, agindo autoritariamente e com muita astúcia, planeja tomar conta do mundo e acabar com os preconceitos por intermédio da criação da moeda única e da religião única, como meio de exercer controle sobre a população e com amplo domínio da mídia e das informações. É uma ficção que representa o sonho dos dominadores acorrentados ao materialismo.

Com todas as coisas girando em torno do dinheiro, as criaturas humanas vão perdendo suas características essenciais, e a vida, seu sentido mais elevado. Por todas as formas os seres humanos são induzidos a aceitar o conceito de que o importante na vida é ter dinheiro e consumir enquanto se está vivo, porque da vida nada se leva. Assim, invertem-se os fins, pois o consumo, para atender às necessidades humanas, é um meio. A finalidade da existência humana está bem acima. Assim, a bondade espiritual desaparece da vida, surgindo a frieza do raciocínio que visa atender às necessidades artificiais por ele criadas.

O objetivo do Anticristo, e de todos aqueles que o seguem, é desviar as criaturas humanas da movimentação espiritual, do real saber do significado da vida, sujeitando-as às gravíssimas consequências que são causadas quando as Leis da Criação não são respeitadas.

Desconhecendo o significado da vida, as pessoas deixam de reconhecer as causas do sofrimento e da miséria humana, perdem a esperança em um futuro melhor: deixam de dar ao seu corpo o devido valor e cuidado, chegando mesmo a menosprezá-lo e a maltratá-lo. Existem pessoas que, desprezando a si mesmas, se autoagridem. Agredindo a si mesma, a pessoa perde a autoestima, deixando o ódio crescer em seu interior, ódio que é multiplicado pela atração de igual espécie. Então, como forma de vingança extrema, o indivíduo fica pronto para se autoflagelar, chegando ao ponto de destruir a própria vida como vingança àqueles a quem odeia.

Com a alienação, o desconhecimento do real significado da vida, o enclausuramento do espírito, o cérebro agindo como uma máquina sem coração, o homem, desesperado, movido pelo fanatismo, acaba aceitando a ideia de que morrer em combate é a única solução para sua vida de sofrimentos e asperezas.

Falar em religião única é algo complicado. A Bíblia, disponível em mais de mil idiomas, é, há séculos, o mais difundido livro do planeta, mas nem por isso os seres humanos conheceram a paz. Alguns acontecimentos fantasiosos narrados nela são difíceis de aceitar, pois vão contra as leis da natureza. Além disso, temos de considerar as falhas de memória e os problemas relativos às traduções dessa obra.

"Temos de considerar que Cristo veio à Terra trazendo uma mensagem de amor para salvar aqueles que quisessem seguir seus ensinamentos, não havendo ele próprio escrito nada. Os Evangelhos, portanto, foram escritos muitos anos depois por pessoas que se lembravam de fatos por elas presenciados ou a elas relatados... Não obstante, o importante são os ensinamentos de Cristo, que de uma forma ou de outra, acabaram chegando aos nossos dias, tendo ajudado às pessoas de boa vontade a manter acesa em seu íntimo a chama do anseio pela Verdade." (*Reflexões sobre temas bíblicos*).

Tudo se apresentaria de forma diferente, na atualidade, se a palavra e a vontade de Deus tivessem sido assimiladas corretamente pela humanidade há 2 mil anos. Quando os seres humanos reconhecerem seu lugar dentro do contexto das Leis da Criação, as quais são perfeitas e imutáveis, atingindo de forma igual a todos os seres humanos, então não haverá espaço para que utilizem motivações religiosas para se alcançar objetivos de vingança, dominação e poder.

O que os seres humanos necessitam, de fato, para uma convivência harmoniosa e pacífica, que promova a efetiva evolução da humanidade, é a conscientização do que representam as Leis da Criação, que também são conhecidas como Leis Naturais, Leis da Natureza ou simplesmente Leis de Deus. Nelas repousam as leis da Física, da Química, da Biologia, e todas refletem a perfeição do Criador, pois representam a vontade de Deus na Criação.

Conforme escreveu Abdruschin, na *Mensagem do Graal*:

"Somente nas próprias Leis da Criação, outorgadas por Deus, pode o espírito humano chegar ao reconhecimento de Deus. E ele precisa impreterivelmente desse reconhecimento para sua ascensão! Só nisso obterá aquele apoio que lhe permite trilhar inabalavelmente o caminho prescrito e útil a ele para o aperfeiçoamento! Não diferente!"

O Nascimento da Terra e dos Seres Humanos

"*P*ode-se imaginar esse movimento circulatório da Criação como um colossal funil ou uma enorme cavidade por onde irrompe uma torrente incessante de sementes primordiais sempre em movimentos circulatórios, em busca de novas ligações e desenvolvimento. Tal qual a ciência já sabe e já descreveu direito." (*Abdruschin*)

Nada acontece por acaso. Os seres humanos nascem para adquirir autoconsciência, evoluir e ser felizes. Os sofrimentos e misérias existentes na atualidade foram produzidos pelos próprios seres humanos, por viverem em desacordo com as Leis da Criação.

O nascimento da Terra e dos primeiros seres humanos foram descritos por Roselis von Sass em seus livros. Ter noções sobre esses assuntos significa dar um passo decisivo para se ter conhecimento das coisas existentes entre o Criador e suas criaturas – entre o Céu e a Terra. "Com o surgimento da criatura humana, iniciou-se uma nova era na Terra. A era do espírito." (*Roselis von Sass*).

Para que a semente espiritual se desenvolva, ela deve ser afastada para regiões onde a pressão irradiada pela Força Divina permita o surgimento da autoconsciência e da livre resolução. Tudo foi cuidadosamente planejado segundo a perfeição das Leis da Criação que expressam a vontade de Deus. Esse processo está claramente explicado no livro *Na Luz da Verdade, Mensagem do Graal*. Ele equivale à parábola do semeador que lançou sementes em um campo de cultivo. Muitas se perderam. Outras, porém, produziram frutos em abundância. Expulsas de seu ambiente, as centelhas espirituais inconscientes foram atraídas para a estrela dos seres humanos, o maravilhoso planeta Terra, já preparado para isso.

Para abrigar a semente espiritual, deveria surgir uma estela para os seres humanos. Dos gases e da matéria estelar surgiu uma enorme e borbulhante bola de fogo que, miraculosamente, se transformou no planeta Terra por meio da atuação natural das leis divinas que tiveram origem na própria Criação. Sem o Sol, nada seria possível. Grandioso também é o sistema que regula a atmosfera da Terra, a circulação de gases, a integração entre os oceanos, o surgimento das florestas, tudo para proporcionar um clima adequado à vida humana.

O que sabe a humanidade sobre a Criação? Nada ou quase nada. A ciência afastou-se da natureza e das criaturas que dela cuidam e, consequentemente, há muito tempo perdeu o saber, e o que ainda restou foi transformado em lendas ou fábulas distanciadas do mundo real.

A História, por sua vez, não vai muito além, apresentando-se fragmentada e obscura, alcançando no máximo 3.500 anos antes de Cristo, e cujos primeiros registros referem-se aos sábios sumérios, de Akkad e Babilônia, mas sem identificar a origem desse povo.

O planeta Terra, a "estrela" dos seres humanos, foi formado há mais ou menos 5 bilhões de anos, por meio de uma poderosa conjunção de forças enteálicas que atuam eternamente na vontade de Deus. No livro *O Nascimento da Terra*, Roselis von Sass explica que a Terra foi construída e é mantida pelos enteais (entes que atuam em conjunto com as forças da natureza sobre o ar, o solo, o fogo, a água, também conhecidos como elementais, gnomos, faunos, salamandras, todos fazem parte da espécie dos enteais) construtores e administradores, que seguem a vontade de Deus, e os seres humanos são hóspedes que usufruem dessa maravilhosa Criação. A autora descreve, ainda, a chegada dos espíritos humanos à Terra, para prosseguirem em seu percurso evolutivo na matéria grosseira. A encarnação dos espíritos humanos aqui na Terra indicaria que o ponto máximo no desenvolvimento de toda Criação fora alcançado. Harry von Sass, que foi casado com Roselis von Sass, escreveu no prefácio do livro: "O ser humano de hoje esqueceu totalmente que a Terra, sua pátria, bem como o Universo inteiro, foi construído por enteais que, ininterruptamente e com fidelidade inquebrantável, põem em execução a Vontade do Sempiterno Criador".

Roselis von Sass, declarou que, ao escrever o livro, seu objetivo foi despertar novamente, no ser humano da atualidade, a compreensão e o amor pelos enteais: "Está nascendo um astro, o qual, quando for chegada a época, receberá espíritos humanos, cujo desenvolvimento deverá ocorrer na matéria grosseira. O novo astro, que também pode ser chamado de planeta, será mais tarde denominado Terra. O significado desse nome é '"campo de desenvolvimento"'.

A autora explica: "Na formação de um astro pode ser descrito, parcialmente, o aspecto externo. Só em parte, porém. O que se desenrola no interior desse astro é algo que só mui superficialmente pode ser transmitido. O essencial, o que sustenta um planeta e o faz girar, não pode ser transmitido em palavras. O povo enteal, do qual surgiu tudo o que cresce e se desenvolve na Terra, bem como aquilo que faz parte da natureza, também cuida da renovação. Quando o ciclo de um astro estiver terminado, chega outra espécie de entes da natureza, que inicia a dissolução do mesmo. Isso pode demorar milhões de anos".

Os seres humanos que mantiveram seu desenvolvimento espiritual retardado permaneceram atados às visões inferiores dos fantasmas e demônios. Os seres de melhor índole aos poucos deixaram de lado a adoração aos demônios, pois, em sua evolução, conseguiram atingir a visão de um degrau superior, mas ainda têm muito a percorrer para alcançar a compreensão da Criação.

Segundo Abdruschin: "Os gregos, romanos e germanos, por exemplo, viam ainda mais! Sua visão interior ultrapassou a matéria até o enteal situado mais alto. Puderam finalmente, com seu desenvolvimento crescente, ver também os guias dos enteais e dos elementos. Algumas pessoas, por causa de seus dons mais desenvolvidos, até puderam ter um contato mais íntimo com eles, uma vez que, por terem sido criados enteal-conscientes, eles sempre têm algo de análogo com aquela entealidade da qual, igualmente, o ser humano traz uma parte em si, além do espiritual".

Roselis von Sass concluiu: "Daí resulta que gregos, romanos e germanos descreveram os mesmos guias dos elementos e de tudo o que é enteal, segundo as formas e os conceitos das respectivas concepções de seus ambientes de então. No entanto, eram sempre os mesmos, não obstante algumas variações nas descrições. Mas o real saber acabou sendo distorcido pelos responsáveis pela doutrina da Igreja, que, não compreendendo exatamente o conhecimento dos povos considerados pagãos, buscaram uma adaptação para fazer a inserção na nova religião."

Não será difícil para o pesquisador sincero encontrar nas antigas doutrinas dos deuses algo mais do que apenas lendas e mitos. É indispensável buscar a visão real do fenômeno para se alcançar os degraus evolutivos da humanidade, a escada que deve conduzir ao reconhecimento da Criação e de seu Criador.

No Cosmos pairam bilhões de galáxias, e em cada galáxia cerca de 100 bilhões de estrelas. A Terra por nós habitada é apenas um pequeno planeta que se movimenta ao redor do Sol, em uma galáxia denominada Via Láctea, juntamente com bilhões de outras estrelas e matéria interestelar, cuja coesão é assegurada pela gravidade. O diâmetro dessa galáxia deve ser da ordem de 100 mil anos-luz. A Via Láctea é uma dentre milhares de galáxias da superconstelação Virgem, que é apenas uma pequena parte observável do Universo. É pensando em tal gigantismo que poderemos tomar consciência de como somos minúsculos diante da grandiosidade dos Universos.

O objetivo deste livro é ressaltar que foi construído um maravilhoso campo de desenvolvimento para o espírito humano, o planeta Terra, que está equipado com todos os elementos indispensáveis para a sustentação da vida, onde apenas a paz e a alegria deveriam habitar. Se existem misérias e sofrimentos, eles são de exclusiva responsabilidade do ser humano que, desviando-se do caminho correto, trouxe infortúnio para essa parte do Universo, na qual ele permanece durante uma pequena fase de sua existência.

O nascimento da Terra

Segundo Roselis von Sass: "A Terra foi a primeira estrela destinada a seres humanos, desenvolvendo-se em um maravilhoso reino da natureza. Depois dela 'nasceram' inúmeras outras, em determinados intervalos, em nosso Universo de matéria mais densa".

Após longos períodos de transformações, as nuvens de gás que pairavam sobre o planeta esfriaram, transformando-se em vapor de água que, por sua vez, se precipitava sobre o planeta como dilúvio que durou milênios. A água da chuva evaporava imediatamente, formando outras nuvens. Depois de muito tempo, com o resfriamento, surgiram as primeiras poças de água e, dentro delas, surgiu vida: simples organismos unicelulares. Durante séculos e séculos, a natureza evoluía do simples para o complexo. Surgiram animais aquáticos, os répteis, as aves e, por fim, os mamíferos.

A explicação oferecida por Roselis von Sass é muito rica. Ela descreve intuitivamente como poderosas forças transformaram as aglomerações das sementes primordiais, em meio a densas nuvens de gases, em um majestoso planeta que possuía todas as condições necessárias para o surgimento e a conservação da vida. A autora também escreveu: "Apesar da descrição cheia de lacunas, o leitor poderá compor um quadro aproximado sobre a formação da Terra. Um quadro correspondente à sua capacidade de imaginação (...) O jovem planeta Terra, cuja superfície montanhosa ainda se encontrava longe de total enrijecimento, começou, entre inúmeros astros, sua corrida rasante em volta do Sol. Aliás, como foi constatado pelos cientistas, a uma velocidade de 1.800

quilômetros por hora. Além disso, gira pelo espaço celeste, dentro da espiral gigantesca da Via Láctea, a uma velocidade de 250 quilômetros por segundo. E ainda gira em torno de seu próprio eixo a uma velocidade de 1.500 quilômetros horários, sem os menores desvios de órbita. Para que isso seja possível, já foram tomadas, de antemão, todas as providências, pois qualquer modificação de órbita seria catastrófica. As órbitas nas quais os astros se movimentam foram – e ainda continuam sendo – planejadas e executadas de acordo com as leis físicas da natureza".

Teoria da evolução

O naturalista britânico Charles Darwin (1809–1882) captou o sentido da evolução na matéria, mas faltou-lhe a compreensão a respeito do elo espiritual quando do surgimento do ser humano, uma espécie inteiramente diferente das que haviam até então, dotada de espírito e livre-arbítrio, e cuja missão principal seria trazer o enobrecimento espiritual para a materialidade.

Segundo Roselis von Sass:

"Os seres humanos não descendem do macaco nem de outro animal, constituem a espécie espiritual. As almas humanas encarnaram em corpos animais altamente desenvolvidos, os babais, denominados seres humanos primitivos, que haviam alcançado o maior desenvolvimento possível para sua espécie, com capacidade de pensar, mas sem a centelha espiritual."

"Setecentas almas humanas dotadas de uma beleza perfeita iam encarnando pouco a pouco nas mães babais. Poucos meses depois ocorria na Terra, no maravilhoso oásis verde do Universo, o maior e mais importante acontecimento desde sua criação: o nascimento de ser humano!"

"Quando nasceram as primeiras crianças humanas, reinava um indescritível júbilo entre os povos enteais. Todos vieram com presentes. A vontade deles era depositar todos os tesouros da Terra aos pés dos 'elevados hóspedes', os seres de espírito."

"Desde aquele grande e único acontecimento, passaram-se 3 milhões de anos. Naquele tempo, a Terra girava em torno de sua própria órbita, brilhando ao exibir todas a cores e acompanhada de bramantes melodias. Ainda não existia nenhuma dissonância perturbando sua vibrante e sonora harmonia."

Origem do ser humano

O ser humano não é um animal aprimorado. O ser humano pertence a uma outra espécie, e ele é caracterizado por sua essência espiritual. Afastando-se dela, entretanto, o ser humano, com sua capacidade de livre resolução, consegue agir de modo a tornar-se inferior ao nível do animal. Enquanto o animal tem uma atuação puramente instintiva, o ser humano é dotado de livre resolução, podendo descer a um nível mais baixo e danoso para a humanidade, e para o planeta.

Segundo Abdruschin, originalmente o interior do ser humano, por ser de natureza espiritual, é de espécie mais elevada do que o do animal. Seguindo a lei da Criação, com o passar do tempo o espírito do ser humano pôde ir aperfeiçoando seu corpo, de origem puramente animal, do que foi possível à essência instintiva dos animais. A doutrina do desenvolvimento natural dos corpos feitos a partir de matéria grosseira, desde os animais mais ínfimos até o ser humano, é, portanto, acertada. Ela mostra todos os aspectos do trabalho progressivo e sem lacunas da Vontade Criadora na natureza. Um sinal de perfeição. O grave erro cometido nessa doutrina foi o de não ter ido além, restringindo-se aos fenômenos da matéria grosseira.

Darwin formulou o conceito da luta na natureza que segue a lei do movimento, despertando cautela e vigilância em vigorosa atividade. É incompreensível sem o foco espiritual. O impulso para a luta obriga o ser a se movimentar, impedindo que a criatura seja envolvida pela indolência. Os seres humanos aceitaram a ideia de que a evolução ocorre por meio de uma competição desapiedada e embrutecida, uma forma de seleção natural dos mais aptos em sua luta pela sobrevivência. Se o ser humano não tivesse provocado danos e houvesse assumido aquilo que lhe era destinado, muita coisa, se não tudo, se apresentaria hoje de modo diferente. Inclusive a assim chamada "luta" não se daria na forma que se dá atualmente. Sobre a luta na natureza, Abdruschin esclarece:

"O impulso para a luta seria enobrecido, espiritualizado, pela vontade ascendente das criaturas humanas. O efeito, primeiramente bruto, em vez de aumentar, como se dá agora, ter-se-ia modificado com o tempo devido à influência espiritual correta, para um impulso comum e alegre em benefício mútuo, que requer a mesma intensidade de energia exigida pela mais violenta das lutas. Com a diferença de que da luta sobrévém cansaço; do benefício, porém, pelo efeito retroativo, há maior intensificação ainda dos efeitos da influência espiritual correta."

"Por fim, ter-se-ia estabelecido através disso também na cópia da Criação, onde a vontade espiritual do ser humano constitui a influência mais forte, o estado paradisíaco da verdadeira Criação para todas as criaturas, onde não será mais necessária luta alguma nem crueldades. O estado paradisíaco, porém, não é acaso, ociosidade; ao contrário, equivale à mais enérgica atividade, à vida real, pessoal e plenamente consciente." (*Mensagem do Graal*, vol.2)

Os seres humanos também perderam o elo espiritual para a verdadeira compreensão das narrativas sobre Adão e Eva. "Pais primevos da humanidade no reino espiritual, nunca estiveram na Terra", como menciona Roseli von Sass.

A trajetória do desenvolvimento espiritual da humanidade previa a existência de cinco longos períodos para a completa maturação, o ápice da iluminação pelo saber vivencial adquirido em suas múltiplas existências, no além e no aquém.

Vejamos outro esclarecimento apresentado por Roselis von Sass sobre os cinco períodos do desenvolvimento:

"O nascimento de um corpo celeste realiza-se em hora determinada para isso. Nem mais cedo, nem mais tarde. O mesmo diz respeito a todas as alterações e fenômenos ligados ao destino do respectivo corpo celeste. O relógio do Universo trabalha com exatidão de segundos."

"Em vista do ritmo lento da matéria, foi determinado um período de aproximadamente 3 milhões de anos para o desenvolvimento humano na Terra. Esse período fora calculado para que todos os seres humanos destinados ao nosso planeta pudessem desenvolver-se de modo pleno e integral. Aliás, alternadamente, no aquém e no além."

"Os 3 milhões de anos foram divididos em cinco períodos, de aproximadamente 600 mil anos cada."

"O significado das cinco épocas era o seguinte: a primeira chamava-se período de nascimento. A segunda, tempo de crescimento, seguindo-se o período de amadurecimento, o período das ações e por último a era da colheita e da iluminação."

"Há 3 milhões de anos nossa Terra parecia um Paraíso de beleza tropical. O clima quente e uniforme que reinava naquele tempo, por toda parte, favorecia o crescimento de maneira inimaginável. A multiplicidade da riqueza animal e vegetal era quase indescritível."

Em bilhões de anos, a Terra evoluiu continuamente e tudo se encaixava para a formação do grande jardim que hospedaria os seres humanos, dando-lhes a possibilidade de evoluir e fortalecer sua autoconsciência.

Quando o desenvolvimento material atingiu o ápice – com o surgimento de uma espécie animal perfeita e altamente evoluída –, chegara a hora da encarnação da centelha espiritual que precisaria viver na Terra para seu fortalecimento e evolução.

Passadas as épocas áureas, onde os seres humanos viviam felizes como crianças em um jardim de infância, surgiam os seres humanos "cerebrais", que se deixaram dominar pelo raciocínio e sufocaram a parte intuitiva captada através do cerebelo, romperam o natural equilíbrio, tornando-se arrogantes e prepotentes, com um forte desejo de se tornarem senhores da Terra, mediante sua capacitação intelectiva. O cérebro desprovido da intuição, que vem do espírito, tende a adquirir mania de grandeza, o que é incompatível com a imensidão do Cosmos. Na verdade, os seres humanos não passavam de hóspedes temporários, por sinal, muito malagradecidos, que, com sua arrogância e mania de grandeza, semearam apenas o caos e a ruína.

A ruptura do equilíbrio entre alma, corpo e mente não ficaria impune; assim, o ser humano caminhou decididamente ao encontro da ruína. Jean Choissel demonstrou, em seu livro *A Nova Humanidade*, o desequilíbrio provocado pelos humanos, em que a conexão espiritual, inicialmente ativa, foi estagnando, enquanto o cérebro frontal, destinado a auxiliar a vida material, foi se desenvolvendo progressivamente. O ser humano, com o espírito atuando muito fracamente e cada vez menos, foi se transformando em um ser puramente cerebral, agindo com muita frieza, sem coração.

Segundo Roselis von Sass, desde a formação da Terra, muitos dos problemas foram previstos pelos enteais, os servos do Criador para atuar na natureza:

"Nós, do povo da natureza, não conhecemos escuridão nem noite. Por isso, meus semelhantes trabalham aplicadamente. Hoje, todos estão especialmente alegres, pois em volta do globo terrestre vários titãs estão trabalhando. São necessárias camadas triplas, a fim de que todas as criaturas possam viver no planeta."

"Tomemos primeiramente o invólucro de ar. Uma densa camada deste circunda o astro terrestre. Depois vem ainda a camada que retém o frio gélido do Cosmos e o calor escaldante do Sol. A seguir existe ainda uma camada de proteção, necessária para deter uma força desconhecida proveniente do Cosmos. Aliás, trata-se de uma força que, em sua espécie, é hostil à vida e que de modo destruidor atuaria sobre tudo o que vive e respira na Terra."

O campo de atuação dos enteais está associado aos quatro elementos: terra, água, ar e fogo.

Os vulcões são as válvulas de escape da lava (magma) que se encontra no núcleo terrestre. O magma, além de outras funções naturais, também fornece calor para conservar a existência das espécies sobre este planeta. A atividade vulcânica é uma das necessidades naturais para o meio ambiente se equilibrar. O núcleo terrestre constituído de magma forma a "piscina" onde flutuam as placas tectônicas, que constituem as camadas mais externas do globo terrestre. Como existem várias placas ao redor do planeta, os pontos de encontro entre elas formam as falhas onde ocorrem os terremotos, nas ocasiões em que existe um movimento que tanto pode empurrá-las como puxá-las. O calor expande a matéria, de forma que, sem a existência dos vulcões, o planeta explodiria. Por isso, maremotos, terremotos, *tsunamis* são fenômenos naturais muito bem regulados e destinados ao permanente reequilíbrio do planeta Terra, em dimensões gigantescas.

A sobrevivência das espécies na Terra depende fundamentalmente da água. De todo o volume de água existente no planeta, cerca de 97,5% formam os mares e são, portanto, impróprios às necessidades humanas, pois são salgados. Somente os 2,5% restantes são potáveis e, consequentemente, capazes de sustentar a vida na matéria. Essa pequena porcentagem de água salubre, entretanto, precisa de reciclagem, pois o consumo das espécies animais e vegetais é grande. Assim, o ciclo contínuo da chuva, da evaporação e da formação das nuvens mantém o equilíbrio, a filtragem e a disponibilidade desse precioso e indispensável líquido para a subsistência de toda cadeia terrestre.

Com a destruição da camada florestal, a poluição das águas e do ar, as condições climáticas estão se alterando. Nascentes secam, rios perdem o volume de água. Então, foi necessário sacar as águas submersas nos aquíferos, mas não se pode afirmar que essas reservas são ilimitadas e que a exploração desenfreada não provoque alterações no meio ambiente.

Assim como as águas, o ar também é reciclado dentro do contínuo ciclo de respiração das espécies animais, que precisam de oxigênio e exalam gás carbônico; das espécies vegetais, que precisam de gás carbônico e exalam oxigênio durante o dia; e da movimentação dos ventos, que renovam o ar ao redor do planeta. Para isso, cooperam também os ciclones, os tornados e os vendavais.

Para formar um quadro completo dessa grandiosidade, recomendo a leitura do livro *Os Primeiros Seres Humanos*, de Roselis von Sass, no qual ela cita:

"Cada astro está ligado à rede cósmica. Na Terra, o ponto de ligação situa-se na Antártida, que é o lugar de concentração de grandes enteais, estando entre eles todos aqueles que são responsáveis pelo bem-estar na Terra. Por exemplo, da Antártida são enviadas, ininterruptamente, correntezas de ar, que renovam a atmosfera, sem as quais não mais seria possível respirar nas poluídas cidades. Também as águas, que no interior da Terra formam a circulação aquática, são permanentemente renovadas. Pela influência de outras forças enteais, também os campos magnéticos que circundam a Terra são mantidos inalteráveis, isto é, na mesma intensidade. Mas ultimamente os cientistas constataram um enfraquecimento dos campos magnéticos, receando que, com isso, possa haver um degelo nos polos da Terra, provocando grandes inundações."

Atualmente, o planeta está superpovoado, com mais de 7 bilhões de habitantes, mais da metade vivendo em precárias condições sociais e culturais. Somente agora os dirigentes estão percebendo que o meio ambiente é finito e que não vai suportar o atendimento adequado a todos. A água potável é apontada como uma grande preocupação e fator de conflitos entre os humanos. O clima também se alterou profundamente, deixando de ser ameno e acolhedor, tornando-se ameaçador.

Afora as enormes dificuldades econômicas e sociais, o clima também se antepõe ao inquieto ser humano que, não tendo aproveitado adequadamente o tempo que lhe foi concedido para seu próprio fortalecimento e evolução, sofre agora as consequências de seu atuar errado no mundo inóspito que formou.

O planeta é submetido a um aquecimento global de causas múltiplas e pouco estudadas, ou mesmo conhecidas pelo grande público. A permanente destruição da cobertura florestal, a emissão de gases, a poluição do solo e dos mares, inclusive por experimentos atômicos, afetaram profundamente o clima. A desorganização das correntes marítimas desequilibra todo o planeta, e as calotas polares e outras geleiras eternas começam a se desfazer.

Ocorrem também fenômenos desconhecidos no astro rei, o Sol, que fustiga a atmosfera e a Terra, com aumento de calor e com irradiações nocivas. Nem os cientistas conseguem entender exatamente o que está ocorrendo, visto que as alterações climáticas fogem dos padrões conhecidos. Não é só a situação da água que está se tornando crítica. A destruição do *habitat* humano, provocada pela ganância e pela ignorância, está presente em todo o planeta: nas florestas, no solo, no ar e nos mares. Tudo destruído pelo imediatismo de quem acredita em uma única vida, como se o ser humano fosse feito apenas de carne e ossos, sem a essência espiritual que lhe vivifica.

O que é viver?

Enfim adentramos no século XXI. Atualmente, as novas gerações estão submetidas a um horizonte materialista que se restringe a trabalho, consumo, esportes radicais e atividade sexual, sem muita reflexão, porque se prega que a vida acaba com a morte, e isso é lembrado a todo instante e por todos os meios de comunicação. Diariamente, a mídia transforma a morte em um espetáculo mórbido, distanciando-a da naturalidade da vida. Diante de tal fatalismo, ficam as sombras do medo do incompreensível, sem que haja qualquer questionamento mais profundo sobre o sentido da vida. Isso será difícil de reverter enquanto o próprio viver não tiver fundamentos nobres e duradouros, pois com o foco na crença de uma única vida, esta vai mesmo ficando sem sentido.

A infância e a juventude estão passando quase despercebidas. A aspereza da vida consome tempo e energia. Na juventude, a dispersiva utilização da poderosa energia sexual vai camuflando a realidade, mas de repente as pessoas percebem que avançaram na idade, então se perguntam: o que é viver? Para que serve a vida?

Para responder, tomemos os versos do compositor Gonzaguinha, em sua música *O que é, o que é*:

"Eu fico com a pureza da resposta das crianças
É a vida, é bonita e é bonita
Viver e não ter a vergonha de ser feliz
Cantar e cantar e cantar
A beleza de ser um eterno aprendiz
Eu sei que a vida devia ser bem melhor e será
Mas isso não impede que eu repita
É bonita é bonita e é bonita!"

A vida é uma festa, basta olhar as maravilhas da natureza para perceber essa verdade. Nessa fase tumultuada que o mundo vive, entretanto, muito facilmente as pessoas estão se deixando vencer pelo desânimo e pelo cansaço, sem conseguir encontrar um caminho que as conduza a uma natural alegria de viver.

Então retornemos a Gonzaguinha, indo ao auge de sua poesia:
"E a vida, o que é? Diga lá, meu irmão... É o sopro do Criador em uma atitude repleta de amor!"

Inegavelmente, é uma grande inspiração. Mas o mistério da vida permanece oculto para a grande maioria dos seres humanos.

Abdruschin trata amplamente desse mistério produzido pela incompreensão humana. Destacando apenas algumas de suas sábias palavras:

"Somente quando Deus, em Sua Vontade, emitiu a grande expressão: 'Faça-se a Luz!', as irradiações se lançaram além do limite até então desejado, para o espaço sem Luz, trazendo movimento e calor. E assim iniciou-se a Criação que, gerando o espírito humano, pôde tornar-se sua Pátria."

A crença na vida única tem acarretado enormes malefícios, tanto para o indivíduo como para a sociedade humana como um todo, interferindo nocivamente inclusive sobre o *habitat* humano. A possibilidade difundida de que, a qualquer momento, é possível remir as faltas, sem muitas dificuldades para ganhar o Céu, deixou o ser humano comodista e com baixo grau de responsabilidade, quando o natural seria ele compreender que a vida continua e que as faltas não remidas serão cobradas um dia, nessa ou em outra vida, na matéria ou no plano onde a alma estiver, pois tudo retorna antes que o espírito possa ascender aos reinos de Luz.

Atualmente, a situação mundial se complica com a crise econômica, limitação de recursos e conflitos. O Brasil poderia atuar como uma interseção de harmonização, mas deveríamos nos centrar nisso sem dispersar tempo e energia com discussões ideológicas visando a interesses particulares. Prevalece fortemente o desejo de dominação e poder. Falta nos adultos a visão de melhor futuro, com liberdade, segurança e qualidade de vida, enquanto as novas gerações estão sendo afastadas disso e levadas ao superficialismo. A vida se torna mecânica, sem propósitos enobrecedores, distante do que deveria ser a missão humana de beneficiar tudo. Cada pessoa teria de desenvolver esforço permanente buscando a melhora de si mesmo como ser humano, e contribuir para a melhora geral das condições de vida. Cabe ao ser humano cooperar na grande Criação, retransmitindo para a materialidade e energia captada por seu espírito, o que equivale a humanizar a vida material, isto é, espiritualizá-la.

O conhecimento desse simples e natural fato da vida teria modificado tudo, dando origem ao real senso de responsabilidade espiritual. Então, o mundo apresentaria apenas contribuições construtivas por parte do ser humano. Em vez das atuais condições caóticas da vida, caminharíamos rapidamente para o almejado e maravilhoso Paraíso terrestre, alcançando a era da iluminação, onde o sofrimento não mais será atraído, pois os seres humanos agirão em consonância com as leis naturais da Criação, colhendo paz e alegria e evoluindo!

Atlântida, o Continente Perdido

"Aqui na Terra estamos envoltos por um grande mundo invisível, no qual atuam forças e espíritos que nos guiam, tanto no bom como no mau sentido. Cada um de nós está ligado a esse mundo, por sentimentos intuitivos e pensamentos." (*Roselis von Sass*)

"Para além daquelas que hoje se chamam colunas de Hércules, acha-se um grande continente dito *Posseidonis* ou *Atlantis*." Assim, Platão, o sábio ateniense, que viveu há mais ou menos 400 anos antes de Cristo, mencionou o continente perdido que não figura mais nos mapas.

Para falarmos de Atlântida, devemos recorrer a Roselis von Sass, pois, com o intuito de auxiliar os seres humanos nesta época de grandes sofrimentos, ela apresentou as imagens da vida e da tragédia do continente que outrora submergiu nas águas do mar, recriando, em seu livro *Atlântida: Princípio e Fim da Grande Tragédia*, a imagem dos atlantes, um povo de elevado desenvolvimento.

Segundo Roselis, a posição exata do reino submerso é difícil de se determinar atualmente, pois passaram-se mais de 10 mil anos desde então. Não se deve esquecer que também o fundo do mar se encontra em constante movimento, e que desde aquela época maremotos e terremotos causaram deslocamentos e muitas modificações. O eixo da Terra também está sujeito a oscilações e a crosta terrestre varia em movimento de contração e expansão no Equador, sob a poderosa influência da Lua.

"Poder-se-ia dizer que a Atlântida se situava entre a Irlanda e as Bermudas e que as Hébridas constituem picos de montanhas do reino submerso, picos esse que se elevaram com o passar do tempo." (Roselis von Sass)

O oceanógrafo e pesquisador Jacques Cousteau (1910-1997) encontrou fragmentos de um continente perdido nas profundezas das águas próximas à ilha grega de Creta.

De acordo com a agência de noticias *Reuters,* "o cientista Robert Sarmast afirmou que a bacia mediterrânea foi inundada em um dilúvio por volta de 9 mil anos antes de Cristo, o que fez afundar um pedaço de terra retangular que ele acredita ser *Atlantis*".

"Definitivamente, nós a encontramos", disse o cientista Sarmast, que comandou um grupo de pesquisadores a oitenta quilômetros da costa sudeste do Chipre no início do mês de novembro de 2004. Ele continua:

"Um rastreamento sonar feito em águas profundas indicou estruturas artificiais em uma colina submersa". Porém, ainda é preciso explorar mais o local: "Nós ainda não podemos apresentar provas reais. Os artefatos estão enterrados sob vários metros de sedimentos, mas outras evidências são irrefutáveis."

De acordo com o filósofo grego Platão, Atlantis era uma ilha com uma civilização muito desenvolvida, erguida há cerca de 11.500 anos.

Os atlantes sabiam, desde longa data, da profecia sobre as transformações que ocorreriam na crosta terrestre em decorrência de uma catástrofe natural e que, quando chegasse a hora, eles seriam avisados para abandonarem o continente e guiados em busca de nova pátria.

Mas os atlantes também se deixaram envolver pela mania de grandeza que se alojou no íntimo do ser humano desde que passou, na escala evolutiva, a fazer uso crescente de suas capacitações intelectivas, sufocando sua centelha espiritual, o núcleo realmente vivo, impedindo-o de atuar, orientando e conduzindo a vida material.

O intelecto foi se acorrentando progressivamente à matéria, o que levou o ser humano a se tornar materialista em oposição à espiritualização de sua atividade, o que produziria uma construção mais sadia e duradoura.

Em Atlântida, os homens, considerando-se seres superiores, mesmo em relação às mulheres e demais criaturas, recusaram-se a atender a antiga profecia, julgando-se capazes de dar continuidade à sua forma de viver, apesar das advertências.

Na fase final, os homens se sentiam poderosos porque, com seu sêmen, fecundavam as mulheres. Estas, por sua vez, passaram a detestar os homens e, não raro, eliminavam a vida dos recém-nascidos do sexo masculino. No olhar delas, não havia mais confiança nem alegria, apenas ódio, desconfiança e insatisfação.

As condições de vida no continente se alteraram profundamente, afetando o clima, causando o surgimento de pragas, a redução de água, a migração de aves e de outros animais. Tudo indicava que a hora fatal estava cada vez mais próxima. Mas os grupos dominantes não se sensibilizaram com tais acontecimentos e, desejando manter seus interesses e influência, cuidaram de acomodar a inquieta população com informações distorcidas sobre a real situação.

O incansável Merlin, mentor espiritual do povo de Atlântida, conseguiu sensibilizar apenas uma minoria que, atendendo às suas advertências, escapou da grande tragédia, descrita com clareza no livro de Roselis von Sass. A maior parte da população deixou-se envolver pela indolência espiritual e não queria ouvir os avisos ou atentar às visíveis alterações no ambiente.

Parte desse reduzido grupo foi estabelecer morada em uma belíssima região, situada entre dois rios, dando origem ao último povo realmente sábio – os sumérios – que viveu em harmonia com as Leis da Criação, que expressavam a Vontade de Deus. Entre eles não havia mania de grandeza, pois o espírito os conduzia, por isso foi um povo sábio e poderoso, cujas obras perduram até os dias de hoje.

Em uma atuação conjunta de todas as forças elementares, um continente desapareceu nas águas do mar há mais de 10 mil anos. Foi um fenômeno que abalou o mundo. Um asteroide, ou uma pequena lua, lançou-se sobre a Terra, impetuosamente, chocando-se com a Atlântida e provocando indescritível catástrofe, com a elevação das águas do oceano, fazendo tudo tremer e balançar, encobrindo até o ultimo pedaço daquele país que outrora fora um maravilhoso reino verde e florido, de beleza fulgurante. Atlântida não existia mais. Desaparecera da face da Terra em um dia e uma noite de horror.

Em meio às profundas alterações ambientais que precederam a queda do asteroide, o povo, obstinado e arrogante, não ouviu as advertências para todos se retirarem enquanto ainda era possível. O continente submergiu completamente, com tudo que havia sobre ele.

Atlântida: Princípio e Fim da Grande Tragédia narra a história da tragédia humana de seu povo no continente perdido. Qualquer semelhança com a época atual não será mera coincidência. É a história do falhar humano que se repete mais uma vez; hoje, porém, nos defrontamos com a crise global, da mesma forma, pouco divulgada. Os grandes problemas que a humanidade enfrenta estão sendo varridos para debaixo do tapete. Metade da população vive em precárias condições. Estamos à beira do colapso dos recursos naturais, da redução da produção de alimentos, da escassez da água e do caos social. Para uma transformação, necessitamos do desenvolvimento de valores humanos universais; mas, para que estes se tornem acessíveis, necessitamos do reconhecimento das leis espirituais da Criação.

Os profundos ensinamentos contidos no livro citado mantêm estreita relação com a conturbada situação atual de nosso planeta, dominado pelo imediatismo materialista, onde ninguém se preocupa e se responsabiliza pelo futuro.

Os desequilíbrios ocorridos em Atlântida nos remetem à atual situação do planeta como um todo. Basta lembrar que estamos diante da mais contundente alteração do clima com aquecimento global, degelo, secas e inundações. Cientistas canadenses e americanos admitem que as mudanças climáticas estariam afetando mais intensamente as regiões polares.

As lendas celtas e o Graal

Nada que os seres humanos tenham ocultado por sua incapacidade de compreensão, ignorância ou má-fé permanecerá oculto. A força da Luz põe tudo à mostra para que se conheça a verdade e, com ela, a libertação.

Na atualidade, estão surgindo inúmeras referências ao Santo Graal. Confusas e obscuras, mas cumprindo o papel de despertar no ser humano a necessidade da busca do saber e de viver com plenitude.

O Santo Graal teria sido conhecido em eras passadas por outros povos existentes bem antes da vinda de Jesus? O que significa a palavra Graal?

Segundo Roselis von Sass, os habitantes de Atlântida eram, naquela época, os seres humanos que mais haviam se desenvolvido espiritualmente. Lá não havia sacerdotes nem templos, eles veneravam o Onipotente Criador. Realizavam suas devoções a céu aberto, nas pedras de altares colocadas no meio de belas florestas de carvalhos. Eles haviam recebido o conhecimento sobre o *Heliand*, o cálice da vida, e posteriormente ficaram sabendo que os espíritos dos mundos superiores o chamavam de Santo Graal.

O saber espiritual abrange o conhecimento e todo o desenvolvimento da Criação e das leis que regem a evolução do germe espiritual. Abrange também tudo sobre a finalidade da vida, sua origem e seu significado.

Os celtas e os sumérios provavelmente derivaram do remanescente dos povos refugiados da antiga Atlântida, o continente perdido mencionado pelo sábio Platão 400 anos antes de Cristo. A Atlântida, entretanto, é bem mais remota, o seu desaparecimento teria ocorrido há mais de 10 mil anos.

Os sumérios, alojados na região da Mesopotâmia, entre os rios Tigre e Eufrates, conservavam intacto o saber espiritual e notabilizaram-se como os sábios da Caldeia. Para Roselis von Sass, o derradeiro feito monumental desse povo teria sido a construção da grande pirâmide de Gizé, no Egito.

Com certeza, o saber original dos celtas chegou até nossos dias com lacunas e falta de clareza. Embora tenham sido considerados um povo "pagão", deixaram muitas informações em várias lendas célticas. O *habitat* primitivo desse povo parece ter sido o sudeste da Alemanha, de onde migraram para outras regiões, inclusive para as ilhas britânicas.

Segundo Sirona Knight, no livro *Explorando o Druísmo Celta*:

"O cálice representa o caldeirão mágico, o Graal, a fonte da vida e o poço da inspiração."

Não é de se estranhar que tal conhecimento tenha chegado até os tempos do rei Artur, e posteriormente foi retirado de circulação por um poder terreno mais forte e ressurgiu mais tarde, por meio dos templários, em versão distorcida de sua realidade primitiva.

No livro *Artur, Universo Ângus,* de Orlando Paes Filho, o Graal foi assim definido:

"Símbolo da plenitude espiritual, o Graal está diretamente relacionado com o caldeirão da abundância céltica, cujos alimentos são inesgotáveis. Chrétien de Troyes retomou a temática celta em *Percival*, no qual o Graal é um receptáculo com conteúdo não especificado. Para Wolfram Von Eschenbach, o Graal é uma pedra guardada pelos cavaleiros templários. A partir de Robert de Boron, em fins do século XII, o Graal foi cristianizado e tornou-se o cálice de Cristo na última ceia, que continha seu sangue recolhido da cruz, e foi levado, depois, por José de Arimateia para a Inglaterra." Segundo Abdruschin, esse cálice é uma recordação sagrada da sublime obra salvadora do Filho de Deus, mas não é o Santo Graal.

"Ninguém sabe o que aconteceu com o cálice em que Jesus bebeu na noite em que instituiu a ceia do Senhor." É o que escreve Erwin Lutzer em *A Fraude do Código Da Vinci*. Para o autor:

"Lendas afirmam que o cálice foi dado a José de Arimateia, mas não podemos ter certeza disso. O que realmente sabemos é que no século XII circulavam histórias sobre o cálice, chamado Santo Graal, o qual, acreditava-se, teria poderes mágicos. Tais lendas, na verdade, baseavam-se em superstições celtas sobre o cálice como símbolo da transformação e renovação espiritual."

Evidentemente, não é de se estranhar que os humanos, com seu afastamento do saber espiritual, foram modificando e adaptando o antigo conhecimento dos povos intuitivos para uma conceituação material subordinada à categoria tempo-espaço, a única forma de raciocínio compreensível por aqueles que são desvinculados da intuição. De fato, o Graal era, e é, um conceito de natureza puramente espiritual que contém o mistério da renovação do eterno amor do Criador.

As lendas celtas deram árduo trabalho aos teóricos do Cristianismo romano, ao pretenderem absorvê-las e conciliá-las com a nova religião, como meio para tranquilizar os adeptos.

Segundo o livro *Jesus, o Amor de Deus*, Cristo teria dito a seus discípulos:

"Eu não voltarei para o Juízo Final, mas virá o Filho do Homem. Descerá do Céu, como fora predeterminado desde que a Terra existe. Ele, como eu, é Filho de Deus. Ao mesmo tempo, é também rei do eterno e supremo templo, nas alturas, do qual já vos falei. Seus servos assistem junto ao cálice da força divina, e providenciam a fim de que em determinadas épocas, preestabelecidas pelo Criador, possam fluir torrentes de águas vivas que se derramam pelo Universo, vivificando-o e renovando-o."

Com todo o seu saber e sua mania de grandeza, o ser humano não passa de um grãozinho de pó na descomunal engrenagem cósmica. Não somos proprietários deste planeta, somos apenas hóspedes transitórios, cuja obrigação é aproveitar a hospedagem para evoluir, evitando atividades nefastas e destrutivas em nosso *habitat*.

A história da civilização, na Era Cristã, é quase uma história de guerras permanentes que fazem do século XX o mais sangrento que o mundo já viveu. Muitos sofrimentos foram gerados, muito sangue derramado. Em meio à hipocrisia e ressentimentos, fica muito difícil o surgimento da paz e da felicidade entre os seres humanos, pois não existe amor para uni-los. A insatisfação e o descontentamento são dominantes, separando e guiando cegamente as criaturas humanas.

O ser humano se desligou de Deus e atrofiou-se espiritualmente. Ao agir de modo mecânico, sem interferência da alma, foi capaz de cometer as maiores atrocidades com o propósito de acumular riqueza e poder, apenas para satisfazer sua arrogância e vaidade.

O que se passa com a civilização humana? Será que ela vai entrar em colapso? Se tivesse havido o adequado preparo dos seres humanos em busca da Luz, tudo teria sido muito diferente. Com base na ética verdadeira não teria surgido um mundo tão cruel e desumano, com miséria, violência e tantas coisas feias, decorrentes das atitudes em oposição às Leis da Criação.

Os atlantes na Babilônia

No período final de Atlântida, as condições de vida tornaram-se muito precárias. Falsos sacerdotes anunciavam que Atlântida não sucumbiria, e por todos os lados proliferavam rituais religiosos que davam vazão aos mais bestiais desejos humanos distanciados do verdadeiro amor. Vendavais, chuvas de granizo, terremotos, tudo indicava que chegara a hora, mas os seres humanos permaneciam cegos e surdos diante das advertências da natureza.

A vida tinha se tornando amarga e sem alegria. Assustadas e descontentes, as pessoas desconfiavam de tudo. Elas somente despertaram de sua indolência quando já era tarde demais, ao perceberem que haviam sido enganadas pelos dirigentes e pelos falsos sacerdotes.

Os seres humanos que deixaram Atlântida para trás constituíram um dos mais avançados núcleos de civilização, tanto do ponto de vista material como do espiritual. Seu elevado saber espiritual influenciou decisivamente um estilo de vida que seguia o ritmo das Leis da Criação. Enquanto o saber espiritual se manteve puro, os povos viveram em paz e harmonia, mas onde falsos ensinamentos eram acolhidos, a ruína e a desgraça não tardavam a chegar, retrogradando a qualidade de vida e embrutecendo os seres humanos.

Atualmente, a natureza também sinaliza a gravidade do momento, mas, como no passado, os seres humanos negam-se a enxergar as advertências que lhes são dadas e continuam se agarrando a vícios e divertimentos de baixo nível, desperdiçando o precioso tempo de suas vidas terrenas como hóspedes da maravilhosa Criação que lhes oferece tudo de que necessitam.

Vejamos como Roselis von Sass narra a dramática retirada de Atlântida e o surgimento do que seria a Babilônia, uma região de grande significado para a história da humanidade. Ali seria assinalada a opção de muitos espíritos humanos pela busca da Luz ou a aceitação dos princípios trevosos puramente materialistas que, evoluindo, acabariam por conduzir a humanidade para o autoextermínio, antes mesmo da hora do exame final, com a colheita decorrente do falhar humano. Contudo, há 2 mil anos, a vinda de Jesus, o portador do Amor Divino, permitiu que a Luz não se afastasse totalmente da Terra deixando os seres humanos entregues à barbárie. Jesus trouxe, com sua vinda para essa parte do Universo, um novo suprimento de Luz e de amor verdadeiros, ensejando uma nova oportunidade a todos os seres humanos de reconhecerem o significado espiritual da vida.

Assim descreve Roselis:

"O povo de Atlântida, naturalmente, foi informado do acontecimento vindouro. Aliás, muitos anos antes. E, ao mesmo tempo, foi-lhe solicitado que preparasse tudo para seu êxodo."

"O sábio Merlin, que vivia ao norte de Atlântida e sempre tinha em torno de si um grupo de alunos, além de ter preparado também muitos mestres, percebia que o povo protelava, de um ano para outro, o êxodo. Não duvidavam das palavras de Merlin, pois sabiam que ele possuía o dom de entrar em contato com espíritos superiores quando fosse necessário. Contudo, julgavam haver muito tempo ainda para seguir seus conselhos."

"Um desses grupos de jovens seres humanos foi guiado até o país dos Dois Rios, chamado Suma, conforme conselho do guia que os havia conduzido. Domiciliaram-se em uma planície fértil, entre os Rios Tigre e Eufrates. Uma vez que traziam consigo um grande saber espiritual e terreno, não foi difícil para o pequeno grupo começa sua vida com alegria e gratidão."

"O pequeno povo aumentava apenas lentamente, pois nenhuma mulher queria ter mais que dois filhos. Mesmo assim, tornaram-se, no decorrer dos milênios, um povo respeitável. Quando os primeiros semitas, aproximadamente 4 mil anos antes de Cristo, se fixaram em sua cidade, que chamavam Kadinguirra, os sumérios já haviam fundado o centro cultural de Ur e transformado as aldeias encontradas, entre elas Kisch, Lagash, Nippur e outras, em locais de ciência e trabalho."

A escrita cuneiforme sumeriana se constituiu na primeira escrita da qual a humanidade teve conhecimento. Roselis cita Preta Eisele, que escreveu o livro *Babylon*.

A cidade de Kandiguirra estava situada na antiga Suméria, região sul da Mesopotâmia, que quer dizer "terra entre os rios", Tigre e Eufrates, e onde hoje se situa o Iraque e a Síria. A região é considerada berço da civilização, pois lá surgiram os primeiros achados, indicando a existência de uma civilização superior, e não simples tribos nômades.

Segundo *O Livro do Juízo Final*, de Roselis von Sass, "os sumérios adoravam somente um único e uno Deus, que tudo havia criado e em cuja justiça estava construída a Divina ordem universal."

As enciclopédias não fornecem as datas com precisão. Uma das mais conceituadas, entretanto, informa que o Império, fundado por Sargão da Acádia, englobava toda a Mesopotâmia e a Susiana.

As cidades mais próximas da Babilônia, como Ur, Eridu e Acad, faziam parte da região que antigamente era conhecida como Caldeia, sendo também muito conhecidos os chamados sábios da Caldeia, que viviam em uma aldeia próxima ao riacho Ereth há 4.500 anos antes de Cristo, aproximadamente, e tinham Sargon como o supremo rei-sacerdote.

Na Babilônia daquela época reinavam a paz e a felicidade verdadeira. Era um reino para glorificar o Todo-Poderoso. As obras eram belas e duradouras, como os jardins suspensos. Os seres humanos evoluíam.

As pessoas traziam em seu coração a esperança e a alegria, até que foram chegando hordas de seres humanos hostis à Luz, com seus falsos e invejosos sacerdotes que queriam poder e, a serviço das trevas, semeavam a ruína. Ao mesmo tempo, surgiam todas as formas negativas na matéria fina: cobiça, desconfiança, luxúria e medo. A vida tornou-se perigosa. Violência e crimes eram frequentes. Aos poucos, entretanto, os sumérios dominaram a situação, pois foram incumbidos de uma grande missão. Sem que pudessem deter a decadência, estreitamente ligada à livre escolha dos seres humanos, os sumérios desapareceram misteriosamente da face da Terra.

Hoje o planeta inteiro vive uma situação dramática, convivendo com o caos, o medo e o terror. Falsos missionários adulam as massas, fortalecendo o comodismo, deixando de contribuir para que se alcance a verdadeira essência do ser humano. Há miséria, doenças, destruição da natureza e desesperança para as novas gerações. O quadro de desolação é indescritível. Diante disso, o livro *A Desconhecida Babilônia*, de Roselis von Sass, surge como um alerta indicando o caminho para a Luz da Verdade, ao propiciar uma visão da maneira de viver do povo da Suméria, orientado pelos sábios da Caldeia.

Já por volta de 5 mil a.C., as trevas ameaçavam sorrateiramente, ampliando seu exército de seguidores na Terra. A essa altura, os sábios da Caldeia receberam a ultima incumbência, que era advertir os seres humanos sobre o futuro, gravando um grande segredo em pedras com a ajuda dos prestimosos enteais.

Roselis assim descreve:

"Sargon, rei de Ur na Caldeia, encontrava-se em um dos terraços da Casa das Revelações, alegrando-se com a forte ventania que, bramindo, sacudia cada árvore e cada plantinha. A harmonia majestosa das forças da natureza lembrava-o dos planetas, dos sóis, dos astros escuros e claros, e também da Terra. Todos eles eram campos de energia, dominados e trabalhados por um exército, a se perder de vista, de obedientes e alegres servos. Fossem esses entes do ar, da terra ou da água, todos pertenciam ao povo elementar da natureza. Todos haviam colaborado para que a Terra pudesse se tornar a pátria dos seres humanos (...) Os sumérios pareciam ser o único povo sobre a Terra que intuía a maravilha e a grandiosidade da natureza, em seu mais profundo sentido, e que, em sua totalidade, vivia assim como as leis do espírito e da natureza requerem."

Os sábios dotados de verdadeiro amor e bondade eram os preceptores do povo, não tinham o pendor de acumular riquezas, poder ou honrarias. Através de Sargon, os sumérios receberam a incumbência de executar uma extraordinária edificação em terras do Egito.

Sobre isso, Roselis complementa:

"Haviam se passado cinquenta anos, desde que Min-Ani-Pad transferira a dignidade real a Sargon. Primeiramente foram explicados a ele o sentido e a finalidade dessa edificação extraordinária. Assim ele soube também que o Onipotente tinha de mandar para baixo seu poderoso emissário Gilgamesch, a fim de invalidar a ação prejudicial do anjo caído (...) Ele convocou, em espírito, todos os sábios para uma reunião. Demorou meses até que todos chegassem, pois em todas as cidades fundadas por sumérios, algumas muito afastadas, viviam e trabalhavam sábios que haviam recebido seu saber em Ur, e, no vivenciar fora do centro cultural, ajudavam outros seres humanos, espiritual e terrenamente."

"Nenhum dos sábios, que chegavam um após o outro, ficou surpreso ao ver o modelo da pirâmide. A maioria afirmava que já havia visto de alguma maneira essa edificação, uma vez que não lhes parecia estranha."

Os sumérios cumpriram a missão para a qual foram designados, erigindo em terras do Egito um monumento extraordinário, a Grande Pirâmide, destinada a alertar e orientar os seres humanos do futuro, para que não enveredassem pelos caminhos distanciados da Luz, indo ao encontro da destruição. Que buscassem reconhecer o real significado da vida para, em gratidão e alegria, construir na Terra um mundo de paz, beleza e harmonia.

No entanto, atualmente, grande parte dos seres humanos se mantém infeliz, sempre reclamando de alguma coisa, atraindo, continuamente, as formas de descontentamento. Em vez de buscarem a alegria no pouco que conseguem realizar, dando valor a isso para que sua situação possa se modificar para melhor, invariavelmente se deixam cegar pelo descontentamento e insatisfação com a própria vida.

O fundamental, contudo, é reconhecer o significado da vida, para que os seres humanos não desperdicem seu precioso tempo com futilidades, aproveitando-o adequadamente para evoluir e alcançar a felicidade real, que só pode advir do saber sem lacunas, pois a atual situação põe nitidamente em evidência, por toda parte, a incapacidade dos seres humanos, que agem exclusivamente com seu raciocínio limitado.

A Grande Pirâmide

Uma pirâmide de 150 metros de altura, construída com blocos de pedra sobrepostos. Como os arquitetos da Antiguidade puderam erigir uma obra tão perfeita nos mínimos detalhes? Como acreditar que uma obra tão grandiosa, estruturada e com uma intrincada rede de corredores e salas pudesse ser construída tão somente para abrigar o corpo de um rei morto?

Diante dos mistérios da vida, o cérebro humano aceita qualquer explicação e se acomoda. A intuição, quando desperta, permanece em dúvida, sentindo que há algo que foi suprimido e acabou esquecido. A intuição ativa busca de explicações coerentes e lógicas, que façam sentido, que tenham significado.

Uma única pirâmide deveria existir, mas seu significado ficou oculto nas complicadas e nebulosas teorias engendradas pelo cérebro do homem do século XX. Mais uma vez a humanidade perdeu a chance de obter os verdadeiros esclarecimentos sobre o sentido espiritual da existência terrena. Facilmente os inimigos da Luz conseguiram a deturpação, aviltando o significado da obra.

Desde longa data, os pesquisadores sinceros estavam convencidos de que o tempo traria esclarecimentos lógicos e coerentes sobre a Grande Pirâmide, sua construção e seu significado para a humanidade. Muitos criaram uma fantasia mística que a intuição rejeita. Outros, dotados de espírito mais ativo, não se contentaram com as explicações disponíveis e passaram a pesquisar a questão. Edgar Cayce* foi um dos poucos que pesquisou mais a fundo a Grande Pirâmide. Ele escreveu:

"Então (...) começou a construção do edifício agora denominado Gizeh (...) o Salão dos Iniciados (...) Este, então, recebe todos os regis-

---

* N.A.: Edgar Cayce, 1877 – 1945, médico intuitivo, nasceu em Hopkinsville, Kentucky, conhecido como "o profeta adormecido".

tros dos princípios daquilo que foi deixado pelo sacerdote (...) até aquele período no qual deverá haver uma mudança na posição da terra e o consequente retorno do Grande Iniciado, para aquela e para outras terras, a fim de serem desvendadas as profecias ali mostradas. Todas as mudanças que aconteceram no pensamento religioso no mundo estão ali expostas, nas variações em que a passagem é percorrida, da base para o cume – ou para o túmulo aberto e o cume. Elas são mostradas tanto pela camada como pela cor na direção em que a volta é dada."

"Este, então, é o propósito, para o registro e o significado a ser interpretado por aqueles que vieram e vêm como mestres, em vários períodos, na existência dessa posição presente, da atividade das esferas da Terra..." (Citado por Peter Lemesurier no livro *A Grande Pirâmide Desvelada*).

Os sumérios

Em uma época na qual muitos povos se deixavam contaminar pelos cultos idólatras engendrados pelo intelecto afastado da intuição, o extraordinário povo sumério conseguiu manter-se dentro do ritmo da vida até seu desaparecimento da face da Terra.

Sargon era o sacerdote-rei. Com sabedoria e amor, conduzia, por meio de seus ensinamentos, todo o povo para reconhecimentos superiores. O viver se desenrolava em paz e harmonia e, consequentemente, havia progresso. Aqueles que reconheciam e viviam em conformidade com as Leis da Criação, baniam o sofrimento de suas vidas encontrando serenidade e alegria permanentes.

Roselis von Sass escreveu sobre a extraordinária reunião dos sábios de Ereth, na Caldeia, onde foi planejada a grandiosa construção:

"Durante longo tempo, os irmãos iniciados foram verdadeiros guias, mestres e consultores do povo. Eles não se preocupavam com riquezas, poder ou honrarias. Sua vida era consagrada ao Eterno Criador e à pesquisa dos segredos que ele havia colocado na Criação."

"Uma vez por ano, na época do ponto espiritual culminante, os iniciados reuniam-se em Ereth. Todos se empenhavam para estar naquele local.

"Como ponto culminante espiritual designavam os dias nos quais nova força, proveniente do 'Coração do Criador', fluía por todos os mundos e criaturas (...) O Santo Graal eles denominavam de o 'Coração do Criador'. Sabiam que a subsistência da Criação dependia da renovação anual das forças. O ponto espiritual culminante, no entanto, já passara havia muito tempo, quando Sargon chamou."

"E assim todos os iniciados, de perto e de longe, foram avisados de que uma reunião extraordinária se realizaria. Os que cumpriam suas missões em outros países recebiam a notícia por intermédio de mensageiros enteais."

"Durante um momento, Sargon olhou a forma branca de cerâmica, depois começou a falar:

'Estamos hoje aqui reunidos a fim de executar na Terra a última ordem de nosso Eterno Criador. Essa incumbência nos foi transmitida por um de Seus primeiros quatro servos.'

'A última incumbência! Compreendeis o que essas palavras encerram? Um peso opressor abateu-se sobre meu peito, quando finalmente compreendi o significado dessas palavras. A respiração tornou-se difícil para mim, e eu senti que a Terra estremecia.'

'Na Terra deverá surgir agora uma construção idêntica, uma pirâmide de pedra. Executar essa obra é a última incumbência que recebemos da Luz.'

'O significado da palavra pirâmide é *cristal em que arde o fogo da eternidade*. Só que, na pirâmide terrena, não arderá nenhum fogo da vida eterna.'

'A pirâmide será uma profecia em pedra. Nela serão marcados o início e o fim do Juízo, bem como as datas de todos os acontecimentos importantes prestes a acontecer através do destino dos seres humanos. Além disso, as medidas e relações da gigantesca construção darão elucidações sobre muitas coisas. Por exemplo: poderão ser deduzidas a distância de nosso planeta até o Sol, bem como a duração de um ano estelar, e também o peso e a densidade da Terra.'

"Pelo número sagrado que será usado na pirâmide, pode-se dizer também pela medida sagrada, os posteriores pesquisadores começarão a medir e transformar as medidas encontradas em anos."

Também ficou gravada nas pedras da Grande Pirâmide a profecia que dizia que dois emissários do Divino viriam à Terra, em auxílio aos seres humanos, ou seja, a vinda de Jesus, o amor de Deus, e Imanuel, o Filho do Homem, para desencadear o Juízo Universal.

Mais tarde, isso também constou das mensagens dos profetas; entretanto, tem sido uma constante na história da humanidade o desprezo dos seres humanos espiritualmente adormecidos em relação às mensagens trazidas por profetas e enviados de Deus, que, não raro, foram perseguidos e ridicularizados pelas normas inventadas pelos homens aprisionados ao seu intelecto materialista circunscrito ao tempo e ao espaço.

Com Jesus não foi diferente. Com o surgimento, no Império Romano, de uma poderosa organização religiosa, tudo foi sendo ajustado à sua doutrina, de acordo com o que melhor lhe conviesse, e imposta aos povos como sendo a doutrina de Cristo.

Quanto à pirâmide, ela está lá, plantada no deserto. Ao longo dos milênios tem sido desfigurada em todos os sentidos, perdendo seu brilho reluzente. Após Quéops ter se apossado da mesma, veio a deturpação de todo o conteúdo inscrito em placas e ilustrações. Restaram, contudo, os enigmáticos corredores e salões. As pedras falam poderosamente, mostram os descaminhos da humanidade. Caminhos que deveriam ser claros, espaçosos, repletos de beleza. Mas os seres humanos optaram por caminhos escuros, feios, apertados e cheios de perigo.

Roselis von Sass, por meio de seus livros, além de dar um esclarecimento lógico e coerente sobre a Grande Pirâmide, também oferece uma clara visão a todos aqueles que procuram pelo significado e pelo sentido da vida.

Krishna, o Profeta da Índia

Vivemos em uma época de profundas transformações. Uma angústia indefinida perpassa os corações saudosos. Diante de tantas tragédias, do quadro de doenças e misérias, a desalentada maioria dos seres humanos se pergunta: como o Criador permite tanta desgraça? A pergunta é, em si, uma insolência, pois, para a Luz, o sofrimento é algo estranho, que existe apenas na materialidade como resultado das falhas humanas.

Desde longas eras, foi observado pela Luz o desencaminhamento da humanidade. E, em auxílio aos seres humanos, foram enviados à Terra, com inconcebível bondade, espíritos altamente fortalecidos em sua fidelidade à Luz, como Krishna, Zoroáster, Lao-Tsé, Buda e Maomé. O grande esforço empregado por esses preparadores do caminho da Luz, contudo, foi desfigurado no decorrer do tempo, inclusive a descrição de suas vidas terrenas. A crença tem se transformado em ilusão, sem a verdadeira vida, incapaz de conduzir a humanidade ao real progresso, a um mundo de paz e alegria.

O viver na Terra foi, aos poucos, separado do além, do antes e do depois. O espírito, o núcleo vivo, ficou soterrado e excluído na restrita vida terrena em seu acanhado ciclo do nascer, crescer e trabalhar, e envelhecer enquanto espera o inevitável fim. Ignorando as leis divinas – cujo conhecimento é seu sagrado dever –, excluindo a participação do espírito, guiando-se exclusivamente pelo raciocínio, os seres humanos produziram uma perturbadora confusão no planeta. Observar e respeitar as Leis da Criação significa conhecê-las, respeitando-as, bem como conhecer a finalidade de suas vidas. Os seres humanos têm de se pôr em movimento na vida que Deus lhes deu de presente, afastando-se da indolência e tornando-se conscientes de sua existência espiritual que vai além da puramente material.

Em vez disso, o ser humano zombou e escarneceu dos mensageiros, os quais vieram para orientar e auxiliar no reconhecimento da finalidade espiritual da vida.

"Não se consegue nenhum prêmio sem esforço, isso seria contrário à lei do movimento contínuo da Criação, que faz parte da conservação e da ampliação. Movimento do espírito e do corpo. Tudo o que não se movimenta, ou se movimenta errado, é expelido, porque só causa distúrbios na vibrante harmonia da Criação; é expulso como partícula doente, que não quer se mover junto, ritmicamente." (*Mensagem do Graal*, vol.3, *O Temperamento*)

Atualmente, as religiões aguardam a vinda de um grande líder. Os judeus aguardam o Messias, os cristãos aguardam o prometido Filho do Homem, na suposição de que este e Jesus Cristo sejam uma só pessoa. Os budistas aguardam o Buda, e os hinduístas aguardam a volta de Krishna. Mas os preparadores do caminho da Luz anunciaram para toda a humanidade a vinda de Imanuel, o Filho do Homem: esse anúncio faz parte de sua missão auxiliadora.

Tomemos Krishna. Sita, qual pura flor de lótus, vivia nas límpidas e belas montanhas, como rainha, em um pequeno, mas luminoso reino, onde toda atividade era uma prece de agradecimento. Ela deu à Luz um espírito que deveria se chamar Krishna e ser um guia para os desencaminhados seres humanos, além de precisar desfazer as teias nas quais a humanidade em geral se emaranhou. Os ensinamentos de Krishna retiraram o povo da temerosa dominação dos deuses, ensinando-o a servir ao único e poderoso Senhor de todos os mundos. O povo deixou de fazer sacrifícios, passando a orar e trabalhar. Surgiu uma pura e nobre casta, que subsistiu através de milênios graças ao puro saber sobre Deus. Krishna pressentia que, apesar de tudo, o mal se alastraria terrivelmente pelo planeta, mas haveria almas nas quais o anseio pela "Altura Luminosa" permaneceria. (*Ecos de Eras Longínquas*, Ed. Ordem do Graal na Terra)

A missão de Krishna era levar a Luz do Saber ao mundo das dores. Esse jovem tinha em seu coração a vontade pura de livrar os seres humanos de todas as ligações turvas. Ele era um servo do Criador no Santo Graal. Segundo Abdruschin, "envolto em lendas, o Graal paira acolá, no fulgor da suprema magnificência, e abriga o cálice sagrado do puro amor do Onipotente, como anseio de incontáveis criaturas".

Krishna ficou muito triste ao visualizar a situação sombria da humanidade, que celebrava suas orações em meio a orgias selvagens e sacrifícios sangrentos, fazia guerras, cometia roubos e assassinatos. Dominada por paixões, vivendo sem paz, enredando-se na tecedura maléfica de seu proceder e querer, a humanidade caminhava para o abismo.

Krishna queria indicar aos seres humanos todos os tesouros que lhe proporcionavam alegria, afastando medo, solidão, penúria e aflição; queria mostrar a todos a pulsante vida do amor de Deus em cada pedra, em cada planta e em cada gota de orvalho. O mundo poderia renovar-se caso as criaturas humanas buscassem a força da Luz para suas vidas obscuras e tristes.

Muitas coisas erradas foram imaginadas sobre sua estada na Terra. Existem algumas teorias que associam Krishna a Jesus, pois ele também foi alvo de assédio e perseguições dos representantes da casta religiosa, pois abalava fortemente sua influência. Porém, há uma grande diferença entre eles. Krishna é servo do Graal; Jesus, o Filho de Deus. Krishna trouxe, por seus ensinamentos, a Luz do Saber. Ambos tinham como alvo indicar aos seres humanos o caminho do Céu e a salvação do espírito. Jesus trouxe para a obscurecida Terra a própria Luz da qual era portador, sem a qual a humanidade já teria se autodestruído. Em sua mensagem original, Jesus descreveu como realmente são as coisas entre Deus, a Criação e o ser humano, entre o Céu e a Terra.

O Céu é o Paraíso, os jardins luminosos da eterna bem-aventurança e das alegres atividades construtivas. O Divino situa-se bem acima. Para retornar ao Paraíso, de onde saiu como germe inconsciente, o ser humano precisa alcançar a plena conscientização, isto é, saber de si mesmo, de sua origem e da Criação. Até agora, poucos seres humanos se decidiram a fazer isso. A maioria tem permanecido presa à matéria, indo e vindo sucessivamente, sem conseguir elevar-se aos páramos luminosos.

Moisés

"Os seres humanos não precisavam se esforçar para satisfazer as suas necessidades cotidianas. Eles apenas se davam ao trabalho de distribuir a abundância que lhes fora presenteada pela Luz. Enquanto eles se moviam na sábia atuação, que não desperdiçava nada e que não deixava que nada se estragasse, e enquanto cuidavam e utilizavam, com amor, tudo que existia, sem exploração, repousavam abundância, bênção e alegria sobre todas as atividades". (*Aspectos do Antigo Egito*)

Com a decadência humana, as profecias da Grande Pirâmide acabaram no esquecimento. A mentira e a falsidade foram as armas empregadas pelos falsos sacerdotes, que tudo fizeram para dificultar o caminho para a Luz da Verdade.

Quéops usurpou-a para si. Quéfrem e Miquerinos se incumbiram de construir arremedos de pirâmides ao lado da Grande Pirâmide, para confundir ainda mais os seres humanos, entregues à indolência espiritual. Decadência e ruína contaminavam tudo. Os cultos idólatras avançavam, tanto entre o povo egípcio como entre os demais.

Ao se deixar envolver pelos cultos idólatras, os seres humanos iam se afastando da crença pura no Criador de todos os mundos. No Egito antigo também não foi diferente. Segundo o livro *Aspectos do Antigo Egito*, eis que Ech-em-Aton (Aquenaton) assume o trono, preocupado com a missão de reaproximar o povo de Criador, pois queria governar o país em sintonia com o Todo-Poderoso e Suas Leis, abandonando as recomendações de Ré, que mantivera forte o domínio e influência sobre os reis que o antecederam, sem conduzir o povo para a Luz do saber espiritual.

Amenhophis (Amenhotep), o rei Sol, Ech-em-Aton, e sua filha Nofretete (Nefertiti) se adiantaram aos demais, chegando ao reconhecimento do Deus único, tendo construído a cidade de El Almarna para, a partir dela, restabelecerem o saber do Criador e suas leis. Porém, eles encontram forte resistência dos sacerdotes de ídolos que, temendo perder sua influência e o poder sobre a população, passaram a reagir contra o propósito do rei de conduzir o povo para o monoteísmo.

Tudo que se refere a esse período foi maldosamente destruído pelos sacerdotes de ídolos. Por causa disso, surgiram informações distorcidas, como a que dizia que Nofretete era casada com o rei. Isso é falso, ela realmente era uma mulher de grande sensibilidade, que intuía que tudo aquilo que vive provém da energia do Criador.

Ech-em-Aton (Aquenaton) e sua filha Nofretete buscaram pelo Deus único e levaram esse conhecimento ao povo do Egito para que este evoluísse espiritualmente. Os sacerdotes idólatras, entretanto, prepararam uma conspiração. Ech-em-Aton, o rei, foi brutalmente assassinado. Também foram apagados todas as evidências e todos os vestígios que pudessem propiciar esclarecimentos às populações do futuro. Hoje há apenas conjecturas ilógicas e absurdas, aceitas pela indolência espiritual em que a humanidade deixou-se envolver.

Contudo, deve-se esclarecer que Ech-em-Aton tinha grande admiração pelo Sol e seu regente enteal, o conhecido Apolo – também denominado Hélios, Sol, Heliogabal e Schamas –, e via-o tão somente como servo do Criador. Em sua saudação, ele dizia: "Sol, origem da vida, brilho eterno do Eterno Senhor".

Eis que também no Egito sobreveio a decadência:

"Cada vez mais os seres humanos se desviavam do caminho da vida para o da morte, e tornavam-se cada vez mais orgulhosos e cobiçosos de poder. Homens subjugavam homens e faziam deles escravos. Aqueles que eram poderosos deixavam os outros trabalhar para si, extorquiam-lhes até a última gota de suor. Onde existiam lindas margens verdejantes e sussurrantes palmeiras, agora se estendem desertos e montes de areia." (*Aspectos do Antigo Egito*)

É no livro citado, editado pela Ordem do Graal na Terra, que vamos encontrar a história de faraós que fizeram o povo galgar os degraus da evolução, trazendo paz e felicidade a seu reino. Suas lutas e também o grande falhar estão retratados em vários textos, inclusive a vida de Moisés, que, confiante, sereno e justo, tudo enfrentava em direção ao seu elevado objetivo: o servir ao Criador Todo-Poderoso. Ele foi o enviado para libertar os israelitas da escravidão egípcia, conduzindo-os por uma longa caminhada para longe da servidão.

"Israel encontrava-se sobre a tirania dos mais poderosos. Na escravidão, o povo sofria uma existência indigna de seres humanos. O sol causticante, qual hálito infernal, a mortificar os corpos ressequidos de milhares de pessoas que labutavam nos campos, era apenas parte dos tormentos que elas sofriam com o trabalho insano e forçado; a par disso, o feitor flagelava com seu chicote, sem poupar costas desnudas e encurvadas."

"O sibilar do chicote era o único som que alcançava os filhos de Israel, resignados e embrutecidos, enquanto davam andamento ao serviço. O chicote, que fazia moribundos estremecerem, que martirizava todos aqueles que não se apressassem, era o senhor absoluto de Israel. E tão cega quanto ele era a mão que segurava esse simples instrumento." (*Aspectos do Antigo Egito*)

Assim nasceu no povo de Israel o anseio para encontrar a Verdade.

Os israelitas se preparavam para se transformar em um povo-modelo para todos os demais, e como ponto de partida lhe foi enviado Moisés, o precursor, o grande líder para a missão libertadora dos liames físicos e espirituais que escravizam a decaída espécie humana. Moisés tinha de libertar seu povo da opressão egípcia e também dar início à preparação para o progresso espiritual, tudo para o bem da humanidade, visto que, com raras exceções, os seres humanos se deixavam envolver pela indolência, perdendo-se em crenças místicas, em vez de alcançar a progressiva evolução.

"Havia um homem, porém, que corporificava em si o Egito, tão bem conhecido de Israel. Cruel, impiedoso e inexorável! Esse homem era o faraó! O rebaixamento de Israel à escravidão era expressão de sua vontade. Ele queria aniquilar, aos poucos, aquele povo, pois este ocupava demasiado lugar. Esse faraó obrigava os israelitas a coabitarem em ambientes restritos, míseras cabanas que encurralavam pessoas em promiscuidade e ar viciado. Deviam sufocar-se dentro delas, mas resistiam. Os homens eram obrigados a trabalhos forçados, sempre com o chicote a maltratá-los. Inúmeros morriam, abatidos pelo jugo insuportável; a maioria, porém, era pertinaz. Os habitantes de Israel multiplicavam-se perigosamente, transformando-se em crescente perigo para o faraó. Na mente daquele homem, amadureceu um novo flagelo: a execução de todos os recém-nascidos do sexo masculino!"

Juricheo, a filha do faraó, tomou sob sua proteção o pequeno Moisés, deixado por sua irmã, Miriam, em uma cesta que fora colocada na água, em meio aos juncos. Moisés recebeu carinho maternal e a melhor educação. Mais tarde, ficou sabendo sobre sua origem pela própria Juricheo.

Mas como foi a vida do precursor escolhido? Essa indagação é feita no livro *Moisés, o Príncipe, o Profeta*:

"Onde ficou, então, a infância de Moisés? Como adquiriu os valores e a ética que mais tarde lhe valeriam os títulos ímpares de servo do Senhor e mestre de todos os profetas?"

Como foi ele preparado para sua grande missão? É tudo mistério porque a Bíblia é omissa a esse respeito, deixando um enorme vazio entre o surgimento do cesto achado pela princesa nas margens do rio e do Moisés adulto, liderando a libertação dos israelitas.

A narrativa da vida de Moisés está contida no livro *Aspectos do Antigo Egito*. Confiante, sereno e justo, Moisés tudo enfrentou para servir ao Todo-Poderoso, retirando os israelitas da escravidão egípcia.

Moisés foi eleito o pastor de que os israelitas tanto necessitavam para sua lapidação e aprendizado do bem. Com profundo amor, Moisés dirigia-lhes a palavra, ensinando-lhes justiça e purificação, e suas vibrações íntimas seguiam o rumo certo com mais pureza.

"Os israelitas e seu líder, Moisés, que via as coisas com mais clareza do que o resto, consideraram o mundo das crenças e práticas religiosas egípcias sufocantes, insuportável, odioso e mau. Partir era romper não apenas com a escravatura física, mas com a prisão espiritual de ar estranho: os pulmões de Israel no Egito ansiavam pelo poderoso oxigênio da verdade e por uma forma de viver que era mais pura, mais livre e mais responsável. A civilização egípcia era muito antiga e muito infantil, e a fuga dos israelitas foi uma busca de maturidade." (*História dos Judeus*)

"Com a mão guiada pela Luz, Moisés gravou em duas lajes de pedra as palavras e os Mandamentos Divinos. Dez mandamentos que contêm a salvação da humanidade e que, com sua perfeição, facilitam a existência humana. Trazendo a salvação da humanidade, Moisés entregou ao povo de Israel os mandamentos como base para seu crescimento espiritual, mediante a movimentação do próprio espírito com naturalidade e livre convicção." (*Aspectos do Antigo Egito*)

Como escreveu Abdruschin, não se trata exatamente de mandamentos. Moisés libertou seu povo e também recebeu os Dez Mandamentos de Deus como um presente à humanidade, "pois já fora observado pela Luz como os seres humanos se transviaram. Por isso, Deus, qual cuidadoso educador, indicou-lhes o caminho que os conduziria à existência eterna no reino luminoso do espírito, portanto, à sua felicidade, ao passo que a inobservância conduziria à desgraça e ao aniquilamento das criaturas humanas. Por essa razão, não é propriamente certo falar em mandamentos. Eles são antes de tudo conselhos muito bem-intencionados e indicadores do caminho certo através da matéria, cujo conhecimento constituiu um anseio dos próprios espíritos humanos. Mas até mesmo esse pensamento tão bonito não produz efeito no ser humano, que se aferrou literal e demasiadamente às suas próprias ideias e nada mais deseja ver ou ouvir, além daquilo que condiz com os conceitos que para si mesmo criou em seu limitado saber terreno".

O que o leitor acaba de ler relaciona-se com o atual clima de descontentamento e revolta que ganha terreno entre os seres humanos, que, insatisfeitos, demonstram impaciência com tudo e irritação diante de qualquer dificuldade que se apresente, complicando o viver de forma progressiva. Tudo vai ficando cada vez mais difícil de resolver porque a simplicidade natural foi abandonada, a clareza, perdida, e tudo ficou desumano. Uma sociedade desumana que perdeu o rumo, isto é, perdeu os atributos que lhe são inerentes, mostra um comportamento que não se enquadra mais nas atitudes próprias de "seres humanos", dado seu embrutecimento. Não reconhecendo mais o significado da vida, caminham em direção à sombra de abismos profundos, desperdiçando o precioso tempo com futilidades.

Os seres humanos acham que as recomendações contidas nos mandamentos de seu Criador são coisas para crianças. Eles acham que têm coisas mais sérias com que se ocupar. No decorrer do tempo, o próprio sentido das claras recomendações dadas foi sendo desfigurado e erroneamente interpretado.

Os Dez Mandamentos, explicados por Abdruschin, é leitura obrigatória para quem quiser, com seriedade, reencontrar o real significado do presente ofertado por Deus aos seres humanos e construir um mundo de paz e felicidade.

Resgatando Kassandra

"Anote bem, Arisbe! O que Kassandra diz, isso se realiza. Kassandra, a jovem vidente que fascinava todos os corações com sua doçura e suavidade, cantava poeticamente as melodias que brotavam de sua alma alegre e juvenil." (*História de Tempos Passados*)

No filme *Troia*, de Wolfgang Petersen, em que Brad Pitt interpreta Aquiles, é mostrada uma Troia envolvida por questões de política, poder e ciúmes. Aqui, pretendemos oferecer um relato com o foco voltado para aquela que exerceu um papel preponderante no desenrolar da tragédia, a jovem vidente Kassandra, que não se cansou de advertir Páris, seu irmão.

Helena era uma mulher exuberante, de uma atraente beleza que imediatamente seduzia os menos vigilantes. Havia se casado com o rico e poderoso Menelau. Riqueza e poder atraem fortemente esse tipo de mulher. Mas a vida estava se tornando monótona, pois como poderia se sentir realizada em um casamento feito por conveniência e interesses mesquinhos?

Então apareceu Páris com sua juventude e beleza. Na verdade, ela não foi raptada, mas induziu o pretensioso jovem a levá-la para Troia. Páris afastou da memória as advertências feitas por sua irmã Kassandra, preparada para, com seu dom de profetizar o futuro, impedir a destruição de Troia, tão querida dos enteais, servos de Deus, que se afeiçoaram àqueles seres humanos de valorosa coragem e heroísmo.

Páris, porém, sufocou sua intuição, levando consigo a atraente e perigosa mulher, provocando a ira de Menelau e dos demais príncipes, que logo viram um excelente pretexto para saquear a rica e próspera cidade. Por diversas vezes Kassandra exortou seu pai, o rei Príamo, que ordenasse a devolução da vaidosa Helena para evitar a destruição do povo de Troia.

Mais ou menos na época em que Moisés se entregava à sua missão libertadora, em Troia, na Grécia Antiga, Kassandra também amadurecia para sua espinhosa missão de advertir a cidade do terrível destino causado pelo falhar dos filhos do rei que, em vez de consolidarem o reino com sabedoria e dignidade, acabaram provocando o desaparecimento da orgulhosa Troia.

E, por causa desse falhar, decorrente do orgulho e da vaidade, Kassandra, com sua vidência, tinha apenas visões trágicas e deprimentes para transmitir, advertindo a família real e o povo. Mas eles, em vez de buscarem as causas de sua vida errada para evitar o infortúnio, se revoltavam contra a vidente, dificultando sua missão.

Os seres humanos, quando dominados pela vaidade, não gostam que lhes mostrem a verdade, pois, nesses casos, a verdade dói. Kassandra anunciava que a desgraça adviria por culpa de um dos filhos, que, em sua arrogância e vaidade, não quis reconhecer seu erro. Enfeitiçado por Helena, cometeu erros e mais erros, levando todo o povo à desgraça.

Quando Kassandra é lembrada, surgem somente imagens de desgraças e, de modo lamentável, seu nome tem sido utilizado largamente para qualificar as pessoas que apresentam cenários realistas engendrados pela humanidade distanciada das Leis da Criação.

"Um novo dia traz um novo horror! Ai de ti, Helena, que ousastes pisar no palácio. Ai de ti, filho de Príamo, que desencadearás a ruína sobre Troia. Agora todos deverão partir daqui, todos que ainda se alegram com o Sol. Os deuses mandarão desgraças. O próprio Zeus está irado. Abandonaste um rei, um outro privarás dos filhos, Helena beleza sem coração, o que procuras aqui?" (*História de Tempos Passados*)

O nome de Kassandra ficou associado às tragédias que suas advertências poderiam ter evitado; assim sua vida ficou gravada na história da humanidade. O livro citado, editado pela Ordem do Graal na Terra, resgata a imagem de Kassandra, revelando sua heroica missão.

Contudo, ainda restam grandes dúvidas não respondidas: por que Kassandra? Por que Troia? Também Troia poderia ter evoluído e ser um modelo inspirador para os demais povos, mostrando como o ser humano deve conduzir sua existência terrena para evoluir em paz e harmonia por meio de alegres atividades. Mas seus líderes sucumbiram às armadilhas dos inimigos da Luz, apesar das advertências que receberam de Kassandra.

Tomemos alguns esclarecimentos de Roselis von Sass, em *O Livro do Juízo Final*:

"Kassandra não foi uma mulher terrena comum, não era vaidosa nem superficial (...)"

"Naquela época, o excepcional dom de vidência da jovem Kassandra se desenvolvia. A desgraça que ameaçava seu povo não lhe pôde ficar oculta. Havia ainda tempo para que a desgraça pudesse ser afastada, se alguma providência fosse tomada imediatamente."

"No entanto, nada se fez. Seu pai, Príamo, estava disposto a levar a sério suas visões e advertências, e agir de acordo. Entretanto, sua mãe, Hekuba, exercendo grande influência sobre ele, fizera o contrário: proibiu-a expressamente de molestar os demais com as advertências e visões. Caso a ordem não fosse cumprida, ela seria encarcerada."

"Hekuba era poderosa. Kassandra teve de presenciar em silêncio como Troia estava sendo subjugada pelos inimigos e como os melhores heróis troianos iam morrendo em combate desnecessário, produzido pela vaidade."

"Três mulheres, cujas almas estavam completamente sob influência das trevas, foram na realidade os instrumentos na Terra que provocaram a queda de Troia, causando também a terrível morte da jovem Kassandra."

"A primeira delas foi a vaidosa Helena, a suposta filha de Zeus. Ela, a esposa do rei espartano Menelau, tendo sido ferida em sua vaidade, instigou a guerra contra Troia."

"A segunda foi Hekuba. Se houvesse escutado as advertências de sua filha Kassandra em tempo, Troia poderia ter sido salva."

"A terceira foi Clitemnestra, esposa de Agamenon, rei de Micenas. Essa mulher diabólica, quando Kassandra chegara presa em Micenas, mandou encerrá-la hermeticamente no compartimento de uma torre, emparedando-a viva. A vitória de Lúcifer não poderia ter sido mais completa."

O maravilhoso dom concedido a Kassandra não foi compreendido, pois os seres humanos davam vazão à sua maldade, e, ao antever o futuro, só havia desgraças para ser apontadas, mas, teimosos, os filhos do rei não corrigiram suas falhas e caminharam para a desgraça, deixando que Troia fosse aniquilada.

Quando Páris recusou-se a atender Kassandra, que havia suplicado a ele que devolvesse Helena a Menelau, em sinal de luto, Kassandra cobriu a testa com um véu negro, pois sabia que o destino de Troia estava selado.

Kassandra foi uma mulher de fibra, dotada da fina joia que só a feminilidade pode propiciar. No entanto, a humanidade desaprendeu a valorizar a verdadeira feminilidade, aquela que se esforça em preservar a fidelidade à Luz. Não foi diferente do que ocorreu com muitas defensoras da legítima feminilidade, inclusive com Maria Madalena, que, embora tendo reconhecido a Luz e dedicado sua vida para despertar nas mulheres o anseio pelas alturas luminosas, foi brutalmente desfigurada para que seu exemplo ficasse ofuscado sob uma teia sombria.

A mulher moderna que realmente deseja manter-se fiel à sua essência feminina deve desenvolver suas capacitações até a máxima florescência. A adequada postura da mulher no recinto do lar é mágica, ela é capaz de criar um clima de serenidade que, beneficiando primeiramente os seus, seja em sua saúde física ou psíquica, estende-se muito além, favorecendo a paz mundial, isto é, quando houver paz e harmonia nos lares, menos crimes e violência ocorrerão no mundo. Elas têm a capacidade de criar o Céu ou o Inferno dentro de casa.

Os homens, por sua vez, não podem agir com despotismo e desmazelo, desrespeitando a ordem do lar e, sempre que possível, deverão colaborar nas atividades domésticas, ajudando as respectivas mulheres em tudo o que puderem, assim como não devem dificultar a vida profissional do outro, pois a mulher, com sua delicadeza de sentimentos e firmeza de caráter, pode muito bem se destacar, prestando relevantes serviços para a comunidade humana, seja no campo científico ou social.

Salomão e a Rainha de Sabá

O reino de Sabá localizava-se no sudoeste da Arábia, entre 900 e 1000 anos antes de Cristo. O incenso lá produzido era muito procurado. Em Sabá não havia miséria e seu povo era sadio e feliz. A figura da rainha de Sabá tornou-se muito conhecida, principalmente por sua viagem a Jerusalém, onde foi exortar Salomão a não se descuidar de sua importante missão na Terra.

Protegido geograficamente, Sabá isolou-se da impureza que já naquela época grassava pelo mundo e turvava e transformava a vida dos seres humanos em um vale de lágrimas. Profetas e enviados especiais tinham encarnado para advertir a humanidade sobre o futuro que ela preparava para si mesma, o que fez necessária a vinda do Messias para romper a escuridão como um raio de Luz proveniente do Divino, porque os seres humanos se encaminhavam para a ruína e para a destruição antes mesmo da chegada do tempo da colheita.

Na roda da história, já se contam mais de 3 mil anos que em Sabá, o país das mil fragrâncias, viviam pessoas irradiantes de felicidade. Os bosques de incensos rodeavam a cidade em ampla circunferência e nos jardins floresciam muitas roseiras. Um maravilhoso e perfumado mundo foi lentamente soterrado pelas dunas de areia que, movendo-se, avançaram sobre a cidade transformando tudo em deserto.

Segundo Roselis von Sass, em Sabá viveu Biltis, sua altiva rainha, que se preocupava seriamente com a falta de reconhecimento dos sabeus por tudo quanto estavam recebendo do Criador.

"Meu maior desejo é mostrar-me digna da realeza. Digna perante o Criador, ao qual devemos a vida. Nós, sabeus, estamos vivendo em felicidade e alegria, envoltos por beleza na Terra. Poderosos espíritos luminosos mantêm estendidas suas mãos sobre nós e nosso país. Agora a pergunta: o que fazemos nós? O que estamos dando como recompensa pela felicidade e a riqueza de nosso país? De que maneira estamos provando nossa gratidão?"

"Um ser humano que só recebe, sem nada dar, põe em perigo sua felicidade e sua paz de alma! Muito provavelmente tal pessoa nascerá na pobreza, por ocasião da próxima vida terrena! Pode até acontecer que tenha de passar sua vida como mendiga!" (*Sabá, o País das Mil Fragrâncias*)

Atualmente, no século XXI, estamos diante de situação semelhante, porém mais grave ainda pela licenciosidade e frouxidão de caráter. A educação se tornou restritamente terrena, levando os seres humanos a uma vida pouco diferente da dos animais, que em seu instinto cuidam apenas das necessidades do corpo, e nada mais. O ser humano foi dotado da curiosidade para buscar o significado da vida, mas tem sido podado sistematicamente por sistemas rígidos que visam ao poder e à influência.

Com decisão e firmeza, a rainha de Sabá enfrentou os sacerdotes que se entregavam às trevas, permitindo que a mentira fosse introduzida nos templos, desfigurando e turvando a Verdade, levando a população a afastar-se do Onipotente Criador.

Mas Biltis foi além das fronteiras de Sabá, planejando uma visita ao rei Salomão.

Israel, destinada a oferecer o modelo para o mundo, tomou do mundo o modelo. Saul perdeu a vida em combate sem ter alcançado a paz desejada e seu sucessor, o rei Davi, envolveu-se em muitas lutas, mas, a seu modo, conduzia o povo para o monoteísmo. O mesmo não ocorreu no reinado de Salomão, seu sucessor.

"No entanto, Salomão se revelou desatento em relação à trajetória humana (...) Os israelitas estavam se tornado monoteístas autênticos; começavam a acreditar que Javé era o único Deus e que todas as outras divindades eram falsas. Salomão e seus súditos ainda não partilhavam tal crença." (*Jerusalém*, de Karen Armstrong)

Salomão queria dominar sobre os ídolos e construiu templos para eles. Ciente disso, Biltis, a rainha de Sabá, programou sua famosa viagem com o propósito de advertir Salomão, que agindo dessa forma estava se desviando de sua elevada missão.

Com portentosa caravana real, ela chegou em Jerusalém levando muito ouro destinado ao templo do Todo-Poderoso e uma severa advertência a Salomão, apesar da impertinência de Betsabé, a mãe dele, que temia perder a influência sobre o filho para aquela estrangeira altiva e independente.

Biltis não usou de evasivas, indo direto ao ponto, exortando Salomão a não descuidar do povo do qual era regente, preparando-o para a vinda do enviado de Deus que, segundo as profecias, nasceria naquele país.

"Ao mesmo tempo, deves despertar nas almas humanas anseio de poder servir a Ele. Para isso, a crença terá de permanecer pura! Os cultos por ti tolerados, em teu país, turvam a pureza da fé, separando os seres humanos de sua pátria luminosa."

"Pouco adiantaria mencionar já hoje esse acontecimento."

"Estás enganado, Salomão! O saber a respeito do Filho de Deus e o anseio de poder servir a Ele continuam vivendo nas almas, mesmo depois da morte. E esse saber e o anseio despertarão nos novos corpos terrenos, quando nascerem de novo na Terra, provavelmente na época do enviado de Deus. Imediatamente o reconhecerão e ficarão agradecidos por lhes ser permitido servir a Ele."

O encontro com a rainha de Sabá foi a grande encruzilhada na vida do rei Salomão. Com seu livre-arbítrio, ele deveria ter mudado a rota, abandonado a volúpia e os maus costumes aos quais se entregava de corpo e alma. Porém, Salomão descuidou-se espiritualmente, permitindo, em sua época, a contaminação da crença pura com a nefasta degeneração e lassidão decorrentes do culto diabólico a Baal, que destacava o desvairado comportamento sexual como fonte de felicidade e a perversidade e a astúcia como formas de manter o poder.

Salomão não preparou o povo como deveria. Permitiu a devassidão e as orgias nas solenidades de cultos idólatras, com rituais cruéis e sangrentos de sacrifício de animais. Materialmente falhou também, deixando de administrar de modo adequado os bens, contraindo dívidas para dissipar em luxo e orgias, semeando miséria para o povo.

O fiel cumprimento da missão por Salomão teria conduzido a história humana para rumos menos sombrios e o reconhecimento do Messias teria ocorrido com naturalidade para grande parte do povo, sem que surgissem rivalidades e confrontações.

Os Anunciadores:
Buda, Lao-Tsé, Zoroáster

A roda do tempo avançara rapidamente, mas os seres humanos se desenvolviam na direção errada, afastando-se da vida espiritual, acorrentando-se à matéria, sufocando a intuição que os exortava a reconhecer as Leis da Criação que representam a Vontade Divina, isto é, o natural curso de toda a Criação. Em vez de reconhecer a Vontade Divina para de acordo com ela edificar sua vida terrena, desenvolveram a vontade própria, carregada de egoísmo e arrogância, provocando decadência em todas as direções.

Os seres humanos afastavam-se cada vez mais do real significado da vida, colocando sua pequena vontade acima de tudo, sempre em busca dos prazeres e do poder terreno, sem levantar o olhar para a maravilhosa Criação, indagando-se: qual o sentido da vida? De onde viemos? Para onde vamos?

Contudo, ainda havia muitas pessoas de boa índole que, em seu coração, ansiavam pelo saber. A Luz, em sua imensa bondade e sabedoria, conduzia, de tempos em tempos, aos diferentes povos e regiões, fortes espíritos humanos, outorgando a eles a missão de transmitir os necessários ensinamentos sobre as Leis da Criação. Os ensinamentos desses seres humanos especiais tinham em sua essência muita semelhança, posto que todos apontavam para o monoteísmo, para o conhecimento da existência do Deus único, o Altíssimo, o Criador de todos os mundos. As criaturas humanas deveriam praticar o bem e estar cientes de sua capacitação de livre resolução e responsabilidades para arcar com as consequências de seus atos.

A reconstituição de suas vidas apresenta muitas dificuldades pela falta de dados e mesmo os existentes ensejam contradições, apresentando fatos isolados desconexos, legendários e místicos, sem continuidade cronológica. Existem poucas informações disponíveis.

Buda

No caso de Buda, a maioria dos livros não menciona a existência de três personagens distintos que alcançaram o estágio de Buda – o Desperto em Espírito, o Iluminado –, aquele que alcança o conhecimento perfeito ou iluminação.

De todos os Budas que existiram, Siddharta, Rahula e Gautama, um se destaca de maneira especial: Gautama Buda, cujo saber elevou seu povo a uma alta esfera de realizações, conduzindo-o sabiamente ao conhecimento e, consequentemente, ao louvor do Senhor de todos os mundos na vida, nos atos.

Certamente podemos afirmar que o único meio pelo qual o ser humano conseguirá libertar-se dos baixos pendores que o acorrentam à pesada matéria, prosseguindo sua trajetória, é o reconhecimento de seu lugar na Criação e do funcionamento das automáticas leis que são orientadas pela Vontade Divina e abrangem todas as criaturas. Essa é a principal finalidade de sua existência terrena, a conscientização e o aprendizado.

Segundo o livro *Buddha*, editado pela Ordem do Graal na Terra, o príncipe Siddharta vivia displicentemente em um palácio, em Kapilawastu, em companhia de sua mulher Maya e seu filho Rahula, cujo significado é "aquele que é prometido".

Siddharta desdenhava das crenças e das intuições de sua mulher, gostava mais de se dedicar à caça do que proteger as fronteiras contra os invasores. Kapilawastu caiu nas mãos do inimigo. Siddharta foi atacado, caindo semimorto, despojado de seus bens e de sua família.

"De príncipe, passou a simples peregrino, seu aspecto era o de um pária, mísero representante da mais baixa classe social, da classe desprezada e maldita. Seu longo caminho de aprendizado fez com que, pouco a pouco, fosse se elevando, fazendo descobertas reveladoras, em conformidade com seu amadurecimento interior, que o transformaram em um grande mestre. Um príncipe que, ao conhecer os baixios da vida, se constituiu, posteriormente, em uma âncora de saber para seu povo." (*Buddha*)

A História é pródiga em exemplos do comodismo ao qual os humanos se entregaram após a vinda de profetas e enviados de Deus. Esse comodismo afastou os seres humanos de um permanente empenho na conservação dos ensinamentos recebidos em sua forma original, permitindo a deturpação, dando inclusive ensejo à introdução de conceitos não verdadeiros, principalmente por não mais compreenderem os ensinamentos de forma espiritual, mas também em atendimento a interesses de dominação terrena.

Depois da morte de Gautama Buda e seus auxiliadores diretos, "toda série de interferências humanas foi sendo introduzida na doutrina, tão pura, vinda do Alto, em outros tempos. Quase imperceptíveis, a princípio, depois mais pronunciadas e, afinal, grandemente alteradas, iam surgindo as várias correntes. Cuidavam de se adaptar ao espírito da época, quando, na realidade, o que faziam era se acomodarem às trevas, que tudo empenhavam para ofuscar a limpidez da primitiva harmonia".

Aquilo que não é fielmente preservado e corretamente compreendido, geralmente é posto de lado pelos seguidores e pelas novas gerações. Assim, com raras exceções, a parte essencial da doutrina apresentada pelos profetas foi posta de lado, perdendo-se a simplicidade e a naturalidade do real conteúdo da mensagem recebida, substituindo-a por conceitos místicos e obscuros.

Como sempre tem acontecido com o ser humano que deixa de ouvir sua voz interior, cada qual só trata de impor rigidamente seu ponto de vista pessoal, contribuindo para lançar uma onda de lodo sobre a pureza da primitiva doutrina.

O caminho para a evolução espiritual não exige a autoflagelação do próprio corpo. É indispensável que se dê o mais adequado atendimento às suas necessidades básicas. O corpo terreno é o mais valioso bem confiado ao ser humano, devendo ser cuidado com todo o respeito, sem martirizações nem privações.

Os seres humanos se distanciaram muito do saber originalmente revelado por Buda, que agora ressurge como um presente aos que buscam um real conhecimento que restabeleça o saber original, conduzindo-os para a Luz da Verdade, eliminando as trevas dos erros humanos.

Ao reduzir a importância do reconhecimento da Criação e suas leis, o que deveria ser primordial em sua existência, o ser humano passou a canalizar suas potencialidades, principalmente no acúmulo de bens terrenos e no galgar os degraus do poder, considerando como secundário aquilo que lhe é essencial para o adequado aproveitamento do tempo que lhe foi concedido na materialidade.

O ser humano da atualidade se sente engrandecido com seus feitos materiais, mas o verdadeiro saber da Criação se acha soterrado sob toneladas de inúteis informações terrenas, idolatradas por muitos eruditos que desconhecem a elementar simplicidade e clareza presentes no funcionamento da Criação e suas leis, únicas efetivamente capacitadas para formar a base de uma construção sadia e duradoura.

Quando a humanidade estiver coesa e unida buscando o saber das imutáveis leis naturais da Criação, observando-as atentamente, não mais colocando como a principal prioridade da vida as conquistas terrenas, a riqueza, o dinheiro e o poder, e definindo como alvo construir beneficamente, então a sociedade humana poderá alcançar aquele nível nobre e elevado que lhe está destinado desde sempre.

Lao-Tsé

A vida de Lao-Tsé é praticamente desconhecida. "Lao" significa criança, jovem, e "Tsé", maduro, idoso, sábio. Assim, simbolicamente, o nome significa "grande sábio superior", espiritualmente desenvolvido. Tsé somente era agregado ao nome daqueles que alcançavam a categoria de lama superior. Nascido Li-Erl, filho de uma humilde família chinesa, peregrinou pela China em constante aprendizado, alcançando a conscientização de um elevado saber, sendo finalmente consagrado como o superior dos lamas e chefe espiritual de toda a China.

Lao-Tsé mostrou a crença certa para a população que vivia dominada e atemorizada pela casta dos mandarins que, mediante a manutenção de uma crença falsa, conservava o domínio e poder para exercer influência e benefício próprio.

Os antigos mosteiros de Tibete, situados bem no alto, em meio às montanhas, permanecem ainda hoje envoltos por uma atmosfera cativante. Uma antiga tradição dizia que somente enquanto os seres humanos permanecessem puros, imunes a doutrinas estranhas, duraria a ligação com os Jardins Eternos, caso contrário, a humanidade pouco a pouco iria ao encontro da decadência espiritual e material. Porém, sempre receberiam o auxílio do Sublime, caso se mantivessem puros.

Lao-Tsé viveu e atuou no Tibete e na China, aproximadamente 600 anos antes de Cristo, movido por um profundo amor ao povo, desejando levar as pessoas ao conhecimento da condução Divina. Os homens deixavam-se levar geralmente por demasiada atividade. Impacientes, criavam ao redor de si muita inquietação e, com isso, desventuras. Deviam fazer pausas para meditar, desabrochando intimamente, dando ouvidos à sua voz interior, pois só agindo dessa forma conseguiriam se tornar efetivamente humanos, felizes e satisfeitos, reencontrando o caminho para as Alturas, de onde se originaram.

O sábio lama Lao-Tsé foi uma Luz que brilhou na China, marcando uma época toda especial para seu povo através de seus ensinamentos sobre o significado da vida. Ainda hoje, apesar do pouco que restou desses ensinamentos, quando se ouve o nome Lao-Tsé, pressente-se sua grandeza.

Zoroáster

Quase não existem registros sobre a vida de Zoroáster. Até mesmo com relação à data em que viveu existem dúvidas e, na doutrina a ele atribuída, há muitas distorções. É provável que sua época tenha sido por volta do ano 600 a.C., tendo vivido e atuado na região da Pérsia, atual Irã. Zoroáster foi, para seu povo, o preparador do caminho para aquele que viria, o Filho do Homem. Posteriormente como conservador do Caminho, tornando acessível para seu povo o verdadeiro saber, tornou-se Zorotushtra. Com seus ensinamentos, o povo elevou-se espiritualmente e progrediu, o que fez com que sua doutrina fosse também adotada por outros povos da região.

Zorotushtra, tornando-se o supremo sacerdote do povo da região onde nasceu, auxiliou o soberano da época, o rei Hafis, a conduzir a população ao saber do Deus único – Ahuramazda. Também revelou o conhecimento sobre a existência de múltiplas vidas terrenas:

"É permitido retornardes à Terra, depois da morte, para reparar o que estragaste agora (...) O Céu não está aberto para aqueles que não mudam seu comportamento (...) para aqueles que não querem melhorar." (*Zoroáster*)

Ou seja, a busca do aprimoramento deve ser a meta prioritária do ser humano, não apenas no modo como trata seus semelhantes, mas principalmente buscando a compreensão das leis que regem a vida, agindo de acordo com elas para encontrar a verdade, a paz e a felicidade.

Pouco restou de seu acervo, destruído pelos conquistadores. Os sábios ensinamentos de Zoroáster não permaneceram em sua forma original, sendo aos poucos deturpados por superstições primitivas, pela magia e principalmente pela ambição e cobiça da classe dos sacerdotes da época.

Para preparar o solo adequadamente para o abençoado acolhimento das leis de Deus na Criação, os especiais enviados da Luz – Krishna, Buda, Lao-Tsé, Zoroáster – trouxeram, cada um para seu povo e em linguagem apropriada para a respectiva época, o saber espiritual básico e preparatório para a recepção do saber completo da obra da Criação. Também o profeta Maomé veio à Terra com a mesma finalidade. A história simples e real está nas obras editadas pela Ordem do Graal na Terra.

Os inimigos da Luz querem que as trevas dos erros humanos impeçam a aproximação da Luz da Verdade, promovendo uma ação destrutiva sempre que encontrarem oportunidades e seres humanos dispostos a colaborar com sua atividade nefasta para anular os auxílios à humanidade e impedir seu progresso real.

Em todos os ensinamentos de profetas e enviados pode ser observada com nitidez a grande e uniforme condução proveniente da Luz. E tudo teria sido conduzido para uma única e verdadeira doutrina, se os seres humanos não tivessem sempre torcido o real sentido das mensagens recebidas, adaptando-as segundo suas cobiças e conveniências.

Assim, os seres humanos facilmente deixaram de lado os inúmeros auxílios esclarecedores provenientes da Luz, para acatar mentiras e falsidades mais condizentes com sua vaidade e o comodismo de não querer pôr em movimento os talentos recebidos.

Os desvirtuamentos na doutrina original acarretaram confusão e antagonismos, fragmentando as tribos em vez de unificar pelo saber original, gerando intolerância, inimizades e perseguições. Tais ensinamentos restaram dispersos e confusos, perdendo a simplicidade lógica e a natural coerência. Se os ensinamentos tivessem se mantidos puros e intocados como foram originalmente apresentados, não haveria conflitos e contendas; tudo formaria um conjunto para a serena compreensão; por isso, hoje pouco podem auxiliar aos seres humanos que buscam. A introdução arbitrária de misticismo, pela falta de visão clara, também provocou muita confusão, repelindo os que, com a intuição desperta, mantêm acesa a chama pela busca de algo mais elevado.

Contudo, os seres humanos que acolheram um grão da verdade em seu coração, consciente ou inconscientemente, anseiam pelo saber do todo, da verdade espiritual, e por isso mesmo serão conduzidos à oportunidade de encontrar a Luz da Verdade para sair das sombras da ignorância. Os preparadores do caminho da Luz na Terra, através de seus ensinamentos, sempre apontaram para a necessidade de se prepararem espiritualmente para receber Imanuel, o Filho do Homem, o portador da Luz e do saber real, mas também da espada julgadora para os atos dos espíritos humanos em desacordo com as Leis da Criação. Evidentemente, a época do julgamento dos seres humanos estava prevista para um futuro remoto, mas, naquelas épocas, o saber das múltiplas reencarnações em um outro corpo terreno era um fato natural e conhecido por todos. Que estejamos todos espiritualmente vigilantes para o reconhecimento, quando chegar a hora.

Jesus, o Amor de Deus

É indispensável que os seres humanos se movimentem buscando pelos significados, pelas causas. Por que foi necessária a vinda de Jesus para este planeta? Cristianismo foi uma palavra criada pelos humanos, contudo, bem mais abrangente era a missão de Jesus, portador da Luz, do que simplesmente criar um Cristianismo sectário, repleto de lacunas de incompreensão ou de introdução de conceitos formados pela mente humana, que se propagou celeremente devido ao magnetismo do próprio Jesus, embora o que se difundia não correspondesse mais ao significado das palavras proferidas na origem.

A Terra estava tomada pelas trevas dos erros e incompreensões sobre o significado da vida. Os seres humanos haviam fechado o caminho para a Luz, para o reconhecimento espiritual da vida, acorrentando-se ao materialismo, sufocando o próprio espírito, de tal sorte que não havia mais como chegar a eles a Luz do saber espiritual.

João, o Batista, filho de Elisabeth e Zacarias, tudo aprendera do que lhe pudera ensinar o rabino Scholem. Pressentia que tinha uma missão a cumprir – e que grandiosa missão: preparar o caminho àquele que viria em auxílio da humanidade extraviada em seus descaminhos.

Como servo de Deus, abandonou as incoerências do saber humano intelectivo, indo em busca de sua incumbência para desempenhá-la com puríssima fidelidade, em meio aos seres humanos.

E cumpriu-se a promessa. Sua realização foi anunciada pela Estrela de Belém, que orientou os três reis para encontrarem a criança. Eles, no entanto, falharam em sua missão de dar proteção ao menino que nascia em Belém, para que ele pudesse crescer com tranquilidade, adquirindo as necessárias condições para o desempenho de sua missão. Cumpriu-se a promessa da encarnação do Amor de Deus para auxiliar os humanos, induzindo-os a mudar de rumo com a anunciação da Verdade. Que tenha nascido longe das acomodações adequadas deveu-se apenas a uma situação extraordinária de superlotação da cidade.

Restabelecia-se a corrente de Luz para a salvação dos seres humanos, não com a morte na cruz, mas com a Verdade oferecida à humanidade. Mas, apesar de todo o amor e dedicação, a Verdade sobre o significado da vida foi distorcida e desfigurada, sendo apresentada, hoje, de forma muito diferente da doutrina originária das palavras de então, que reconduziam para a vida real de modo simples e natural, ferindo os interesses e as suscetibilidades daqueles que queriam se interpor entre o Criador e suas criaturas como se fossem os donos da Terra.

O que continha essa verdade? Simplesmente a explicação ajustada para o estágio em que a humanidade se encontrava, sobre o significado da vida e do funcionamento automático das leis do Criador, que, em sua perfeição, estabelecem as condições para o desenvolvimento e fortalecimento do espírito humano.

O nascimento

O fato de José ter adotado Jesus como seu primogênito e de Maria ter ficado grávida antes de casar foi pretexto mais que suficiente para que os dirigentes de templos e religiões se voltassem contra Aquele, cujas palavras simples e verdadeiras punham em risco sua influência, servindo-se disso para desacreditar e lançar confusão sobre tudo o que fora anunciado pelos profetas.

A encarnação na matéria obedece às leis perfeitas e imutáveis e nisso não pode haver exceções. Vejamos essa transcrição da revista *IstoÉ*, de dezembro de 2000:

"As disputas sobre a história de Cristo vão fincar raízes em eventos que antecedem seu nascimento. A própria concepção – um dos dogmas do Cristianismo – é colocada em dúvida. Várias correntes de pensadores acreditam que Maria gerou um filho ilegítimo. É claro que não há provas sobre isso, diz o teólogo americano James Strange, do Seminário de Jesus. Há muito tempo foram lançadas suspeitas de que a história da concepção de Maria, sem um marido, seria apenas um recurso para encobrir um romance espúrio. Surgiram depois textos apócrifos propondo uma relação de Maria com um legionário romano de nome Panthera. Em alguns textos judaicos, Jesus é chamado de *mamzer*, que significa filho ilegítimo. Mas esses são textos polêmicos que emergiram somente depois do divórcio entre Judaísmo e Cristianismo. Parece que visam apenas desmitificar um dos maiores dogmas do Cristianismo."

Os documentos existentes não esclarecem que, quando o comandante romano Creoulos conseguiu voltar a Nazaré para reencontrar Maria, afastou-se rapidamente, amargurado, ao verificar que ela estava casada com José, esperando um filho.

O mais natural era que Maria e Creoulos ficassem juntos e constituíssem família, assim Jesus também teria cidadania romana, o que teria facilitado muito sua missão, dando-lhe mais proteção contra os ataques dos orgulhosos escribas e fariseus.

Abdruschin mostrou a evidente oposição que há entre a perfeição da lógica das leis naturais e as grandes incoerências existentes naquilo que se ensina sobre Jesus. Segundo o autor, se Cristo pudesse ter ressuscitado carnalmente, seria também absolutamente lógico que ele tivesse a possibilidade de descer à Terra também pronto em carne. E ele, na ressurreição, teria subido carnalmente, sem que houvesse a necessidade de uma mãe humana e todo o desconforto do parto. Jesus submeteu-se voluntariamente a essas leis naturais, por meio de sua encarnação, somente para trazer a Verdade na palavra para aquelas criaturas humanas que, injuriando, devido à distorção do raciocínio, tinham se tornado incapazes de assimilar por si próprias a Verdade e reconhecê-la. (*Mensagem do Graal,* vol.3, *A ferramenta torcida*)

Os pesquisadores da atualidade que se dedicaram a destrinchar *O Código Da Vinci* não fizeram referência aos irmãos de Jesus, filhos de Maria, nem a Mário, o irmão por parte paterna. Paulo, discípulo de Jesus, conheceu Mário na casa de um alto dignitário romano. Certo dia, Mário acercou-se de Paulo, desejando saber mais sobre Jesus do que o apóstolo queria revelar naquela casa. Pedro, que se encontrava próximo, ao vê-lo, não se conteve, dizendo de forma exaltada: "Quem és tu, cuja aparência é tão semelhante à de Jesus?". Mário esclareceu que era um comandante do exército romano, como seu pai também o fora, o qual, quando jovem, estivera um tempo na Palestina, por ordem de Roma, e ali, segundo Mário, deve ter vivenciado algo profundamente abalador e, como recordação daquela estada, havia dado ao filho o nome de Mário. (*Os Apóstolos de Jesus*)

Contudo, Jesus trouxe o saber de que a humanidade tanto necessitava, descrevendo em parábolas simples acessíveis a todos, desde os mais letrados até aos simples camponeses, o tecer das leis da Criação, o ciclo evolutivo, a origem da semente espiritual inconsciente de sua expulsão para a materialidade, onde deveria se fortalecer, desenvolver os talentos, e adquirir autoconsciência para, após um determinado número de encarnações, retornar firme e forte para sua origem espiritual. Mostrou que, em vez disso, os seres humanos se aprisionaram à materialidade pelos liames da indolência, vaidade e cobiça, sufocando o espírito, impedindo-os de atuar, perdendo a visão ampla do significado da vida, ficando sujeitos ao inexorável funcionamento das Leis da Criação.

Os poderosos daquele tempo temiam-no justamente porque Ele conseguia impor sua vontade e seus ensinamentos às pessoas com doçura e firmeza, sem precisar fazer uso de autoritarismo como eles. As populações intuíam que as recomendações eram verdadeiras e beneficiadoras. Sua virtude era sua maior força. Ele despertava o que havia de bom nas pessoas, que, em sua presença, se esforçavam para se tornar melhores.

Um só Criador, uma só Verdade

"Fazei penitência. Batizo-vos com água, porém aquele que virá depois de mim, batizar-vos-á com o Espírito Santo", exortava João, o profeta.

"Pensativa, Maria, de Magdala, baixou sua bela cabeça, que era quase insuficiente para a abundância dos cabelos louros que estavam artisticamente penteados e para os cachos que caíam sobre os ombros, cuidadosamente arrumados por um cabeleireiro romano, artista em sua profissão. As fivelas e grampos brilhavam ao sol."

"Muito bonita, considerada uma das mais desejadas da cidade, mas maior ainda do que a fama de sua beleza era a admiração que todos tinham por sua inteligência e por seus dotes espirituais, o que lhe possibilitava um bom relacionamento tanto com romanos como com judeus. Ela procurara a companhia dos eruditos para aprender com eles. Aprendia com facilidade, no entanto, ela tinha a sensação de que esses conhecimentos eram mortos, sem vida." Madalena, ao contrário do que se diz, era, em seu tempo, admirada e invejada como uma mulher altiva e independente.

"Maria Madalena, cuja alma intuía a vacuidade e o superficialismo com que os humanos viviam, foi tocada pelas palavras de João, o Batista. A partir desse dia sua vida mudou, indo ao encontro de sua missão na Terra, em prol da divulgação da Luz da Verdade."

"No anseio de encontrar o alvo de seu espírito, ela esquecia tudo o que até então, em sua vida cômoda de ociosidade, lhe parecia como um grande e intransponível obstáculo."

"Uma coisa chamou atenção de Maria Madalena: a impressão de coesão que partia dessa multidão. Era como se todo o querer individual tivesse sido afastado por uma grande felicidade comum. Ela reconheceu que nisso se fazia sentir a influência de Jesus." (*Os Apóstolos de Jesus*)

Uma única crença deveria haver: a crença no Altíssimo Senhor de Todos os Mundos, o Deus único e eterno, e em sua Vontade, que se expressa nas perfeitas Leis da Criação. Sob uma doutrina única e verdadeira, não inventada ou distorcida pelo intelecto, a humanidade deveria evoluir continuamente até atingir a época do amadurecimento, da colheita, da iluminação, para que a centelha espiritual pudesse retornar consciente ao reino do espírito, de onde outrora se distanciou para poder alcançar a autoconsciência.

Façamos um simples exercício de simulação: suponha que os ensinamentos de Jesus tivessem recebido ampla acolhida. O povo judeu, com essa graça, daria um passo à frente, incorporando os genuínos ensinamentos de Jesus à sua doutrina, não os inventados posteriormente, mas os originários.

"A mensagem de Cristo foi dirigida, outrora, em primeiro lugar, aos judeus, não porém exclusivamente; porque eles, naquele tempo, de acordo com a evolução espiritual, traziam em seu íntimo maior capacidade de assimilação. De acordo com a lei da reciprocidade, o Filho de Deus não podia ser encarnado em nenhum outro lugar." (*Mensagem do Graal*, vol. 2, *Pai, perdoai-lhes pois não sabem o que fazem*).

"Apesar disso, a Mensagem de Cristo destinava-se a toda a humanidade. Os judeus deveriam retransmitir a mensagem de Deus aos outros povos em amadurecimento." (*Respostas a Perguntas*, de Abdruschin)

Os ensinamentos outorgados a Moisés assinalaram o início de um novo ciclo de progresso espiritual que culminou com a vinda do Filho de Deus. Nascido homem, apenas seu corpo terreno era igual ao dos demais seres humanos, e, portanto, sujeito às mesmas leis naturais. Em sua essência, porém, nada havia de semelhante. Mas a mensagem da Luz trazida por Jesus não encontrou eco entre os seres humanos cujas almas estavam obscurecidas pelas restrições do raciocínio, e Jesus acabou sendo morto na cruz. Novamente, as trevas se estenderam sobre toda a humanidade.

O grande equívoco foi colocar a pessoa de Jesus no centro de tudo, algo que ele mesmo não queria que acontecesse, pois sempre alertava que a salvação estava na compreensão de suas palavras. Com seu saber e origem, não tinha nenhuma pretensão de ser rei terreno, tampouco agia como um revolucionário político, mas revoltava-se contra os embustes inseridos na religião, que nada de bom traziam para os seres humanos.

Com sua doutrina enriquecida e revitalizada, o povo judeu poderia ter distribuído bênçãos e benefícios pelo mundo, promovendo uma verdadeira ética de convivência pacífica entre os povos em obediência às Leis da Criação e à Vontade de Deus.

Assim, quando chegasse a hora da vinda do Filho do Homem, prometida por Jesus, o saber humano se tornaria completo em um ambiente em paz e alegria. Então, o ser humano, efetivamente evoluído em espírito, reproduziria na Terra uma cópia da vida no Paraíso, nos páramos das atividades bem-aventuradas.

É de se supor que o profeta Maomé, que teve a sua infância junto a cristãos, que considerava acomodados em sua crença, a judeus que considerava estagnados em sua religião, e árabes descrentes, não viveria o dilema decorrente das incoerências e interesses que percebia nas doutrinas religiosas. De pronto teria abraçado a doutrina monoteísta sem estagnação, mas ampliada pela doutrina de Jesus para difundi-la entre os árabes também, pois a procura de Maomé não foi outra coisa senão a decepção ante à rigidez que encontrava naquelas religiões estagnadas, sem asas para um voo ao real saber espiritual, e o desejo de unir com amor o seu povo fragmentado pelo ódio.

Nada mais que os seres humanos tenham ocultado pela sua incapacidade de compreensão, pela sua ignorância ou má fé, permanecerá oculto. A força da Luz agora põe tudo à mostra para que se conheça a Verdade e, com ela, a libertação.

Judas Iscariotes

Teria Judas agido movido pelo desejo de ganhar dinheiro? Pode ser, mas não pelas trinta moedas. Judas, com sua cobiça de poder, queria muito mais, queria um levante, uma rebelião que fizesse Jesus o rei terreno dos judeus; aí sim, Judas, julgando-se o mais esperto e o melhor preparado dos discípulos, assumiria o controle da vida de Judá e, por decorrência, de todas as moedas. Seria famoso, rico e poderoso.

Poder, dinheiro, orgulho teriam sido suas motivações básicas. Mas Jesus, oriundo do Divino, um mundo inacessível ao espírito humano, não estava preso às ambições terrenas: sua missão primordial tinha dimensão espiritual de muito mais amplitude do que ser um dirigente terreno.

Naquela época, o povo judeu teria alcançado o estágio mais propício para o recebimento e a compreensão da mensagem de Cristo, cabendo-lhe recebê-la a retransmiti-la aos outros povos para que alcançassem um amadurecimento progressivo. Mas com o passar do tempo acabou estacionando, sem buscar a continuada evolução no saber, achando que já sabia tudo e que, por isso, se considerava superior, perdendo a humildade espiritual. O jugo romano forçava o povo judeu a despertar da indolência espiritual em que ficara estacionado.

Quando a realidade foi mostrando que Jesus, o carpinteiro de Nazaré, tinha um saber muito elevado e um carisma sobrenatural, aqueles que o menosprezavam passaram a invejá-lo e a temê-lo por perceberem que o jovem dispunha de uma força interior estranha para eles que cativava a população, libertando-a das falsidades. Assim, esses predadores se uniram em sua inveja, que se transformou em ódio contra o portador da Luz da Verdade.

Jesus não assustava os romanos, mas, com suas explicações simples e claras, despertava a preocupação dos sacerdotes. Caifás ficou inseguro e temeroso de perder prestígio diante de um moço simples, proveniente de classe média, cuja sabedoria e forte magnetismo agradava a todos que se aproximavam sem arrogância espiritual. Caifás, em vez de promover uma aproximação amistosa, mandou investigadores que, malgrado sua astúcia, não encontraram nenhuma lacuna nas respostas recebidas.

Judas, desde logo, reconheceu em Jesus o Messias esperado, o que o levou ao suicídio após a traição, ao perceber seu clamoroso falhar. Arrependido, gostaria de poder desfazer o acordo devolvendo as moedas, mas Caifás não aceitaria tal ato sob hipótese alguma.

O mundo cristão fez de Judas um traidor, mas difundiu a crença bem acolhida pela indolente humanidade de que a morte violenta de Jesus constituiu um sacrifício para a salvação geral e irrestrita dos seres humanos. Judas foi o traidor e Caifás, o executor.

"A morte na cruz não foi também um sacrifício indispensável, mas um assassínio, um verdadeiro crime. Qualquer outra explicação constitui evasiva que deve valer ou como desculpa ou como produto da ignorância. Cristo não desceu à Terra absolutamente com a intenção de se deixar crucificar. Nisso também não reside libertação. Cristo foi crucificado, no entanto, como um incômodo portador da Verdade, devido à sua doutrina (...) Não foi sua morte na cruz que podia e devia trazer a libertação, mas a Verdade que outorgou à humanidade em suas palavras!" (*Mensagem do Graal*, vol.2)

Não havia da parte da Luz nenhum plano de que Jesus fosse sacrificado pelos seres humanos. Se um sacrifício tão brutal fosse necessário, então Judas não deveria ser considerado um promíscuo traidor. Mas, depois da traição de Judas, Jesus foi traído infinitas vezes pelas adulterações, introduzidas em sua elevadíssima doutrina que está de acordo com as leis naturais da Criação que expressam a perfeição da Vontade de Deus.

Judas se deixou dominar pelo intelecto – que é um instrumento restrito à matéria –, ao tempo e ao espaço, sufocando a intuição – que é a voz do espírito –, fechando-se a todos os auxílios da Luz.

Jesus, em sua onisciência, tudo percebia com sua visão Divina.

Judas era dotado de grande inteligência. O lado bom de sua alma lutava para se fortalecer, mas ele era vaidoso de seu saber, o que reduzia o brilho de seu espírito. Jesus percebia isso tudo e desenvolvia grande esforço para que Judas fortalecesse o seu espírito. Porém, orgulho e a presunção acabaram vencendo. A chama espiritual, que era fraca, se apagou e Judas se deixou envolver pelas trevas que queriam a destruição de Jesus.

Com seu intelecto, Judas se entregou de corpo e alma às trevas que dominavam a Terra, trevas essas que percebiam nitidamente que, com a penetração da Luz do saber real, perderiam sua influência. Em sua mente, Judas arquitetava planos de grandeza terrena que eram pura estupidez aos olhos do Mestre, que logo anteviu o fraquejar do discípulo.

Judas incentivava a rebelião, iludindo os revolucionários como um representante de Jesus. Porém, finalmente foi descoberto, mostrando sua falta de escrúpulos perante os homens, que o humilharam com desprezo. Sem vislumbrar uma saída, e sem coragem de contar a verdade ao Mestre, se deixou dominar pelo ódio, indo ter com Caifás, o astuto e orgulhoso sacerdote também dominado pelo ódio a Jesus.

Pôncio Pilatos, exortado por Maria Madalena, relutou muito em condenar Jesus, pois percebia sua inocência. Mas, lavando as mãos, Pilatos capitulou ante o ódio de Caifás.

O julgamento de Jesus foi uma farsa bem montada, tudo foi feito fora das normas vigentes para que um inocente fosse tirado do caminho daqueles que temiam perder influência e poder.

Posteriormente, os homens que fundaram a Igreja de Roma e deram continuidade a ela construíram uma doutrina com muitas lacunas e artificialismos. Como aceitar a concepção de que um brutal homicídio pudesse ser holocausto indispensável em favor da humanidade pecadora? Se isso fosse verdadeiro, então Jesus não teria dito: "Pai, perdoai-lhes, pois não sabem o que fazem". Ficou evidente que o que fizeram estava errado, daí advindo uma grave culpa sobre os seres humanos, e não uma reconciliação. Com o passar do tempo, Jesus e sua Mensagem foram sendo desfigurados, perdendo a naturalidade, surgindo uma imagem muito diversa do real significado de sua vinda.

Na *Mensagem do Graal*, vol.2, Abdruschin esclarece: "Seguindo o hábito tolo daquelas pessoas que se sujeitam às cegas ao domínio ilimitado de seu próprio raciocínio, estreitando assim fortemente sua faculdade de compreensão, deu-se à vida terrena de Cristo valor igual à sua missão. Interessaram-se por questões de família e por todos os acontecimentos terrenos, até mais ainda do que pela finalidade essencial de sua vinda, que consistia em dar aos espíritos humanos amadurecidos explicações sobre todo o fenômeno legítimo da Criação, onde exclusivamente encontram a Vontade de Deus, que nela foi entretecida e assim, para eles, confirmada.

"Trazer essa, até então, desconhecida Verdade, unicamente, tornou necessária a vinda de Cristo à Terra. Nada mais. Pois sem reconhecer corretamente a Vontade de Deus na Criação, ser humano algum consegue encontrar o caminho para a escalada ao reino luminoso, muito menos ainda segui-lo."

"Em vez de acreditarem nesses fatos simplesmente como tais, de se aprofundarem na Mensagem e de viverem de acordo com ela, conforme repetida e insistentemente exigiu o Portador da Verdade, os fundadores da religião cristã e das Igrejas criaram, como base principal, um culto pessoal que os obrigou a fazer dos sofrimentos de Cristo algo muito diferente do que foi na realidade."

Assim surgiu uma estruturação errada, desvirtuada e sem objetividade, com erros sobre erros.

A nova religião antepôs-se ao Judaísmo, surgindo um conflito ideológico que, com o passar do tempo, ampliou-se mais e mais, afastando ambas as religiões dos ensinamentos reais, antagonizando-se mutuamente, contrariando tudo o que Jesus ensinara. Os conflitos e lutas pelo poder não trouxeram nada de bom para a efetiva evolução humana, ao contrário, aceleraram ainda mais a decadência da humanidade.

Uma imaginária aparição de Jesus

Vivemos uma fase de muita criatividade. Os modernos recursos tecnológicos colocados à disposição dos artistas possibilitam produções especulares e de grande originalidade, mas que, verdade seja dita, nem sempre com aquela força decorrente da pura intuição arrebatadora dos corações.

Suponhamos como um simples exercício de criatividade que Jesus surgisse na Terra em pleno século XXI. O que poderia Ele dizer com sua severidade e sabedoria procedente das Alturas Máximas? Por certo encontraria, novamente, forte resistência dos representantes das Igrejas e religiões.

Suponhamos que estamos no significativo ano 2000, lá na Terra Santa, em um luxuoso salão, o público lotasse todos os espaços. No centro, estariam os dignitários das três principais religiões monoteístas, como se houvesse um Deus único para cada uma delas, com diferentes leis para a Criação.

Eis que um moço alto, de cabelos bem aparados e meigos olhos azuis, caminha em direção à tribuna. Vestindo um finíssimo terno preto, camisa branca, e uma gravata maravilhosa que parecia de outro mundo, tecida com fios de ouro e precioso brilho, dirige-se aos representantes e diz:

– Senhores, o que estais estranhando? Estais me vendo da mesma forma como os discípulos viram-me. Não se trata de meu corpo terreno, devolvido à Terra, como todos os corpos o são. Assim como em outra época apresentei-me com os trajes apropriados, hoje faço o mesmo. Mas isso é supérfluo, tratemos de coisas mais sérias e importantes para o espírito humano.

– *Permaneceis fazendo tudo de forma errada, distorcida. Tudo precisa se tornar novo! Os discípulos haviam sido instruídos para divulgarem os ensinamentos a todos os povos. Muito cedo a situação chegou ao limite, pois as trevas não suportam a Luz, fazendo tudo para prejudicar Seu avanço. Assim, minha existência terrena foi abreviada prematuramente, antes que pudessem ser transmitidos muitos conhecimentos adicionais; apesar da imaturidade espiritual reinante, ainda havia muita coisa para ser dita. Não incumbi nenhum ser humano de, em meu nome, organizar uma religião fundamentada no pressuposto de que a execução sumária do corpo com o qual tive a existência terrena significasse passaporte para a salvação dos pecadores.*

– *Que importa quem tenha sido o pai terreno, se o Pai Celestial enviou-me para trazer a Luz ao mundo que afundava nas trevas, para que a humanidade não se autodestruísse antes mesmo da conclusão do período destinado à evolução e à iluminação pelo saber e reconhecimento das Leis da Criação? Fácil era prever a derrocada, estava implícita nos caminhos escolhidos, a colheita de asperezas e dores, o Juízo Final, como arremate de todos os erros e acertos decorrentes do livre-arbítrio inerente ao espírito humano.*

– *Maria, nascida judia, gerou o corpo como seu primeiro filho, seus órgãos eram virgens ante a gravidez. Uma mulher agraciada, mas em momento algum foi desejado que ela se transformasse em um ídolo para adoração humana. O mesmo se aplica aos discípulos que anunciavam Deus e Sua Mensagem através de minhas palavras.*

– *Nasci na Terra da mesma forma como todo mundo nasceu. Muitas histórias foram inventadas, contudo o mais importante foi relegado a plano secundário: o teor dos ensinamentos que se fundamentavam nas perfeitas e imutáveis Leis da Criação que se originaram da Vontade de Deus para que os espíritos humanos pudessem adquirir autoconsciência e evoluir sem darem forças às trevas com sua vontade errada, perturbando a harmonia e a evolução beneficiadoras.*

– *As perseguições, ódios e vinganças perpetrados pelos humanos revelam grande estupidez e desconhecimento das Leis da Criação.*

– *Não houve tempo para falar tudo que era necessário, nem a humanidade estava preparada para readquirir o perdido conhecimento sobre a necessidade e os mecanismos que regem as reencarnações humanas, que se sucedem em razão do amadurecimento espiritual a ser atingido ou até que se extinga o tempo previsto segundo as Leis da Criação. Eis aí o milagre da ressurreição. Um novo corpo, uma nova oportunidade, contudo submetido a uma incorruptível justiça. Um branco astuto e maldoso, espiritualmente morto, poderá ser encarnado em meio à caótica situação africana, mas também um negro africano, cujo espírito anseia por conhecimentos supe-*

riores, poderá ser encarnado em uma região onde desfrute de liberdade e condições para alcançar a evolução de seu espírito. A justiça impera em tudo. O mesmo fato poderá ocorrer entre cristãos, protestantes, judeus ou árabes. Por isso, é lei para o ser humano "amar o próximo como a si mesmo". Esse ensinamento nunca teve por objetivo colocar a esmola em um pedestal, mas sim estabelecer uma norma de vida, pois quem ama o próximo como a si mesmo não o oprimirá para satisfazer suas cobiças e desejos.

O caos que envolve a humanidade que de todos os modos procura dissimular com inúmeros artifícios de falsa felicidade, nada mais é do que a colheita daquilo que foi semeado ao longo dos séculos. O espírito humano aprisionou-se à matéria, ficando impedido de ascender a regiões mais luminosas, decaindo continuamente, restringindo seus horizontes. Não há de se falar em injustiças, cada um está colhendo exatamente aquilo que semeou com seus sentimentos, pensamentos, palavras e ações.

Tomemos alguns esclarecimentos dados por Abdruschin:

"Quando Jesus se deu conta do solo sufocado e ressecado das almas dos seres humanos, tornou-se-lhe claro, durante sua atuação, que sua peregrinação na Terra não traria aqueles frutos que, com boa vontade, a humanidade teria de amadurecer. Isso o entristeceu sumamente, pois, em virtude das Leis da Criação a ele tão bem conhecidas, as quais portam a Vontade de seu Pai, abrangia com a visão o incondicional prosseguimento para o fim inevitável, que a conduta e vontade dos seres humanos tinham de acarretar. E aí começou a falar do Filho do Homem, de sua vinda, que estava se tornando necessária devido aos fatos que iam se formando." (*Mensagem do Graal*, vol.2, *Fenômeno universal*).

– *Um grande equívoco precisa ser desfeito. Não retornarei à Terra, onde foi concedido aos espíritos humanos a oportunidade de se fortalecerem através de um invólucro transitório, mediante vivências na matéria grosseira para o reconhecimento da Vontade de Deus. Mas, seduzidos pelos pendores terrenos, os seres humanos, ofuscados pelos erros e pelas trevas, se desviaram do caminho reto, fortalecendo a vontade intelectiva e sufocando a intuição para buscar a satisfação de suas cobiças egoísticas sem impedimentos, distanciando-se da Vontade de Deus, perdendo o rumo, acabando por ficar sem saber o que fazer da própria vida, por desconhecer o sentido e o significado espiritual da mesma.*

– "*Jesus dissera aos seus discípulos: 'Em meio às aflições, o Filho do Homem trará o Juízo para os seres humanos. Com isso, uma força de descomunal pressão atravessará a Criação, acelerando os efeitos das decisões humanas. Ele trará saber e fortalecimento para os seres humanos que, incansavelmente, procurarem e buscarem com sinceridade. Eu trouxe o amor auxiliador e a justiça, Ele trará a justiça e o amor severo,* transmitindo a força da Luz para aqueles que anseiam pela libertação espiritual. Enviado de Deus, com Eu o fui, trará na escuridão da meia-noite o alvorecer da Luz da Verdade para aqueles que a procurarem com todas as forças da alma. Permanecei alerta para que a oportunidade não passe despercebida, pois o reconhecimento somente poderá se efetivar se utilizares as capacitações latentes em vossos espíritos".

"Sem dúvida, Jesus teria muito a dizer, principalmente àqueles que abusaram de seu nome, pronunciando-o como arma e como escudo no intuito de satisfazer a própria cobiça e acobertar desejos malévolos." (do livro *Jesus, o Amor de Deus*)

E continuaria Jesus:

– *Terra Santa é toda essa maravilhosa estrela em que Deus permitiu que vos hospedásseis temporariamente. Sois hóspedes, não proprietários.*

– *Os seres humanos continuam brigando por qualquer mesquinharia terrena, esquecendo-se de que tudo que existe pertence, desde sempre, ao Senhor de Todos os Mundos, por cuja ordem seus fiéis servos enteais foram os construtores. O mais importante, vós pusestes de lado: a pureza da doutrina redentora. Se ela estivesse profundamente arraigada em vossos corações, não haveria ódio nem contendas entre os seres humanos.*

– *Quem desconhecer o funcionamento das Leis da Criação, que expressam a Vontade de Deus, haverá de ser considerado imprestável para uma construção duradoura e beneficiadora, ao agrado de Deus.*

– *Sois ridículos. Com vosso orgulho e vaidade, brigais por ninharias em vez de, com verdadeira humildade de espírito, deixando o ódio de lado, se darem as mãos em torno do que realmente tem valor para a vida espiritual neste planeta que vos hospeda, pela graça de Deus.*

Minha mensagem, bem como a do Filho do Homem, se destina ao conhecimento e à evolução do ser humano, independentemente de sua atual crença, pois só o saber sem lacunas possibilitará uma existência apropriada à condição de "ser humano".*

Jesus não era um revolucionário político

Para a humanidade afastada da Luz da Verdade, a atuação de Jesus tem sido considerada indevidamente como a de um revolucionário político insatisfeito com o sistema vigente cujo objetivo teria sido jogar os maltrapilhos contra os aproveitadores do povo. No entanto, a Mensagem de Jesus, embora de natureza espiritualista, colocava em cheque as suposições impostas sobre a humanidade que as acolhia comodamente devido à sua indolência espiritual. Muitas tentativas foram feitas no sen-

---

*N.A.: Aqui apresentamos uma exposição figurativa para ser vista com a imaginação. Mas, para adquirir um saber real e objetivo, os leitores deverão examinar o livro *Na Luz da Verdade, Mensagem do Graal*, de Abdruschin.

tido de calar sua fala vibrante, simples e coerente. Como não foi obtido sucesso nas tentativas de silenciar sua voz pujante, acabou sendo capturado, torturado e executado sem que se pudesse imputar-lhe qualquer ato culposo, surgindo posteriormente o ignominioso conceito de que morrera para salvar a humanidade pecadora, mas teria ressuscitado três dias depois, contrariando todas as leis do Criador. Pilatos, em um gesto de incompreensão, lavou as mãos. Jesus não se interessava pela política, como era o caso de Judas Iscariotes, nem pelo poder que se concentrava nas mãos das autoridades religiosas. Mas, conhecedor da tragédia espiritual da humanidade, opunha-se frontalmente ao sistema de vida restrito ao puramente material, como alvo prioritário da humanidade cuja antena para o espiritual já havia sido empurrada para baixo pelo raciocínio supercultivado, enterrando os talentos, aprisionando o espírito humano à matéria, pois antevia o caótico futuro de decadência e destruição em gestação.

A espada que Jesus empunhava era sua Palavra procedente da Luz, que desfazia os mitos e as falsas interpretações. Por dois milênios seu legado ficou prejudicado, até que o escritor alemão Abdruschin fez, na Mensagem do Graal, obra ainda pouco pesquisada pelos estudiosos de temas religiosos, a reconstituição dos acontecimentos. As explicações de Jesus, cuja visão abrangia o aquém e o além, mostram, em quadros práticos, a necessidade de observar e dar apreço à vontade divina, que se encontra nas Leis da Criação, bem como aos seus efeitos, na obediência e na desobediência.

Sua obra libertadora consistiu em trazer essa explicação, que devia mostrar as falhas das práticas religiosas e os danos delas decorrentes. Trouxe a Verdade, a fim de iluminar a escuridão crescente e libertar o espírito humano do erro... É a lei da gravidade: se não houver um esforço para se elevar, a descida é inevitável. A grande dificuldade para que haja compreensão de tudo isso advém apenas da circunstância de os seres humanos ainda não haverem procurado essas leis de Deus na Criação, não as conhecendo, por conseguinte, até hoje, tendo apenas encontrado aqui e acolá pequenos fragmentos disso, onde justamente tropeçaram.

Pode-se dizer que somos cidadãos do Cosmos, porém ainda não compreendemos como surgiu a Criação e o porquê. O ateísmo se tornou uma prática entre os pesquisadores descrentes de tudo. Isso é lamentável, pois tudo evidencia a existência de uma ordem na Criação orientada pela Vontade do Criador. Os pesquisadores sinceros poderiam se esforçar mais no sentido de compreender a Criação e suas leis cósmicas, cujo teor Jesus mencionou em parte, de modo simples, para aquela época. Qual a finalidade de nossa existência? De onde viemos e para onde vamos? Por que existe tanto sofrimento na Terra? Quais são as leis que regem a Criação?

Não é por acaso que as leis da natureza funcionam em rigorosa lógica. Sua perfeição condiciona a imutabilidade. Jesus explicava que a matéria surgiu como o grande campo de cultivo da semente espiritual para que pudesse desenvolver seus talentos. Vindos de cima, os germes espirituais descem até a matéria. Aqueles que completarem o ciclo, emergindo como espírito humano completo, podem celebrar a ressurreição, deixando para trás tudo quanto é material.

As religiões dogmatizaram tudo, gerando, no inconformismo dos pesquisadores, a ideia do ateísmo; muitos deles afirmam que não somos mais do que um acidente de evolução, revelando ignorância espiritual, vale dizer sobre a própria vida. No entanto, a pesquisa sincera dos fundamentos das leis da natureza deveria levar ao saber abrangente da Criação de forma simples, lógica e coerente. A física e a biologia muito podem ajudar, pois se inscrevem nos fundamentos das leis naturais da Criação.

No Universo, existem sistemas que podem ser reconhecidos por todos e são chamados pelos estudiosos de Leis da Natureza. Essas leis são encontradas na simplicidade de cada dia, como no dar e receber, no plantar e colher. Entre elas, podemos destacar a lei da gravidade, a lei do movimento, a lei da atração, a lei do equilíbrio, a lei da ação e reação. Na Mensagem do Graal, Abdruschin discorre sobre o funcionamento das chamadas Leis da Natureza ou Leis da Criação, evidenciando sua relevância para o entendimento do Universo e do cotidiano de cada um, dando as bases para uma construção duradoura. A Mensagem mostra o caminho para que o ser humano possa atingir vibrações mais altas por meio de suas intuições, seus pensamentos, suas palavras e ações, promovendo harmonia em nosso ambiente tão nefastamente influenciado pelos maus pensamentos.

Decifrando o Filho do Homem

"Conhecereis a Verdade e ela vos libertará." (*João 8:32*)
Um dos pontos que propiciam significativas incertezas é exatamente aquele que menciona a vinda do Filho do Homem. Muitos deduziram que Jesus se autodefinia o Filho do Homem. Segundo John Bowker, essa teria sido a "maneira de Jesus apregoar sua natureza humana, mas isso apenas revela a incompreensão. No relato que depois se tornaria a Bíblia, há dois significados possíveis. Nos Salmos e em Jó, a expressão equivale a ser um mortal, alguém sujeito à morte. Já em Daniel 7, o 'Filho do Homem' representa o fiel que, após perseguição, é resgatado por Deus, da morte." (*Deus, uma Breve História*, Ed. Globo, 2002)

Essa porém, como muitas outras, é uma dedução humana feita muito posteriormente ao período em que Jesus as pronunciara. Mas é evidente que todo aquele que recebe um corpo material de carne e sangue fique sujeito às leis naturais da Criação quanto ao processo de geração, desenvolvimento, crescimento e perecimento da matéria constituinte do corpo.

A menção em Daniel 7 nos fala da vinda do Filho do Homem, que será honrado por todos os povos, e seu reino será tal que não será destruído.

Há 800 anos, antes da vinda de Jesus, Isaías falava de uma profecia que ficou marcada pela incompreensão. O profeta referia-se àquele que viria para trazer elucidação de todos os enigmas da Criação e da vida, e cuja vinda antecederia uma era de paz entre os seres humanos, após terem arcado com as consequências de seus atos egoísticos, resgatando-se assim a dignidade humana.

Jesus teria dito a mesma coisa quando anunciou a vinda do Filho do Homem, que permaneceria como eterno mediador entre o Divinal e a Criação, pois, embora tendo se originado no puro Divinal, foi também ligado ao espiritual consciente. Evidentemente, essa vinda seria para o futuro, para o tempo em que a humanidade estivesse bem próxima ao descalabro, pela consequência de seu atuar em desacordo com a Vontade Divina, e não para poucos anos depois.

Os textos constantes da Bíblia, mesmo por vezes sendo carentes em clareza de compreensão, oferecem uma visão diferente do que tem sido a interpretação dada. Assim, vejamos: referindo-se ao período das grandes aflições, Mateus 24:30 teria escrito: "Então aparecerá no Céu o sinal do Filho do Homem e todas as tribos da Terra se lamentarão, e verão o Filho do Homem, vindo sobre as nuvens do Céu, com poder e grande glória. Mas ninguém sabe quando ele virá". E em 24:44: "Por isso, estais vós apercebidos, porque o Filho do Homem há de vir à hora em que não penseis".

Ao se referir ao grande julgamento que pesa sobre os seres humanos, Mateus teria escrito em 25:31: "E quando o Filho do Homem vier em sua glória, e todos os santos e anjos com ele, então se assentará no trono de sua glória".

Em Apocalipse 14:14, há outra menção: "E olhei, e eis uma nuvem branca, e assentado sobre a nuvem um semelhante ao Filho do Homem, que tinha sobre sua cabeça uma coroa de ouro, e em sua mão uma foice aguda".

Todas as citações se referem ao futuro e à terceira pessoa do verbo, isto é, "ele". Logicamente, ele não pode ser "eu". No Evangelho de João, (4:25) também há uma menção: "Quando o Messias vier, ele nos anunciará tudo". Não há um nexo evidente para que seja decifrado como se chegou à conclusão de que Jesus e o Filho do Homem sejam a mesma entidade. Fica bem nítido que se trata de diferentes pessoas.

Em 1928, Edmond Szekely publicou um manuscrito, originalmente em aramaico, conhecido como *The Gospel of the Essenes* (Evangelho dos Essênios). Szekely declarou ter encontrado esse trabalho antigo em um arquivo secreto do Vaticano. No livro *Jesus, a Verdade e a Vida*, o professor Fida Hassnain apresenta a seguinte passagem desse evangelho: "Um dia, Jesus sentou-se entre as pessoas que, maravilhadas, ouviam suas palavras: 'Não procure a Lei nas suas escrituras, pois a Lei é vida, enquanto a escrita é morte. A Lei é a palavra viva do Deus vivo, dos profetas vivos para os homens vivos. Em tudo que há vida, está escrito a Lei. Você a encontra na grama, nas árvores, no rio, na montanha, nos pássaros do céu, nos peixes do mar, mas busque-a principalmente em si mesmo. Deus não escreve Leis em livros', e sim em seu coração e em seu espírito."

Odon Vallet, no livro *Uma Outra História das Religiões*, indaga: seria ele o "Filho de Deus" ou o "Filho do Homem"? Segundo Odon, como a mensagem de Jesus foi transmitida de forma oral, não se pode atribuir exatidão aos relatos.

"Isaías anunciava 'Imanuel', o Filho do Homem; o anjo, porém, 'Jesus', o Filho de Deus. Trata-se nitidamente de duas anunciações distintas, exigindo duas realizações diferentes, as quais, por sua vez, têm de ser efetuadas por duas pessoas distintas." (*Mensagem do Graal*, dissertação *Cristo falou*).

Ao que tudo indica, os seres humanos não atentaram adequadamente para a significativa profecia ligada ao Filho do Homem, que foi dada por Jesus como a estrela de esperança e também como severa advertência.

Os fortes abalos anímicos fizeram os discípulos se centrarem sentimentalmente na pessoa de Jesus, e seu falar, referente a uma outra pessoa em um futuro remoto, não foi considerado nesse sentido, e sim relacionado novamente com ele próprio.

"Assim perdurou, até os dias de hoje, o erro na concepção dos seres humanos, uma vez que os descrentes não se preocuparam com as palavras do Salvador, ao passo que os fiéis suprimiram à força, exatamente por causa de sua fé, qualquer análise séria e crítica às tradições, pelo temor de tocar mesmo de leve nas palavras do Salvador. Não viam com isso, porém, que não se tratava das próprias palavras dele, verdadeiramente autênticas, mas apenas de reproduções que foram escritas muito tempo depois de sua passagem pela Terra. Em virtude disso, porém, ficaram sujeitas naturalmente às alterações inconscientes do raciocínio humano e da concepção humana e pessoal." (*Mensagem do Graal*, dissertação *O Filho do Homem*)

Dos relatos por meio dos quais, posteriormente, originou-se a Bíblia, surgiu a interpretação de que Jesus e o Filho do Homem seriam a mesma pessoa. Outras menções sobre o Filho do Homem constam do livro *Jesus, o Amor de Deus*. No livro há a menção de que Ele, Jesus, era o enviado da misericórdia Divina:

"Depois de mim é que virá o Filho do Homem para desencadear o Juízo (...) mas o tempo exato para isso, só o Pai o saberia, tratando-se portanto de duas pessoas diferentes."

"Haverá por esse tempo uma luta tremenda em busca de poder, como jamais se presenciou na Terra. O ódio cegará os povos e os desencaminhará. Todos desfrutarão passageiramente dos prazeres deste mundo até a saturação. Tudo então se encaminhará com espantosa velocidade para o fim. O Deus que os antigos judeus adoram sob o nome de Jeová estenderá então Sua magnificência também sobre esta Terra. Então habitareis em um Paraíso terrestre."

Grande parcela dos seres humanos não reconheceu a missão de Jesus, pois não ansiava pela Luz da Verdade, não deu expansão à saudade da Luz destinada a manter o espírito desperto. Permaneceu fechada para os ensinamentos da Luz e distanciada da vida espiritual.

Agora, na época em que os seres humanos estão sendo colocados diante das consequências de suas decisões, para prestar contas sobre como conduziram sua existência terrena, nos defrontamos com uma situação caótica. Estamos à beira do colapso nos recursos naturais, na redução da produção de alimentos, na escassez da água e no caos social. Estamos diante da mais contundente alteração do clima com aquecimento global, degelo, secas e inundações. A humanidade permanece insensível. Para uma transformação, necessitamos do desenvolvimento de valores humanos universais, mas para que se tornem acessíveis necessitamos do reconhecimento das leis espirituais da Criação e dos ensinamentos ofertados na Mensagem do Graal.

Conforme escreveu Fernando José Marques, no livro *Reflexões sobre Temas Bíblicos*:

"(...) o que existe atualmente na Terra são lágrimas e ranger de dentes. Em lugar da beleza paradisíaca, felicidade e evolução espiritual, surgiram apenas caricaturas daquilo que o ser humano deveria erigir com sua intuição auxiliada pelo raciocínio. Os seres humanos orgulham-se de seu progresso tecnológico. Esse progresso poderia ser maior se a humanidade tivesse se desenvolvido de acordo com a vontade de Deus.

Não precisaria estar acompanhado de suas nefastas consequências, tais como a poluição em geral, as mudanças climáticas, a superpopulação do planeta, a miséria econômica que avança pelos países, a violência (...)"

Em seu livro, Fernando José Marques apresenta, sob a ótica espiritualista, uma ampla visão sobre a missão redentora e os ensinamentos de Jesus, desfazendo mitos, dando aos pesquisadores a oportunidade de examinar a lógica e a coerência presentes nos ensinamentos de Jesus. Ademais, aplicando o verdadeiro sentido do ensinamento do amor dado por Jesus, o mundo poderia se transformar em um Paraíso, pois os ensinamentos de Jesus visavam tão somente a mostrar aos humanos sua essência espiritual, a qual não poderia ser sufocada se de fato quisessem construir um mundo de paz e harmonia em conexão com as Leis da Criação. Mas os humanos se deixaram envolver completamente pelo materialismo e a ânsia de dominação, atraindo caos e miséria para a vida. Agora terão de reconhecer a condição inferior para a qual se deixaram arrastar, rompendo com os muros por eles mesmos erguidos, alcançando o verdadeiro conhecimento espiritual, para, finalmente, restabelecer a harmonia e a paz na vida humana.

Com o distanciamento da espiritualidade e o apego ao raciocínio, os seres humanos foram perdendo o real conhecimento de muitas revelações recebidas no passado. Segundo Roselis von Sass em *O Livro do Juízo Final*, há mais de 7 mil anos um dos reis-sacerdotes e vidente em Ur, na Caldeia, viu em espírito a imagem de Um, que, procedendo das Alturas Celestes, mergulhou nas profundezas para atravessar com sua lança comprida e reluzente um monstro parecido com um dragão, símbolo do inimigo da Luz. O poderoso que o vidente viu ficou conhecido como o "Salvador na aflição", ou seja, o Filho do Homem também anunciado por Jesus.

No concílio de Niceia, no ano 325, por resolução da maioria, a Igreja tinha declarado Cristo como o Salvador do mundo. Contudo, o povo continuava a venerar o Salvador matando o dragão. Sem saber o que fazer com a antiga tradição, considerada pagã, foi encontrada uma fórmula dando ao vencedor do dragão um nome, introduzindo assim São Jorge na galeria dos cristãos. Assim, aumentou mais ainda a confusão acerca da identidade dos emissários da Luz.

Agora, com frequência se ouve falar na busca do Santo Graal. Evidentemente esse mistério abrange amplitudes enormes que escapam às limitações do cérebro humano. Não podemos esperar que uma tela produzida pela criatividade de um artista como Leonardo da Vinci, 15 séculos após a passagem de Jesus pela Terra, possa dar agora, 500 anos depois, uma elucidação cabal do enigma. Contudo, ela desperta a humanidade para a necessidade da busca do Santo Graal com o cérebro terreno e com manifestação intuitiva da alma.

Devemos conhecer o significado da vida e ter sonhos realizáveis. A paz é possível, a convivência harmoniosa também, mas por que tantos desencontros entre as pessoas e entre os povos? Por que falta a consideração para com o próximo e o amor tantas vezes mencionado por Jesus?

Lidar com pessoas requer muitos cuidados e vigilância. Se você tem algum problema com uma casa velha, você pode ir quebrando e refazendo, trocando e desprezando as peças antigas, e a casa fica ajeitada. Mas com pessoas é mais complexo para se consertar o que se rompeu ao longo do tempo, seja no trabalho, no lar ou nos relacionamentos. Pessoas não são coisas, são seres humanos que se acham encarnados para alcançar a evolução e, por isso mesmo, uns não devem abusar dos outros para satisfazer suas cobiças. Quando isso acontece, fatalmente alguém sofrerá, mas a vida continua, temos de seguir em frente com alegria, confiantes na atuação das Leis da Criação. É indispensável estar sempre atento ao efeito de nossa atuação sobre as pessoas, bem como no lado que nos fica invisível, na parte mais fina da matéria, onde se processa o tecer dos fios do destino dos indivíduos e dos povos em decorrência da atuação dos seres humanos.

Jesus não deixou nada escrito, porém, tudo o que se referia, genuinamente, aos seus ensinamentos, não atendia aos interesses da classe sacerdotal, como também não foi de interesse aos fundadores da Igreja, pois neles não havia o verdadeiro amor traduzido por Jesus que visava à elevação espiritual dos seres humanos.

Nada mais se encontra dos ensinamentos originais. Todos os vestígios foram varridos. O que existem hoje são versões improvisadas e sectárias, sem que haja o real propósito de que a verdade seja desvelada por inteiro aos olhos da humanidade, agora atormentada pelo que se convencionou chamar de catastrofismos. As catástrofes e as chamadas distopias estão rondando o ser humano, atemorizando e causando vítimas, mas e as causas? E as exortações feitas por Jesus, explicadas claramente na parábola da colheita dos frutos bons e dos frutos maus? As novas gerações tiveram arrancada a base de onde poderiam dar início a busca do significado, mas tomados pela indolência não mais se preocupam, alegando que já se passaram tantos anos, como poderiam pesquisar o que aconteceu? No entanto, a promessa é real. Quem procura acha, mas somente poderá achar, quem se dispuser a procurar intensamente.

Os Discípulos em Roma

No antigo Império Romano os verdadeiros líderes se destacavam por seu despojamento e suas qualidades morais como a coragem, a temperança e a seriedade, que construíram a reputação da República romana. Mas a classe dirigente ficou fascinada com o poder e as riquezas. No século I a.C., os dirigentes exauriam as regiões sob seu controle para cobrir os gastos com suas legiões e enriquecerem rapidamente.

Segundo em texto publicado na revista *História Viva/Grandes Temas*, nº 8, os dirigentes que abandonavam seus cargos em Roma aceitavam postos nas províncias conquistadas com o objetivo de refazer fortunas perdidas durante suas campanhas eleitorais. Eles eram venais, justificavam o desvio pela necessidade de prosseguir uma carreira política altamente custosa e se cercavam de assistentes ávidos por dinheiro, prontos a negociar seus serviços ou a propor acordos desonestos que os deixavam ricos. Também emprestavam dinheiro a taxas proibitivas.

Roma deveria estar preparada com seus melhores cidadãos voltados para melhorar este mundo, pois estava próxima a hora da realização das promessas sobre a vinda do Messias. Assim, facilmente poderiam compreender a mensagem de Jesus, destinada a todos os seres humanos, mostrando de forma simples as leis universais, espalhando bondade e justiça pela Terra. Mas os seres humanos não O compreenderam, as mazelas do passado foram transferidas para o futuro, e no presente vive-se a desordem e o caos devido ao desconhecimento de como utilizar corretamente a energia existente na Criação.

Em Jerusalém, os discípulos viviam em constante insegurança. Eram frequentemente hostilizados pelos escribas e pelos sacerdotes. Paulo, Pedro, João e Felipe sempre se ausentavam para divulgar a Palavra e fundar novos grupos de adeptos dos ensinamentos de Cristo.

Passando por Atenas, Paulo esclareceu que os deuses aos quais os gregos outrora eram fiéis são todos subordinados ao Único, Onipotente, Sempiterno Deus que reina sobre todos os mundos, inclusive sobre o Olimpo, onde se encontra Zeus, o soberano dos enteais. E todos queriam ouvir as explicações de Paulo, que, atendendo aos apelos, mencionou acreditar na constante volta do ser humano, mas que poucos judeus acreditavam nisso porque os escribas somente falavam sobre o assunto aos que deveriam chegar mais longe no saber. A maior parte da população ficou distante do saber sobre isso, mas é necessário que todos os seres humanos sejam orientados a esse respeito.

As maravilhosas vivências de Paulo estão no livro *Os Apóstolos de Jesus*, Ed. Ordem do Graal na Terra, 2002. Com coragem e alegria, Paulo foi um dos grandes divulgadores dos ensinamentos de Jesus sobre o funcionamento da vida e da Criação.

Tendo os dirigentes dos templos e religiões recusado os ensinamentos de Jesus, os discípulos receberam a incumbência de divulgar a Verdade pelo mundo, a todos os povos. Jamais houve a determinação para que fosse fundada qualquer igreja, pois a mensagem transmitida, dando sentido e complementando o conhecimento antigo com saber proveniente das alturas luminosas, estava acima de uma organização terrena como intermediária entre as criaturas e seu Criador.

Mário, o filho do comandante romano que estivera em missão na Palestina, conseguiu permissão para que Paulo se apresentasse a Nero. Mário despertara a curiosidade do imperador ao fazer menção sobre a cisão religiosa dos judeus, tendo afirmado que ninguém melhor que Paulo para informá-lo a respeito. Paulo foi guiado até a presença de Nero, que queria saber da doutrina de Jesus e se alegrava com a conversa que mantinham. Ele ensinava regularmente ao imperador a nova doutrina, mas Nero misturava as coisas, como se portasse algum tipo de retardamento mental. Por vezes, pedia conselhos sobre questão de Estado, o que Paulo preferia evitar.

Mas o imperador não tinha coragem para assumir a Verdade e fortalecer a divulgação da mesma para o bem dos seres humanos, deixando-se dominar pelas vaidades e prazeres. A corte também ficava enciumada, impedindo o surgimento de influências benéficas sobre o imperador, que era mais dócil e submisso agindo como um ser corrupto, mentalmente perturbado, do que como um ser humano dotado de bom senso com propósitos enobrecedores.

Paulo sempre foi fiel ao Deus único, o Senhor de Todos os Mundos, venerado pelos antigos judeus e, mais conscientemente ainda, por meio dos ensinamentos de Jesus. Após a morte de Paulo, Pedro foi à procura de Nero, sendo preso. Nero ordenou que o levassem à sua presença, mas Pedro acusou-o de muitas mortes:

"Nero, aqui na Terra jamais terás paz, fico apavorado de pensar o que te aguarda mais tarde."

"Alucinado, Nero sentenciou-o à crucificação, dizendo: 'O discípulo não precisa ter coisa melhor que seu mestre'. Pedro alegrou-se por ser permitido sofrer a mesma morte que seu Senhor. Talvez assim pudesse se redimir um pouco por tê-lo renegado outrora.

"Quando chegou diante da cruz, a fim de ser erguido, pediu que o crucificassem com a cabeça para baixo; preferia aumentar os sofrimentos ainda, que poder morrer da mesma maneira que Jesus.

"Em voz alta, falou: 'Podeis nos matar, a Verdade viverá e conquistará o mundo! Mas somente quem for da Verdade ouvirá sua voz. Aqueles, porém, que a escutarem, serão preservados até a vinda do Filho do Homem para desencadear o Juízo." (*Os Apóstolos de Jesus*)

Após a morte de Paulo e Pedro, os adeptos prosseguiram no trabalho de divulgação, enfrentando a hostilidade dos pagãos e dos judeus que, temerosos, se apegavam às suas doutrinas e tradições. Pedro foi o primeiro a intuir e adquirir convicção nas palavras de Jesus, para viver de acordo com as mesmas, e isso foi como se recebesse a chave do Paraíso. Na *Mensagem do Graal*, vol.3, Abdruschin esclarece: "Cristo queria e podia estabelecer como fundamento para uma comunidade somente uma tal convicção, não porém uma pessoa. Pedro foi apenas quem primeiro expressou isso realmente convicto. Essa convicção formou, estruturou e tornou-se o rochedo, não porém Pedro como pessoa".

A partir do ano 63, Jerusalém ficou sob o domínio romano. Uma grande revolta culminou com a destruição da cidade após o cerco e sua captura pelos romanos.

No século II d.C., surgiu uma organização religiosa que dispunha de um campo fértil para sua expansão na Europa, pois a população sentia, naturalmente, forte atração pelos ensinamentos de Jesus.

A estrutura da Igreja estendia seus tentáculos pelo mundo civilizado. No século III, Constantino assumiu o Império Romano. Considerava o Cristianismo importante para a unificação do Império, já que as dificuldades eram enormes e os ataques eram constantes. Os bispos tomaram conta de Roma. Assim, uma nova religião passou a se confrontar com a antiga religião do povo judeu. Consolidava-se a separação sobre o saber da Criação e Suas leis e a religião. A evolução espiritual dos seres humanos, que deveria ser elevada mediante os ensinamentos de Jesus, entrou em processo de estagnação e declínio.

Tendo o Império Romano sido destruído pelos bárbaros do norte da Europa, durante os dez séculos seguintes a nova estrutura criada pela Igreja dominaria a Europa, tanto cultural como politicamente, introduzindo as normas e as explicações que melhor se ajustassem aos seus interesses, dogmas e ameaças de condenação ao inferno, estabelecendo as regras que favoreciam a ampliação do poder clerical, sendo esse período considerado pelos historiadores como período de trevas da humanidade, como de fato o foi.

Na edição de dezembro de 2004, a revista *Super-Interessante Histórias* relatou que o Cristianismo de Roma sempre soube se adaptar aos novos tempos, passando a incorporar crenças antigas com formas adequadas à sua doutrina. Segundo a reportagem, "os bárbaros acreditavam nas forças da natureza, seus deuses vinham das florestas e seus ritos eram repletos de magia. Havia ainda deidades femininas e objetos sagrados como o cálice, por exemplo, que tinha o poder de dar a vida e era usado em cerimônias festivas".

Então, mais uma vez se evidencia que o saber do Cálice Sagrado – ou melhor, o Graal – é bem remoto, tendo criado muitos problemas para sua adaptação. Não há o que estranhar se posteriormente surgiram histórias sobre o cálice usado para recolher o sangue de Jesus na cruz. Mais recentemente, o enigma do Graal voltou à tona através desse emaranhado de fatos relatados no *Código Da Vinci*, envolvendo Maria Madalena.

A humanidade ainda vive sob as trevas criadas por seu modo errado de viver e sua ignorância sobre as Leis da Criação, mas esse período, em particular, foi nitidamente um período de trevas, em que a palavra de Jesus foi amplamente desfigurada.

Assim, durante mais de mil anos consolidou-se o poder eclesiástico, ou seja, o poder da Igreja sobre a humanidade, determinando todas as normas, tanto para o comportamento individual como para a atuação dos Estados. Tudo o que podia e o que não podia ser ensinado às criaturas humanas. Para eles a Terra era o centro do Universo. Papas e bispos se sentiam no controle do mundo.

Por volta do século XIV, surge no seio da sociedade uma ânsia pela consciência divina, um movimento pelo renascimento da vida e do modo de viver, uma libertação das amarras impostas pela Igreja e seu dogmatismo, que fizeram do Cristianismo uma doutrina artificial, incoerente e sem lógica, muito distante do saber que Jesus trouxe.

No século XV, o monge agostiniano formado em teologia Martinho Lutero se opõe ao papa. Por meio da Reforma Protestante, funda uma Igreja em busca de um culto simples, sem o comércio de "indulgências". A Europa passa a viver uma época conturbada por guerras religiosas e lutas pelo poder.

O pioneirismo de Lutero incentivou a ação de muitos que discordavam das práticas despóticas da Igreja, ampliando a Reforma Protestante.

A Igreja fortalece a Inquisição, o tribunal eclesiástico criado no século XII como forma de coerção aos que se opunham a ela. A Inquisição perduraria até o século XIX, sacrificando vítimas inocentes pela conservação do poder. Muitos protestantes se refugiaram na América do Norte, dispostos a formar um novo mundo e uma religião despojada das invenções introduzidas pelos humanos.

O reino inca, na América do Sul, é invadido pelos espanhóis, sendo massacrado. Seu ouro e suas riquezas são pilhados sem escrúpulos. Apesar disso, a miséria se espalhava entre a população, enquanto uma opulenta aristocracia pouco fazia para o aprimoramento da humanidade e para a melhora geral das condições de vida.

No século XVIII, surgiu o Iluminismo, em oposição ao domínio da religião, ressaltando a importância da valorização da razão e da ciência na busca de melhores condições de vida para as classes pobres e a busca de novos caminhos. Um movimento de revolta que se insurge contra o poder e a crença cega.

A Igreja prosseguia com seus métodos de impor seu domínio e sua crença. O uso da conversão ao Cristianismo prestava-se para acobertar a conservação do poder e da influência sobre as populações.

Com a decadência da Monarquia, os negócios dos Estados passam a ser independentes da Igreja. Tem início o processo de transferência do poder para a esfera econômico-financeira, com a paulatina redução da participação da Igreja que, até então, fora ampla e irrestrita em todos os setores da vida humana.

Com o apogeu da navegação ultramarina, o mundo se ampliou com o descobrimento do continente americano e a nova rota marítima de contorno da África através do Oceano Atlântico.

No início do século XVIII, um grupo abnegado liderado por Maria Leopoldina, a imperatriz, lutando contra pessoas da mais baixa qualificação moral, verdadeiros servidores das trevas, alcançou a independência do Brasil, ponto de ancoragem da Luz. Se o imperador d. Pedro I tivesse mais fibra, teria dado início a um grande império em busca da Luz da Verdade.

Um retardamento na independência do Brasil poderia trazer impeditivos para que fosse obtida essa situação especial de país onde é possível o livre exercício da escolha da crença e religião, sem preconceitos e sem perseguições. Aqui convivem, de forma pacífica, pessoas de todas as raças e das mais diversas formas de credo religioso. No Brasil de hoje, sofrido e atrasado, econômica e socialmente, o povo desfruta de ampla liberdade de buscar e procurar pela Luz da Verdade, como fora prometido por Jesus: "quem procura, acha". Reciprocamente, achará somente quem procurar com firmeza e dedicação, pois, para tanto, há liberdade, fazendo do Brasil um país abençoado, onde as pessoas não se envergonham de falar e procurar pelo Altíssimo Senhor de Todos os Mundos, o Criador Todo-Poderoso, o Deus único do passado, do futuro e de sempre.

Havia uma atmosfera estimulante e otimista sobre o futuro. O que vemos atualmente é uma situação mais sombria e muito complicada no Brasil, que poderia estar brilhando sob a Luz da Verdade, mas, com a ausência de líderes estadistas, e acossado por interesses e cobiças, se encontra desumanizado e muito distante do que deveria ser.

Enfim, ultrapassamos o século XX em meio a misérias e sofrimentos, além da constatação de que nas atuais condições não há como impedir o crescimento da miséria econômica e social, tendendo a situação para um enorme caos mundial, em decorrência da superpopulação, exaustão dos recursos naturais e falta de uma ética assentada nos valores universais, fato cuidadosamente dissimulado. Segundo Roselis von Sass, um novo auxílio à humanidade foi ofertado através de Lúcia, que faz parte das "servas da misericórdia" que, em épocas de perigo, se aproximam dos seres humanos para auxiliá-los espiritualmente e adverti-los sobre perigos vindouros. Mas as mensagens retransmitidas por ela em Fátima, no ano de 1917, destinadas à salvação, não foram ouvidas. (*O Livro do Juízo Final*)

O sofrimento e a dor se abateram sobre a humanidade. Guerras, tragédias e misérias. O continente africano é o modelo da decadência da humanidade: fome, misérias e doenças, tendo chegado a contar 25 milhões de contaminados pelo vírus da AIDS e mais de 17 milhões de mortos pela doença entre homens, mulheres e crianças. Além disso, as profundas alterações climáticas e transformações que estão ocorrendo no Sol são tratadas discretamente, pouco se mencionando disso para o reconhecimento das massas, que deveriam se afastar dos caminhos errados trilhados com indolência.

O dinheiro, a invenção humana que se tornou grande trunfo do materialismo, assumiu o lugar do moderno bezerro de ouro, idolatrado pela humanidade. Tudo passou a ser submetido à frieza do cálculo financeiro, reduzindo a solidariedade humana e eliminando a misericórdia.

Imperceptivelmente, as pessoas foram levadas a crer que a vida é uma coisa com a qual não devem se ocupar de forma muito séria. Ou se contentam com as ideias pouco claras ensinadas pela religião, ou ficam sendo manipuladas pelos condicionamentos que são repassados através da mídia. Há um imperceptível esforço para disseminar o medo, a paralização. Saber mesmo é um luxo para o qual poucos dedicam o seu tempo. O que as pessoas querem? Com o que elas ocupam seus pensamentos na maior parte do tempo? Quantas vezes em sua existência uma pessoa aplica um pouco de profundidade para examinar qual é o sentido da vida?

A aspereza e a rigidez estão reduzindo o ser humano pela metade do que deveria ser, pois somente um ser humano que se tornou restrito seria capaz de atitudes destrutivas contra o meio ambiente, contra o próximo e contra si mesmo.

O ser humano completo age sempre com nobreza de alma, beneficiando a vida. Completo é aquele que não utiliza apenas seu raciocínio, mas que também põe em movimento o coração, o qual transmite a voz do espírito.

O ser humano dispõe da capacidade da livre resolução, mas ela deveria ser orientada pela intuição reveladora do querer da alma, do espírito, que muitas vezes chamamos de coração. Mas ele permitiu o sufocamento da voz da alma, sua resolução é geralmente tomada pelo raciocínio, com sua frieza e incapacidade de ver que a vida tem um significado mais profundo daquilo que lhe é dado perceber.

No filme *Rei Arthur*, Clive Owen interpreta um Arthur que se esforça em agir com dignidade, desprezando os medíocres de espírito e respeitando as pessoas simples de bom coração. Esse Arthur poderia ter mostrado muito mais sobre a dignidade humana, aquela ditada pelo coração de um ser humano centrado em sua essência espiritual e sabedor de que a vida terrena é transitória, uma pequena parte da grande existência em busca da evolução. Mas, já naquela época, era notório como os seres humanos se deixavam envolver por fanatismos e pelos sectarismos das regras por eles mesmos inventadas, restringindo seus horizontes, vivendo de forma rasteira, prendendo-se a ninharias materiais, sem levantar os olhos para alvos mais elevados. Assim, ele sofreu uma grande decepção ao perceber que servia a uma Roma injusta e devassa, acorrentada ao poder terreno, restrita ao espaço e ao tempo, distante da verdadeira elevação espiritual, afastada da Luz por meio de desfigurações e distorções do conceito do amor legado por Jesus para toda a humanidade.

Arthur se reunia com seus nobres cavaleiros em uma mesa redonda, no centro da qual havia um recipiente de cor avermelhada. Seria uma imagem do Graal? Para sabermos disso, teríamos de ser verdadeiros perscrutadores, sentindo sincero anseio de poder conhecer a verdade que encobre a existência humana.

Buscar entender o funcionamento da Criação dos Universos é buscar a compreensão da Vontade de Deus, e somente por esse caminho é que poderemos descobrir quem somos, de onde viemos e para onde vamos. Na origem da vida e do espírito humano está a perfeição das leis da natureza que atuam uniformemente em toda a Criação.

Ao invés de se integrar e efetivamente fazer parte do mundo em que vive, o ser humano se tornou um estranho, não sabendo mais o que faz bem para seu corpo e sua mente. Não sabe mais se alimentar corretamente. Serve-se de bebidas prejudiciais e não quer saber quantos malefícios advêm do hábito de fumar.

Atualmente, há um abismo entre a atuação dos seres humanos e a compreensão da atuação de Deus na Criação. Afastados de sua essência, os seres humanos estão perdendo a capacidade de encontrar soluções duradouras para os problemas por eles mesmos criados, e que agora ameaçam a própria sobrevivência humana. A natureza destruída mostra o quanto estamos distantes do Paraíso terrestre. As alterações climáticas, a baixa qualidade de vida, os enormes bolsões de miséria, os rios e mares poluídos dão testemunho do inferno produzido pelos seres humanos. Em vez de floridos jardins, produzimos muito lixo e um infernal sistema de vida que esgota as energias físicas e emocionais.

"Hoje, contudo, estamos finalmente perto da hora em que surgirá o próximo grande período na Criação, que será de progresso incondicional e trará o que o primeiro período com a encarnação do ser humano já devia ter trazido: o nascimento do ser humano pleno e espiritualizado! Do ser humano que atua favorecendo e enobrecendo toda a Criação de matéria grosseira, como deve ser a verdadeira finalidade dos seres humanos na Terra." (*Mensagem do Graal*, dissertação *A criação do ser humano*)

Mas no século XXI, com a chegada da prestação de contas para a humanidade, eclodem os efeitos negativos, contudo também surgem fortes estímulos para a busca da verdade espiritual da vida. A anunciada profecia sobre a aproximação de um grande cometa, dotado de poderosa energia primordial, impulsiona a colheita de tudo que foi semeado pelos seres humanos, bem como as necessárias transformações do planeta para seu reequilíbrio ambiental.

No ano de 2000, em Jerusalém, nos locais percorridos por Jesus, realizou-se o simbólico encontro entre os dignitários das três principais religiões criadas pelos seres humanos. Juntos, contudo, não se fazia presente o profundo conhecimento das Leis da Criação que pudesse promover uma efetiva união humana. A hipertrofia do intelecto e a proliferação das más qualidades humanas tiveram seu coroamento com o distanciamento da vida espiritual. Assim, as condições de vida na Terra se desestabilizaram em todos os sentidos, avolumando-se as tragédias, as catástrofes naturais e a crescente insatisfação e descontentamento dos seres humanos, que procuram por culpados, dispensando-se de um cuidadoso exame sobre si mesmos e seus atos em oposição à Vontade de Deus.

Certamente, das alturas em que se encontra, Jesus, o Filho de Deus, deve estar contemplando com alegria aqueles que se esforçam para superar sua deturpada atuação de até então, buscando ansiosamente pelo prometido Filho do Homem, ambos enviados de Deus para auxiliar os seres humanos.

A Energia Espiritual da Criação

Muitos acham que o ser humano é a energia que realiza tudo na vida. Mas a situação não é bem assim. O ser humano é senhor do próprio destino, bem como do destino do povo e do planeta, por meio de sua vontade e de seus pensamentos que, entrando em contato com a energia da Criação, através das ondas magnéticas, impulsiona essa energia para moldar o destino humano. A energia criadora tem a peculiaridade de ser canalizada e moldada pela vontade humana e pelos pensamentos, como atributo do ser dotado de espírito.

O homem precisa entender que não é animal. É espírito que está encarnado para se tornar ser humano, construtor e beneficiador de tudo. Precisa compreender que aqui está para se tornar humano, não para se acorrentar ao espaço, tempo, matéria, feito de barro vivificado pelo sopro, mas sim um corpo desenvolvido feito de matéria terrestre vivificado pela alma.

O ser humano é quem dirige, independentemente da cor, religião, condição social ou local de nascimento, podendo colocar as energias do Universo a seu favor, como também construir o pior dos dois mundos, o inferno na matéria fina e o caos na vida terrena. O ser humano não é uma coisa. É muito mais; é espírito, por isso mesmo tem o destino em suas mãos.

Segurança, paz e felicidade são, atualmente, apenas palavras vazias. Todas as degradações e corrupções humanas estão sendo postas à mostra. A humanidade precisa perceber que sofre por causa de seu procedimento errado, em desacordo com as Leis da Criação.

Muitas pessoas estão dispostas a buscar por renovação. Elas querem compartilhar coisas novas. Não há que se desprezar aquilo que está estruturado e funcionando bem, mas a grande transformação deve ocorrer no próprio ser humano, que não se esforça para compreender o sentido da vida. Como alterar a trajetória de uma sociedade habituada ao crescimento sem limites, visando prioritariamente ao acúmulo de dinheiro? Como mudar para um modo de vida sustentável, sem revoltas e violência, de forma sábia, disciplinada, pacífica e equilibrada? Só mesmo se seus componentes reconhecerem e agirem em conformidade com as leis naturais da Criação que, respeitadas, permitem ao ser humano a realização de grandes feitos ainda não alcançados por causa de sua teimosia e mania de grandeza.

"Por isso, mais uma vez clamo insistentemente a todos: conservai puro o foco da vontade e de vossos pensamentos, com isso estabelecereis a paz e sereis felizes. Desse modo, a Criação posterior finalmente se assemelhará à Criação primordial, na qual reinam apenas Luz e alegria. Tudo isso está nas mãos dos seres humanos, na capacidade de cada espírito humano autoconsciente, que não mais permanece estranho nessa Criação posterior". (*Mensagem do Graal*, dissertação *No reino dos demônios e dos fantasmas*).

E 20 Séculos se Passaram

Ao atingirmos o século XXI, era de se esperar uma situação completamente diversa da forma como se desenrola a vida na maioria das pessoas e países – uma trajetória confusa e vazia de objetivos mais elevados. A prioridade é para as necessidades terrenas, que sempre vão aumentando. A bestialidade parece ter sido incorporada ao modo de viver, enquanto a nobreza humana vai desaparecendo em todos os setores. Conflitos, violência, drogas, prostituição infantil, desentendimentos, destruição ambiental. Prendendo-se tão somente aos aspectos materiais, o ser humano se apresenta como uma espécie que deveria estar plenamente humanizada por meio da utilização do espírito. Contudo, olhando sempre para o chão, para as coisas efêmeras, os seres humanos perderam a visão mais elevada da vida, afastando-se do humano. A vida se torna mecânica, sem propósitos enobrecedores, distante do que deveria ser a missão humana de beneficiar tudo.

O que se passa com a civilização humana? Será que ela vai entrar em colapso? Por quê? A história da civilização da Era Cristã é quase uma história de guerras permanentes que fizeram do século XX o mais sangrento que o mundo viveu. Muito sangue e muitos sofrimentos foram gerados.

Nos anos de 1960 e 1970, após os sofrimentos causados pela Segunda Guerra Mundial, as pessoas alimentavam sonhos de construir na Terra uma vida melhor, calcada nos valores espirituais, que muitos pressentiam existir. Mais isso durou pouco, a mania de grandeza do ser humano e a hipocrisia logo foram reduzindo as esperanças de que surgissem uma paz duradoura e a real felicidade. Há um abuso na apresentação de cenários catastrofistas pela mídia. Seria por causa das pesquisas de opinião alardeando que a massa tem preferência por desgraças e tragédias, desprezando as boas histórias com harmonia, justiça e punição dos maus? Ou se trata mesmo de um mecanismo embrutecedor destinado a manter a massa controlada sob tensão e apatia?

O ser humano se desligou do Criador, atrofiando-se espiritualmente, e, agindo de modo mecânico, não vacilou em cometer as maiores atrocidades para acumular riqueza, poder e vaidades. E, de tal comportamento, não escaparam nem as religiões, cuja finalidade principal seria "religar" o homem às Alturas, mas, em busca de seus interesses, não deram a devida consideração às leis espirituais reveladas por Cristo.

Nas conquistas ultramarinas, a pilhagem do ouro, fosse dos incas ou de outros povos, demonstrou o embrutecimento humano. Segundo Roselis von Sass, em *A Verdade sobre os Incas*, Atahualpa, o rei dos incas, já tinha ouvido sobre os seres humanos que se transformam em demônios devido à cobiça pelo ouro, mas, quando lhe foi exibido um crucifixo sem compreender, ficou profundamente irado e triste com a forma brutal daquela morte. Ouro, Atahualpa podia arrumar quanto quisesse, mas não podia aceitar que o reino do Céu estivesse aberto aos seres humanos, porque Jesus fora morto cruelmente na cruz, e disso não fizera segredo perante as autoridades religiosas de Espanha, tendo sido, por isso, condenado a morrer em uma fogueira por "blasfêmia", pois foi considerado como perigoso empecilho para a conversão dos Incas. Mas só não chegou a ser lançado à fogueira porque foi morto antes pelo punhal assassino de um conquistador embriagado.

O acúmulo de grandes fortunas e o aumento do poder terreno passaram a ser tratados como prioridades. Assim, gradativamente, o entorpecimento espiritual da humanidade foi conduzindo tudo, simultaneamente, para um limite crítico. Com isso, tudo oscila.

Trata-se de um problema que atinge todo o planeta. Em todos os países ocorrem crises e ansiedades que se tornam mais perceptíveis nos locais onde estão acontecendo guerras, catástrofes naturais e graves crises econômicas.

Nesse ritmo vertiginoso, não se percebe com clareza para onde a civilização se encaminha, pois muitas coisas desagradáveis vão acontecendo progressivamente, sem que a população tenha onde se socorrer, criando um cenário de tragédia e dor.

Metade da população do planeta vive em precárias condições. O colapso está avançando sobre os recursos naturais, na redução da produção de alimentos, na escassez da água e no caos social. Estamos diante da mais contundente alteração do clima com aquecimento global, degelo, secas e inundações. A humanidade permanece insensível. Para uma transformação necessitamos do desenvolvimento de valores humanos e de uma ética universal que constitua a base da educação.

Mas, afora os problemas materiais, existem os de ordem psíquica, agravados pelos constantes estímulos para que os medos ocultos e inconscientes sejam lançados à tona, provocando o aumento da sensação de mal-estar, insegurança e sintomas de doenças.

Quase não há estímulos para o que é bom e o que é nobre. É como se estivéssemos em um pântano, a cada momento afundamos mais no lodo e na sujeira.

Assim, a economia também entra à deriva, os especuladores passam a agir livremente, as margens de lucro se tornam apertadas e as grandes corporações passam a reduzir o número de empregados, sem que se saiba como solucionar a questão, aumentando a insegurança e os temores.

Os desentendimentos se entrelaçam e se multiplicam, cansando e sugando a energia vital das pessoas, predominando os descontentamentos e a falta de confiança, estimulando as animosidades entre os seres humanos que se tornam incapazes de olhar as falhas de seus semelhantes com compreensão. Cada qual acha que está com a razão, errado é sempre o outro.

Trata-se de um fato de transcendental importância na vida humana porque está presente em todos os níveis, desde o relacionamento familiar até o relacionamento comercial ou governamental.

Em todos os setores irrompem conflitos e incompreensões. Países ricos impõem condições draconianas aos mais fracos, que, em sua habitual indisciplina, se viram forçados a interromper a usual apelação de cobrir o *déficit* com a depreciação da moeda, isto é, a inflação lançada sobre toda a população, a desvalorização cambial, enfim, o empobrecimento generalizado do povo.

O desapontamento e a insatisfação com a economia estão em alta em todo o planeta. Essa é uma conclusão que faz parte das *Profecias do Pai Rico*, Ed. Campus. Para os autores, Robert Kiyosaki e Sharon Lechter, "tudo indica que o grande *crash* do mercado de ações se arma no horizonte, mas esse não é o problema. Todos os mercados financeiros sobem e descem. Os ciclos econômicos são parte da vida. Dizer que o mercado de ações cairá é como prever a chegada do inverno. A questão é quais serão as consequências do próximo *crash* e a intensidade da queda (...)" Os autores admitem que o futuro mostrará um abalador nível de pobreza.

Para atender os compromissos externos, os países periféricos se veem obrigados a reter o crescimento econômico, por meio de políticas tributárias e monetárias, mas as populações de baixa renda e sem preparo não param de crescer. O resultado é a explosão das favelas, que surgem da noite para o dia em torno das principais cidades, tornando-se evidente a queda da qualidade humana e de vida. Os economistas do futuro certamente olharão com incompreensão para os elevados encargos de juros impostos a toda a população, principalmente nos países mais atrasados.

Os números da marginalidade e de crimes não param de crescer. O policial passa a ser visto como perigo, quanto maior for a população vivendo na informalidade. Com o crescimento da população excluída e não integrada, a presença do policial passa a ser tida como um tropeço e não como uma bem-vinda segurança e proteção. O policial passa a ser visto como representante das camadas da população que possuem algum patrimônio e da classe rica. Isso poderá se tornar altamente explosivo e corroer de vez a governabilidade, enfraquecendo o Estado e pondo em risco sua continuidade.

O crescimento da miséria e da ignorância embrutece o ser humano, tornando-o violento. O descontrole da natalidade nos ambientes de maior miséria tende a um agravamento da situação. Contudo, o fato real a ser considerado é que os seres humanos, afastando-se de sua essência espiritual e, consequentemente, das Leis da Criação, produzem um mundo áspero e sem coração, onde o egoísmo, a perda da solidariedade e a violência têm um campo fértil para proliferar descontroladamente, acelerando a decadência. Assim, construiu-se um mundo onde a esperança de um futuro melhor está desaparecendo, gerando inconformismo e depressão emocional.

Nos países mais ricos também ocorrem divergências e conflitos. O governo muitas vezes se submete aos interesses dos mais fortes, que se ocultam nos meandros do poder público, em detrimento da população. São tantos os interesses e manipulações que a visão do homem comum se perde na obscuridade de leis e regulamentos que, não raro, colidem em contradições e conflitos que vão finalizar diante de habilidosas interpretações judiciais segundo os interesses dominantes.

Os países pobres também são submetidos à dominação dos artificialismos de capciosas leis e regulamentos. Mesmo com déficit em suas contas externas, são obrigados, pelos acordos, a fazer aberturas irrestritas, enquanto o protecionismo dos países desenvolvidos também está amparado por acordos de comércio e outras parafernálias legais, que asseguram o direito do uso da força sem lhes arranhar a imagem de liberais democratas.

A despeito de tudo, as transformações tinham de se processar. O interesse egoístico prevalecente na atividade empresarial voltada para o lucro converteu-se no instrumento da reorganização social. Contudo, a sociedade humana tem sido moldada de tal forma que ela tende a se desumanizar. Isso não quer dizer que na sociedade aristocrática o interesse egoístico fosse menor, apenas ficava camuflado sob a aparência de humanismo, porém com predominância do materialismo paralisante do espírito.

A partir do momento que se iniciou a prática cruel da escravização humana, tornou-se postulado que um povo, para enriquecer, teria de fazer outros pobres e infelizes. Assim, a miséria expandiu-se pelo planeta, eliminando a possibilidade de melhor entendimento entre os seres humanos.

As concepções humanas atuais foram fôrtemente influenciadas pela sintonização na cobiça e no poder como se fossemos donos do planeta. Então, as consequências decorrentes teriam de atuar de forma fulminantemente devastadora sobre a qualidade de vida, atraindo misérias e sofrimentos pelos quatro cantos da Terra.

Desde a passagem de Jesus pela Terra, 2 mil anos se passaram sem que em todo esse tempo os seres humanos tivessem evoluído interiormente, pelo contrário, tem havido um forte declínio da espécie humana. Uma nova sintonização se torna indispensável. Sonhar com um mundo em constante melhora. Desejar fazer do mundo um lugar melhor, com mais alegria e beleza, apropriado para uma existência humana condigna. Quando o ser humano reconhecer que é uma espécie diferenciada, que além do instinto e do cérebro também é dotado de alma e intuição para agir com nobreza, colocando o raciocínio a serviço de alvos mais elevados para construir uma civilização verdadeiramente humana, teremos alcançado um estágio mais avançado, de real evolução e enobrecimento da vida. Caso contrário, o ser humano se embrutecerá de forma irreversível. Viveremos em um inferno autodestrutivo, com catástrofes naturais, violência e terrorismo.

"*Nem empregador nem empregados têm culpa disso, nem o capital nem a falta, nem a igreja nem o Estado, nem as diferentes nações, mas tão somente a sintonização errada das pessoas, individualmente fez com que tudo chegasse a tanto.*" (*Mensagem do Graal*, dissertação *Pai, perdoai-lhes, pois não sabem o que fazem!*)

Religião e poder econômico

Se olharmos para a perspectiva histórica de 2 mil anos de Cristianismo, dificilmente encontraremos no atual sistema de vida aquela qualidade indispensável ao progresso humano. O mesmo ocorre com os sistemas criados para o atendimento das necessidades fundamentais. Possivelmente encontraremos maior solidariedade humana nos séculos passados, mesmo essa, porém, maculada por perseguições e a promiscuidade da escravidão de prisioneiros de guerras ou de raças consideradas inferiores e pagãs.

Os servos camponeses viviam acorrentados às terras. Com o suor de seu trabalho, sem que pudessem agir em defesa própria, sustentavam o luxo e a luxúria dos salões, onde os detentores de posse do solo dissipavam riquezas com ócio e prazeres. A natureza tudo oferece em sua mesa sempre posta, mas a miséria resulta da ambição daqueles que se colocam à frente da mesa.

Não se pode menosprezar a poderosa movimentação das Cruzadas. Quando já haviam decorrido mais de mil anos do assassinato de Cristo, Roma lançou extemporaneamente a guerra de libertação da Terra Santa.

Segundo Mike Collett-White, jornalista da agência internacional de notícias Reuters, no século XXI o novo campo de batalha entre cristãos e sarracenos surge nas telas através do filme épico *As Cruzadas*, de Ridley Scott, que foi elogiado por grupos muçulmanos pelo simpático retrato de Saladino, o comandante curdo dos exércitos muçulmanos. Por outro lado, Scott foi acusado de ser simpático demais a Saladino e de demonizar os cavaleiros templários, uma poderosa ordem de monges guerreiros. Guy de Lusignan, que com apoio dos templários tornou-se rei de Jerusalém, aparece na clássica figura do supervilão.

O título do filme no original é *Kingdom of Heaven* (Reino do Paraíso). Balian, o herói do filme, interpretado por Orlando Bloom, se empenha como ser humano para melhorar as condições de vida das populações, independentemente de sua origem étnica ou religiosa, como se fosse no reino do Céu.

Cristãos, judeus e mulçumanos conviviam pacificamente em Jerusalém. Mas, em decorrência da arrogância e arbitrariedades dos templários, foi surgindo na Palestina um ambiente insustentável para os cristãos.

Tomado o santo sepulcro pelos sarracenos, liderados pelo sultão Saladino, que estava desgostoso com a prepotência dos Templários em Jerusalém, a Igreja mobilizou os nobres que se sensibilizaram para a retomada, entre eles o rei Filipe Augusto, da França, o príncipe Ricardo Coração de Leão, da Inglaterra, e Frederico Barbarossa, o amado imperador dos germanos, o qual percebia o domínio de Roma, e exercia grande influência na Europa e, por isso mesmo, era mantido afastado do cenário político. Uma nova cruzada seria uma excelente oportunidade para ocupar os soberanos europeus, ampliando o campo de ação do poder eclesiástico. (*Ecos de Eras Longínquas*, Ed. Ordem do Graal na Terra)

A humanidade precisava urgentemente revitalizar-se com a Luz da Verdade, mas o anseio por ela fora sufocado pelos conceitos humanos que justificavam suas atrocidades como sendo agradáveis ao Criador. Camponeses, nobres, sacerdotes e soldados inflamaram-se com a ideia das Cruzadas. Muita energia e muitas vidas foram mobilizadas, mas espiritualmente a humanidade permaneceu estagnada. Após 20 séculos da crucificação de Jesus, a paz entre os seres humanos permanece cada vez mais precária. O fanatismo religioso aumenta. Os aspectos econômicos e a estratégia de poder se tornaram preponderantes para uma humanidade que se apegou prioritariamente ao que é material, relegando a vida espiritual a um conto de fadas.

"Cada uma a seu modo, todas as religiões exaltam a compaixão e a fraternidade universal, a sinceridade e a honestidade, a humildade e a mansidão, valores incontestáveis que ninguém quer ver desaparecer. Ao mesmo tempo, lançamos um rápido olhar para o mundo e vemos católicos contra protestantes na Irlanda do Norte, cristãos contra mulçumanos nos Bálcãs, mulçumanos contra hindus na Índia, hindus contra budistas no Sri Lanka, suicídios religiosos coletivos na África e nos Estados Unidos, terrorismos de seitas religiosas no Japão, embates entre Igrejas e seitas por todo lado. O universo da religião foi sempre complexo, contraditório e conflitivo." (*O Livro das Religiões*, de Jostein Gaarder e outros, Companhia das Letras). Diante dos relatos desse livro, não fica difícil concluir que os homens das religiões estiveram distantes das Leis da Criação, e, exatamente por isso, não lograram alcançar a paz ditada pela verdadeira boa vontade de seguir as Leis do Criador.

A história assinala que durante longos períodos o poder religioso e o poder público se mantiveram emparelhados. A massa de oprimidos aprendia que a riqueza era má e perigosa, e que o reino dos Céus pertencia preferencialmente aos pobres e sofredores, sendo mais difícil ser alcançado pelos ricos. Mas a história é dinâmica e se desenvolve em sequência lógica; a lógica simples de que cada um colhe o que semeia. Com o passar do tempo, o poder econômico foi ganhando corpo. A história não para, e muitos fatos foram produzindo as necessárias mudanças e consequências negativas para que, um dia, os seres humanos espiritualmente ativos se tornassem conscientes da realidade por meio do sofrimento.

Atualmente, o poder público dispõe de pequena margem de atuação, atado ao peso das dívidas públicas. Fluxos financeiros e de mercadorias escapam ao controle governamental, onde jamais deveriam ter permanecido, porque o poder econômico, associado ao poder público, é altamente corrompedor. O poder público é para zelar pelo patrimônio ambiental, pelo bom relacionamento entre os povos, inclusive no equilíbrio comercial entre as nações, e pela possibilidade de uma existência humana condigna, segundo as Leis da Criação. Agora, são as empresas globalizadas que decidem o que produzir e onde, bem como para onde serão direcionados os fluxos financeiros. O poder público pouco pode fazer. Sujeita-se ou se arrebenta.

Mas o poder econômico ainda não assumiu sua responsabilidade humana, acumulando poder e riqueza sem atentar para o crescimento da miséria, enquanto as elites permanecem discutindo teorias antagônicas em busca de poder. Ademais, as grandes empresas privadas contam com a assessoria dos melhores cérebros, enquanto no poder público ficam principalmente os que não têm para onde ir e os oportunistas, porque os homens de caráter se afastam das manobras maquiavélicas para conquista, ampliação e conservação de riqueza e poder.

A humanidade indolente sofre agora as consequências dessa situação decorrente da desordem financeira, sem perspectivas de um crescimento econômico sustentável que combata a miséria humana que se esparrama pelo mundo.

Religião, economia e poder sempre estiveram intimamente ligados, interagindo simultaneamente uns sobre os outros, sempre na busca da melhor adequação que os satisfizesse mutuamente. Contudo, somente uma elevadíssima doutrina, verdadeira e objetiva, poderá propiciar um sistema econômico, ético e moralmente elevado, apto, portanto, a propiciar a real evolução da humanidade. E ela somente poderá surgir quando os seres humanos estiverem sintonizados nisso.

A riqueza criada pelos seres humanos, embora propicie enorme poder terreno, é virtual e não tem contribuído para o aumento da paz e felicidade. As verdadeiras riquezas não têm preço; são aquelas condições que propiciam a existência da vida no planeta, porém pouco respeitadas em função da obtenção de lucros instantâneos. O ano 2000, tão simbólico nas expectativas humanas, deveria ter sido o marco inicial de um período de iluminação e sabedoria por meio do pleno reconhecimento e utilização das Leis da Criação, mas, ao contrário disso, revelou-se uma grande desilusão, predominando as trevas da ignorância e da ridícula mania de grandeza do ser humano. É como se a sociedade humana fosse se despedaçando sem que houvesse uma séria preocupação com o problema, investigando as causas, buscando soluções duradouras.

Enquanto isso, viver na Terra torna-se cada vez mais difícil. No século XX, sofremos duas guerras mundiais. O trágico Holocausto durante a Segunda Guerra atingiu toda a humanidade de forma infindável e cruel. A situação se agravou em todos os sentidos. A explosão populacional ofereceu um efeito duplamente negativo, uma vez que pressionou os delicados mecanismos do equilíbrio ambiental, provocando a destruição das espécies vegetais e das criaturas do mundo animal, terrestres e aquáticos. As cidades se deterioram a cada dia. A poluição ameaça reduzir as reservas de água potável. Um grande perigo decorre do despreparo dessa superpopulação, cuja qualidade humana tende a regredir e, não encontrando meios de sobrevivência, se revolta, resvalando para a marginalidade. A criminalidade e o terrorismo assolam o mundo, estendendo seus tentáculos em todas as direções. O sofrimento e as tragédias se avolumam em todos os países, agravados pelas catástrofes naturais, que atuam como advertência para despertar os humanos.

Embora o Cristianismo conte com mais de 2 bilhões de adeptos, atualmente o poder se acha nas mãos dos homens que administram as finanças e as empresas que, nos últimos 500 anos, foram assumindo o comando de tudo. Com isso, a religião acabou sendo inserida no mercado, e a fé se transformou em produto de consumo. Assim, tudo é meticulosamente cuidado para que nada perturbe a materialista rotina mercantil. Nascer, crescer, trabalhar e consumir, e depois morrer, como se a vida não tivesse nenhum significado mais elevado. A mídia eletrônica é determinante para o conteúdo que as indolentes criaturas humanas devem receber. Qualquer lampejo da verdade é logo abafado para não perturbar a aparente tranquilidade dos negócios. Os seres humanos se deixaram transformar em objetos. Os homens das empresas não agiram diferentemente dos homens das religiões, desviando-se ambos de sua real finalidade de construir um mundo de paz, harmonia e progresso real, com preservação da natureza, como é o dever do ser humano.

Com a chegada do grande Juízo Universal, todos terão de se transformar para subsistir perante as Leis da Criação. Transformar-se é dar ao espírito seu devido lugar, para que a humanidade possa ser constituída de legítimos seres humanos e não de seres incompletos, com o raciocínio impedindo a manifestação da vontade espiritual.

Conduzidas por seres humanos espiritualmente desenvolvidos, finalmente as empresas deverão assumir seu papel na sociedade humana, respondendo pelo futuro e contribuindo decisivamente para o verdadeiro progresso, espiritual e material.

Está gravado na Grande Pirâmide do Egito, por meio de medida especial que indica datas no percurso dos corredores, que, nas proximidades do ano 2000, as passagens se estreitariam, tornando-se apertadas, escuras, não se podendo caminhar em pé, representando os seres humanos curvados ante a pressão de seu falhar, caminhando a esmo para um beco sem saída, onde o sarcófago vazio os esperaria como ponto final de sua decadente trajetória espiritual.

Moira Timms apresenta um gráfico com os dados relativos aos cálculos das datas no interior da pirâmide, indicando que a última data que se pode inferir situa-se no ano 2001, no mês de setembro. (*Predições e Profecias*, Ed. Pensamento, do original *The Six O'clock Bus*, Inglaterra, 1979)

Há, sobre isso, muita incerteza entre os pesquisadores, mas o fato a ser destacado é que a data não assinala o fim de tudo. Muito provavelmente, a demarcação pode significar o fim do tempo em que poderiam ser modificadas as consequências mais graves decorrentes do procedimento dos seres humanos. Então, a partir daí, a reciprocidade passa a atuar severamente, trazendo os pesados retornos produzidos pelas ações humanas. Não se trata do fim de tudo, mas do tempo em que a má colheita inevitavelmente oferece aos seres humanos os amargos frutos semeados e o consequente recomeço amparado nas Leis da Criação.

Mesmo a tão evidente advertência gravada na pedra tem sido sistematicamente deturpada por falsas interpretações, que desviam a atenção daquilo que é essencial, para que os seres humanos permaneçam distanciados da Verdade.

Coincidência ou não, o fato é que os atentados de 11 de setembro de 2001 ao World Trade Center e ao Pentágono, nos Estados Unidos, deram início a um novo capítulo da história da convivência humana sobre o planeta Terra. São evidentes os temores quanto aos rumos da situação da paz mundial, ameaçada principalmente no caldeirão onde se misturam interesses econômicos, intolerância religiosa e fanatismos.

Assim se passaram mais de 2 mil anos sem que os seres humanos tivessem permitido a penetração da Luz da Verdade em seus corações. Se grandes feitos foram realizados, muitos outros teriam surgido em paz e harmonia. Conforme escreveu Abdruschin, na *Mensagem do Graal*, vol. 2:

"*A sagrada missão do Filho de Deus foi sua palavra, foi trazer a Verdade das alturas luminosas, a fim de assim mostrar à humanidade seu caminho para a Luz, que até então esteve vedado, porque seu estado espiritual, em seu desenvolvimento, não possibilitava seguir anteriormente aquele caminho.*"

"*Os sofrimentos infligidos pela humanidade a esse grande portador da Verdade ficam completamente à parte.*"

"*Mas aquilo que nos discípulos era evidente e natural resultou na religião posterior em muitos e grandes erros. A objetividade da mensagem de Deus ficou longe, em segundo plano, diante do culto pessoal ao portador da Verdade, o que Cristo jamais quis.*"

"Por tal motivo, patenteiam-se as falhas do Cristianismo, que levam o perigo de um descalabro, se os erros não forem corajosamente confessados com franqueza."

"Para trazer essa até aí desconhecida verdade, unicamente, tornou-se necessária a vinda de Cristo à Terra. Nada mais. Pois sem reconhecer corretamente a vontade de Deus na Criação, ser humano algum consegue encontrar o caminho para a escalada ao reino luminoso, muito menos ainda segui-lo."

Bilhões de almas sobrecarregadas com pesado carma transformaram a vida em um vale de lágrimas. Agora, no remate final, as ações de retorno trazem principalmente dor e desespero por meio da mais severa e sagrada justiça divina.

No mundo da Luz há alegria, cores, sons e beleza, em maravilhosa harmonia. Mas na Terra, que deveria ser uma cópia erigida pelos seres humanos, formou-se o oposto: a escuridão da mentira; o inconsciente temor das consequências do errado viver; a tristeza da falta de autenticidade e convicção. Tudo é falso e ilusório. Os seres humanos perderam sua individualidade, agindo "bovinamente" como manada. Ainda é reduzido o número daqueles que levantam a cabeça desenvolvendo a arrojada ousadia de buscar a Luz da Verdade e reconectarem-se consigo mesmos.

Antes atuavam as algemas dogmáticas da coerção e do medo dos castigos, e também a indolência, a falta de vontade. Agora, a indolência espiritual e a alienação da vida real permanecem algemando os seres humanos, que espontaneamente se submetem a uma forma de viver comandada pelos imediatistas interesses indiferentes à real evolução.

A doutrina de Cristo foi doada para se constituir na filosofia de vida tendente à evolução espiritual do ser humano. Mas foi usada para instituir uma organização terrena e para acobertamento de extremismos religiosos e conflitos doutrinários na luta pelo poder e acúmulo de riqueza.

Em meio a tantos erros erigidos como filosofia de vida, o ser humano provocou o embrutecimento da vida, tornando-se insensível, perdendo o caminho para o reconhecimento da Luz da Verdade, que, arrancando do caos com o saber, conduz para jubilosas atividades e efetiva evolução espiritual.

Lutero, um homem de coragem

Lutero teria sido, em nossos dias, tão ousado para propor mudanças como foi no século XV? Ele estava enfrentando a mais poderosa força unificadora da cultura ocidental, fato nem sempre lembrado pela história. Se Lutero deu início a uma concepção sobre o modo de viver, mais adequada para os seres humanos, não podemos deixar de constatar que evoluímos pouco nesses últimos cinco séculos. Pode-se dizer que atualmente a situação geral da vida humana sobre o planeta está mais precária ainda. Tudo converge para o fortalecimento do materialismo e consumismo, e esvaziamento da vida espiritual.

Contudo, Lutero promoveu uma ruptura no até então hegemônico Cristianismo de Roma, dando ensejo ao surgimento de uma nova corrente de religiões protestantes, abrindo a possibilidade de uma abertura para a interpretação da Bíblia, o que, até então, fora prerrogativa exclusiva da Igreja Católica.

Além de sua coragem, Lutero demonstrou ser dotado de profundo respeito e veneração pelo Criador Todo-Poderoso: "Pois que a Ti pertencem o reino, a força e a magnificência por toda a eternidade", a jubilosa confissão por ele introduzida na oração (*Mensagem do Graal*, dissertação *O Pai Nosso*). Isso, porém, não bastou para impedir que surgissem incoerências contrárias à perfeição da Vontade Divina que se expressa nas Leis da Criação.

Se, de um lado, condenava as inauditas indulgências oferecidas aos crédulos indolentes, de outro admitia o sacrifício de Jesus como sendo a salvação, bastando ter fé, mesmo sem ter penetrado no âmago do fundamento espiritualista, ou, se o fez, seus estudos acabaram sendo perdidos por seus seguidores. Para desempenhar sua missão de trazer a Luz da Verdade para os espíritos humanos, Jesus teve de se sujeitar a todas as leis naturais da Criação, fato desprezado pelas conceituações dogmáticas.

Por várias vezes repetiu Jesus: "O que o ser humano semeia, terá de colher". Referia-se ao trigo e às ervas daninhas de modo simbólico, em comparação com o comportamento humano. Não basta aceitar Jesus; é indispensável conhecer o real significado de seus ensinamentos e colocá-los em prática. Não se pode simplesmente lançar sobre Jesus nossas culpas, pois o sofrimento a Ele infligido foi arbitrário e injusto. Suas feridas não curaram os pecados humanos. Cada um deverá se esforçar para lavar suas vestes sujas e remir o fardo escuro com que se sobrecarregou.

O núcleo sublime da Verdade Divina foi envolvido pelas estreitezas terrenas; a forma externa foi mantida, porém todo o fulgor da lógica natural e simples sucumbiu diante da ânsia pelo poder e vantagens terrenas. "Somente quem reconhece e sente intuitivamente o mundo espiritual como existindo de fato e atuando de modo vivo consegue encontrar a chave para a compreensão da Bíblia, o que unicamente é capaz de tornar viva a palavra. Para todos os outros, ela permanecerá sempre um livro fechado a sete selos." (*Mensagem do Graal*, vol.2)

Independentemente da religião a que os seres humanos pratiquem ou dos livros que leem, nenhuma falta praticada ficará sem reparação, devendo as consequências seguir pelos caminhos prescritos pelas Leis da Criação. Em nossos dias, uma grande turbulência perpassa o mundo, seja nos governos, no trabalho, nas famílias e também nas religiões.

Trata-se de uma grande fermentação que agita tudo, impulsionando a colheita daquilo que foi semeado. É o fenômeno da transformação universal tantas vezes anunciado, mas que raramente foi examinado com seriedade pelos seres humanos. É diferente do que se pensava, ele vai avançando com naturalidade, progressivamente as coisas vão emperrando, aumentando as dificuldades e confusões.

A grande questão que preocupa os seres humanos é a salvação de sua alma, o espírito. Contudo, a concepção materialista dominante resultou de uma humanidade que se distanciou progressivamente do espiritual; então as noções de salvação, perderam sua abrangência, assim como a finalidade de sua vida terrena de buscar a compreensão da fala do Senhor.

A Criação inteira transmite a fala do Senhor por meio das leis naturais e, em seu reconhecimento e utilização, reside a meta de viver beneficamente sem ocasionar danos e estorvos, mesmo involuntariamente. E, nesse sentido, a *Mensagem do Graal*, de Abdruschin, é um guia fiel para todos os seres humanos que buscam com sinceridade.

Resistir com coragem

Em sua existência terrena, o ser humano deve ser forte e buscar com tenacidade a realização de suas metas, pois a natureza coloca à nossa disposição tudo de que necessitamos para uma sobrevivência condigna. Devemos, porém, tomar cuidado para não prejudicarmos o próximo ao satisfazer nossos desejos.

No aterrorizante filme *Mar Aberto* (*Open Water*), dirigido por Chris Kentis, os personagens interpretados por Blanchard Ryan e Daniel Travis foram esquecidos em alto-mar, após um passeio. Deixando-se dominar pelo pânico, facilmente desistem de permanecer vivos no aguardo do socorro que viria, entregando-se sem oferecer maior resistência. O público abandonou o cinema com indignação pelo procedimento antinatural, pois tudo que é antinatural vem a ser uma revolta contra as leis naturais, isto é, Divinas.

Por mais aflitivas que sejam as condições, nós temos de ser lutadores até o último momento, sem perder o equilíbrio emocional, pois viver é lutar permanecendo atento e vigilante, para que possamos preencher a finalidade de alcançar o caminho da evolução por meio da existência em um corpo terreno. Contudo, a mente humana desconectada da intuição é facilmente influenciável. Atualmente, predominam as mensagens caóticas e derrotistas, procedentes do mundo das trevas, que levam os seres humanos a acreditar que a vida é ruim mesmo e que a morte é o alívio por meio do qual tudo se acaba.

Essa ideia é falsa. É dever dos seres humanos lutar por uma atuação mais elevada em sua existência terrena. Se a vida está áspera, a culpa cabe aos próprios seres humanos que não quiseram espiritualizá-la e transformaram-na com frieza numa arena violenta. Temos de estar vivos e ativos na Criação para não sermos como sombras mortas sem perseverança, sem visão da vida. No livro *Arte de Comandar*, o professor Francesco Alberoni mostra com muita propriedade a sedução para a desistência de lutar, para pôr fim à tensão. Tomando como exemplo um curta-metragem de Akira Kurosawa, o professor descreve a importância e a necessidade da resistência com base na esperança: "Alguns soldados são colhidos pela tempestade. Um grande cansaço se apossa deles, uma necessidade irresistível de abandonar-se, de adormecer. Kurosawa representa a tormenta como uma mulher lindíssima, que toma cada soldado nos braços, envolve-o em véus quentes, embala-o em seu seio e o faz adormecer. E o sono significa a morte. Mas eles resistem, encolhem-se juntos, aquecem-se mutuamente e, pela manhã, quando a tempestade acaba e o sol aparece, percebem que o acampamento está ali ao lado a poucas centenas de metros".

Quando algo nos aflige, não podemos deixar que o pânico e o desespero tomem conta de nosso ser, mas sim devemos manter o ambiente iluminado, livre da influência dos pensamentos e sentimentos negativos. Temos de examinar a situação com serenidade, evitando ficar cismando com pensamentos obsessivos, para que a intuição possa se elevar e receber Forças da Luz e o auxílio para a solução. Acresce que estamos vivendo sob a irradiação do Juízo Universal, o que torna tudo mais difícil, porque de todos os lados predominam pensamentos e sentimentos negativos que nos sobrecarregam, roubando a paz interior. Temos de estar preparados para resistir aos vendavais purificadores que se aproximam vigorosamente; porém devemos ficar atentos para não sermos arrastados pelas correntezas que carregam ódio e insatisfação.

Devemos sempre ser lutadores, seguindo a lei do movimento, para atingirmos nossas metas e nossos ideais, buscando sempre novas soluções, desde que não provoquemos sofrimentos ao próximo, fugindo da inconstância, da hesitação e da indolência. Assim, a vida tem se tornado cada vez mais vazia, sem sentido, porque o ser humano desconhece seu significado. Desistiu de procurar, porque na busca fortaleceria sua personalidade individual, mas isso não era do agrado dos manipuladores das massas, que sempre agem em benefício próprio. Necessitamos de paz e serenidade para manter o equilíbrio emocional. Temos de ser fortes para resistir e suportar os embates da reciprocidade e sábios para encontrar as soluções, escapando do medo que se espalha pelo mundo, medo do futuro incerto que nos aguarda, como resultado das ações humanas distanciadas das Leis da Criação. Muitos seres humanos só não conseguem reconhecer a atuação das Leis Divinas na Criação por causa de sua superficialidade e indolência.

Para Abdruschin, no livro *Respostas a Perguntas,* "tais seres humanos comem bebem, pensando apenas na obtenção de vantagens terrenas, mas em nenhum momento perguntam de onde se origina a bela Criação à qual pertencem e como ela se mantém. Tomam e usufruem, sem querer investigar a respeito do doador".

Tudo na vida tem solução, desde que saibamos caminhar favoravelmente no sentido das Leis da Criação. Agir contra elas, por teimosia ou ignorância, dá no mesmo, em um inevitável escorregão que pode nos derrubar em um buraco fundo, sem Luz nem alegria. Por isso mesmo devemos buscar pelo reconhecimento do caminho que eleva, já uma vez mostrado por Jesus e que acabou sendo perdido pela humanidade.

"Não houve até agora ser humano algum que pudesse descrever de tal forma a Criação, conforme é necessário conhecê-la para a escalada. Não houve ninguém que pudesse indicar de modo visível e nítido o caminho para o Supremo Templo do Graal, para o ponto mais alto da Criação, para onde a mensagem de Jesus já apontou uma vez. O caminho para aquele templo que se encontra no reino do espírito, como o templo do Altíssimo, onde só existe o puro culto a Deus. Não imaginado apenas figuradamente, mas existindo em toda a realidade". (*Mensagem do Graal,* vol.2, *O que tem o ser humano de fazer para poder entrar no reino de Deus?*)

Longevidade e morte prematura

"Se não levares a morte a sério,
A vida te pesará em sua seriedade.
Se viveres com o pensamento na morte,
A vida não te atingirá.
Se caminhares pela vida,
Não olvidando a morte nem o depois,
A vida passará sem que lhe sintas as agruras."
(*Lao-Tsé*, Ed. Ordem do Graal na Terra)

"Ninguém morre na véspera." Cada um tem sua hora. Os seres humanos que tiveram a permissão de passar algum tempo na Terra não percebem que essas palavras induzem a um erro. É certo que temos um tempo determinado para abandonar o corpo perecível, mas, pela falta de cuidados e vigilância, poderemos encurtá-lo e muito. A vida é uma trajetória, um percurso, temos de dirigi-la para a frente e para o alto, o que passou, passou, poderia ter sido melhor, poderíamos ter agido de outra forma, mas passou, o que importa é a meta.

São muitas as maneiras que os seres humanos empregam para encurtar a permanência no corpo terreno. Em vez de cuidarem adequadamente do precioso corpo, dão a ele maus-tratos de diversas maneiras.

O corpo é o mais precioso bem que possuímos. Devemos tratá-lo com todo o cuidado, buscando alimentação sadia, repouso, movimentação e atividades construtivas, mediante a utilização da intuição e do raciocínio de forma equilibrada. Segundo Abdruschin, com o fortalecimento unilateral do cérebro, que em sua conduta errada está sempre buscando o autoendeusamento, muitas faculdades do corpo são oprimidas, faculdades essas que, de outro modo, teriam evoluído para grande proveito do ser humano; outras, por sua vez, somente podem desenvolver-se fracamente, enquanto, em geral, surgem também muitas doenças, das quais a humanidade, do contrário, teria sido poupada. Tudo isso resulta em uma constante e considerável abreviação da vida terrena.

O cérebro é um elemento do corpo terreno, enquanto o sentimento intuitivo pertence à alma. O cérebro como parte do corpo é perecível, ao contrário da intuição, que faz parte da alma.

Mas o ser humano abandona a naturalidade e encurta sua vida entregando-se a vícios e paixões, fumando, excedendo-se no uso de bebidas e outros hábitos nocivos que não correspondem às necessidades sadias do corpo.

A vida humana deveria durar, no mínimo, cem anos, mas quando alguém consegue chegar a essa idade é tido como uma exceção. A grande maioria vive constantemente com receio do inevitável, pois o espírito pressente que a vida não está sendo adequadamente aproveitada para seu amadurecimento e progresso, para o reconhecimento do verdadeiro significado da vida e do automático funcionamento das Leis da Criação. Quando o ser humano se ajustar ao seu papel na Criação, mantendo o equilíbrio entre a intuição e o raciocínio, muitas doenças desaparecerão completamente e a vida atingirá uma duração surpreendente.

A vida é uma escola. É uma oportunidade fantástica para a alma poder conviver em um ambiente onde se reúnem as espécies boas e más e disso extrair o aprendizado mediante o uso da livre escolha, estabelecendo uma vida terrena com trabalho sereno e alegrando-se com as belezas da Criação, sempre visando à evolução espiritual. Então, o viver será como uma festa de aprendizado e alegria, basta olhar para as maravilhas da natureza para perceber isso.

Mas, nessa fase tumultuada que o mundo vive, muito facilmente as pessoas estão se deixando vencer pelo desânimo e pelo cansaço, sem conseguir encontrar um caminho que conduza para a natural alegria de viver, tornando-se massa manobrável.

A morte terrena é um acontecimento natural. É o momento em que a alma retorna para o além, onde deverá prosseguir sua jornada, onde suas obras a aguardam, isto é, tudo aquilo que produziu na matéria fina por meio de seus sentimentos, pensamentos e ações; à sua espera estarão o bom e o mal que ela mesma produziu. De tudo isso alguns povos antigos tinham exata noção e tudo se processava de modo natural.

Atualmente, com o afastamento do verdadeiro saber, há muita incompreensão e tudo é envolvido por muita morbidez, sendo o medo da morte aproveitado como meio de manter as massas assustadas e anestesiadas, e assim facilmente manipuláveis, sem pensar na finalidade elevada da vida. Para não ficarmos presos aos temores, dispomos dos ensinamentos dados por Roselis von Sass em seus livros: "Sem terminar, realiza-se o mistério da vida e da morte. O mistério da transformação e do renascimento... Quem durante a vida se lembra da morte, também viverá de tal modo que não precisará temê-la...".

Afinal, o que é a vida? Qual sua finalidade? Isso se tornou o grande mistério para os seres humanos, assim como o significado do Santo Graal na Criação. Isso porque, afastando-se do espiritual, a humanidade afastou-se da singeleza da verdade e, para suprir as lacunas, criou o saber dogmático, que dispensa a lógica e a análise, de modo a agradar aos espiritualmente indolentes. Hoje vive uma realidade fictícia de aparências, criada por ela mesma, distante da realidade real da qual se afastou.

O ser humano deve despertar das ilusões para se tornar efetivamente humano; precisa se tornar um ser humano de espírito, pois só o espírito dá a condição de ser humano, a espécie espiritual que foi colocada acima de todas as criaturas que habitam o planeta e que, com sua bondade e sabedoria, deveria beneficiar a Criação, para a alegria própria e de todos que o rodeiam, pois foi capacitada para influir decisivamente, podendo beneficiar ou causar a destruição. Ser ou não ser, eis a questão. Ligar-se ao verdadeiro ser, ao eu interior, deixar sua alma atuar, eis o que é prioridade para cada um, sonhando com uma visão positiva do futuro para torná-la realidade.

A vida é para ser amada. Viver é bom. Temos de agarrar a vida com firmeza, com dedicação, sem temores, aproveitando bem nosso tempo, pois cada dia que passa não volta mais. Existem, porém, muitos estímulos para que o indivíduo despreze a própria vida, como é o caso da antiga canção brasileira "Ninguém me ama", cujos versos dizem: "E hoje, descrente de tudo, me resta o cansaço, cansaço da vida, velhice chegando e eu chegando ao fim". Isso não é só baixo astral, é veneno paralisante para a mente e para o corpo. Não importa a idade, temos de conservar a saúde e atuar construtivamente todos os dias de nossa vida, dedicando todo o esmero para tudo o que tivermos de fazer, assim estaremos gerando formas positivas de pensamentos, o que impede a chegada da depressão que o cérebro atrai com o desânimo.

Cada dia é um novo dia, uma nova força, uma nova coragem e disposição. Uma nova dedicação para que o dia seja bem aproveitado com atividades úteis e benéficas, que favoreçam a conquista da maturidade espiritual. Quem não faz isso joga fora seu tempo.

Quando o ser humano tem sua existência abreviada, isso se reflete em sua alma, que, com a morte prematura, chega ao além como uma fruta que cai da árvore antes de amadurecer, precisando, por isso, de amadurecimento posterior.

"Onde está o ser humano que saiba em quantos anos, muitas vezes, é abreviada, por qualquer hábito tolo e aparentemente inocente, uma existência terrena, sem falar das paixões desenfreadas ou dos excessos de ambição desportiva?" O questionamento é feito por Abdruschin no livro *Respostas a Perguntas*. Prosseguindo, o autor conclui:

"Provavelmente é a metade dos seres humanos terrenos 'civilizados' de hoje, cujas almas, graças a todos esses usos e abusos, terão de abandonar o corpo terreno demasiado cedo para o chamado além, não tendo podido, por isso, cumprir o tempo de sua peregrinação terrena, se é que pensaram realmente em um cumprimento e em um objetivo mais elevado da existência terrena no sentido certo."

Estamos vivendo no século XXI. A trajetória ascendente foi interrompida lá atrás, por causa da interferência dos humanos, que se ataram ao raciocínio proveniente da materialidade, deixando de lado a voz do espírito, que foi perdendo forças até emudecer por completo. Enquanto os seres humanos ouviam-na, seu desenvolvimento se processava de forma harmônica e eles iam, aos poucos, assimilando o significado da vida e o funcionamento das leis naturais da Criação.

Após terem conquistado o saber sobre os enteais e seus guias, deveriam ter prosseguido ascendendo em sua sabedoria, para chegar ao reconhecimento do Criador, o Deus único.

Mas, afundando em sua restrição intelectiva, acabaram perdendo até o degrau que já haviam conquistado.

"Se o desenvolvimento tivesse prosseguido mais, a humanidade em amadurecimento, na transição dos antigos deuses, provenientes do enteal, não teria logo imaginado esse Deus uno como invisível, mas sim primeiro poderia ter visto, novamente de modo pressentido, os primordialmente criados espirituais, cuja sede é o templo do Graal, como o supremo templo do espiritual, e que se encontram acima dos guias de todos os elementos denominados deuses. E, por sua vez, teriam considerado de início esses como deuses, até que então se tornassem em si de tal modo que pudessem não somente ver de modo pressentido os primordialmente criados, as verdadeiras imagens de Deus, mas ouvir espiritualmente, por meio de mediadores. Desses teria recebido a notícia da existência do Eterno Deus Único, fora da Criação" (*Mensagem do Graal*, vol.2, *Deuses, Olimpo, Valhala*).

Em seus descaminhos a humanidade afundou tanto que surgiu a necessidade de ser encarnado um forte enviado de Deus, Jesus, para conceder auxiliadoramente uma mensagem proveniente do Divinal para esclarecimento da humanidade ainda não amadurecida, a fim de que os que buscam pudessem, em sua imaturidade, sustentar-se nela provisoriamente, pelo menos na crença.

Conforme escreveu Abdruschin, Cristo não pôde sequer dizer tudo quanto queria ter dito. Por isso não falou de muitas coisas, como das reencarnações terrenas e outros assuntos. Encontrava-se frente a uma imaturidade espiritual muito grande para tais coisas. E, tristemente, ele próprio disse a seus discípulos: "Ainda teria muitas coisas a dizer-vos, mas não compreenderíeis!".

Mesmo as palavras ditas com toda a clareza não foram compreendidas corretamente, como, por exemplo, o fundamental anúncio, para todos aqueles que se esforçavam para compreender Seus ensinamentos, sobre a vinda do Filho do Homem, o qual traria um amplo descortinar da Criação e suas leis, desde que permanecessem atentos e vigilantes, aguardando a chegada.

Muitas vezes Jesus advertia sob a forma de parábolas, como a das virgens tolas, que não perceberam a chegada do noivo por estarem distraídas com futilidades, sem manterem a necessária vigilância.

Descuidadamente, muitos seres humanos se apegaram a tradições errôneas. Por isso mesmo, segundo Abdruschin, na *Mensagem do Graal*, eles não poderão concluir a escalada até obter o esclarecimento que ficou reservado ao Filho do Homem, porque o limitado espírito humano, por si, não consegue se livrar do cipoal que envolve agora espessamente a Verdade.

Religião e Democracia

O regime democrático foi o máximo que os seres humanos conseguiram alcançar. É cheio de defeitos. Permite que o dinheiro público não seja administrado adequadamente, quando não desviado para fins inconfessáveis. A esfera do poder se acha altamente contaminada pelo poder do dinheiro e muita coisa não caminha como deveria, no sentido do engrandecimento do ser humano por meio da educação e da cultura. Contudo, não fosse o regime democrático, dificilmente as pessoas poderiam expressar suas ideias livremente, o que significaria uma situação muito pior, possibilitando a prevalência apenas da lei dos mais fortes e poderosos.

A liberdade há que ser levada muito a sério, pois atualmente prevalece um sentido de liberdade sem a correspondente responsabilidade, e somente esta pode dar legitimidade à liberdade de decidir, inerente ao espírito humano.

É muito importante, também, que os indivíduos não sejam obrigados a se filiar a uma determinada religião, reconhecendo nela defeitos humanos, ou então ficarem subordinados a um regime totalitário que renegue a existência de Deus, suprimindo do ser humano a sagrada liberdade de crença no Altíssimo Senhor de Todos os Mundos. A esse respeito, há uma grande lacuna que se amplia com o passar do tempo. A sabedoria dos povos antigos decorria de sua ligação com a natureza e o conhecimento de seus entes construtores e conservadores. Gregos, romanos e germanos tinham plena consciência da existência e finalidade dos enteais. Mas, para a humanidade de hoje, restaram apenas lendas e fantasias mitológicas que deturpam o significado dos grandes e pequenos enteais. O Senhor do Sol existe realmente, os gregos o chamavam de Apolo, embora não seja nenhum deus, mas sim um servo do Todo-Poderoso Criador.

A religião deveria amparar-se no conhecimento das Leis da Criação que expressam a Vontade do Criador. A palavra "vontade" precisa ser entendida de forma muito mais ampla, porque, sendo a vontade perfeita do Criador, as leis que promovem o desenvolvimento dos mundos e sua conservação são rigorosamente lógicas e imutáveis.

Conforme escreveu Abdruschin, na *Mensagem do Graal*, dissertação *Reconhecimento de Deus*, vol.3: "Somente nas próprias Leis da Criação, outorgadas por Deus, pode o espírito humano chegar ao reconhecimento de Deus. E ele precisa impreterivelmente desse reconhecimento para sua ascensão. Só nisso obterá aquele apoio, que lhe permite trilhar inabalavelmente o caminho prescrito e útil a ele para o aperfeiçoamento. Não diferentemente".

Mas como poderíamos pensar em aprimorar o ser humano e sua forma de governo, colocando-o na direção do reconhecimento das Leis da Criação? Estudando a Criação, começando pela natureza. Newton descobriu a lei da gravidade observando a queda de uma maçã. Ou seja, observando um fato natural, ele vislumbrou uma das Leis da Criação, cuja atuação é uniforme no Cosmos. A matéria flutua em conformidade com seu peso específico, dentro de seu campo gravitacional. Mas o conhecimento da lei de Newton ficou restrito ao mundo material, quando na verdade a atuação da gravidade vai muito além. A leveza se eleva até seu limite. O pesadume afunda na escuridão do reino das trevas.

Hoje, o falhar está em toda a parte. Para onde quer que se olhe, há um quadro da mais desoladora confusão e de muita miséria. Acrescente-se ainda a tudo isso as inúmeras cisões, o sempre crescente ódio mútuo. Para a cabal compreensão das Leis da Criação, faz-se mister uma nova humanidade com a correta sintonização. O saber dos antigos foi renegado e taxado de falso e pagão. Mas os povos antigos viviam estreitamente ligados à natureza e aos seus entes, conhecendo a naturalidade da vida. Muitos chegaram inclusive a ter conhecimento de que, periodicamente, a força renovadora do Criador flui, por meio do Santo Graal, no ápice da Criação, irradiando energia restauradora para tudo que foi criado.

Uma nova humanidade deverá tomar por base a educação, desde a mais tenra idade, possibilitando que as crianças se integrem no mundo da natureza do qual fazem parte, reconhecendo a milagrosa beleza das águas, matas, flores e montanhas, com seus habitantes do mundo animal, que atuam na pureza do instinto irracional, contemplando a grandeza do Sol e demais astros que giram uniformemente em suas órbitas. A criança que adquire a consciência da grandeza do mundo em que vive fica a um passo de reconhecimentos superiores, do reconhecimento do Altíssimo e de suas leis vivas, o que a aproximará do ideal de perfeição, e somente seres humanos que buscarem o aprimoramento pessoal poderão desenvolver uma verdadeira democracia, voltada para o bem-estar geral, sem os corrompidos vícios do poder e dogmatismos que, visando à conservação do poder e domínio, instabilizam as relações humanas, comprimindo tudo no teto baixo das mesquinhas vaidades e das incompreensões místicas. Vivemos em um mundo construído com mentiras e ilusões onde tudo é falso e enganador, provocando decepções e frustrações naqueles que refletem sobre a vida.

O caos avança sobre a Terra, mas tudo indica que já está em gestação a legítima democracia, na qual as criaturas humanas poderão desfrutar de amplas liberdades e consequentes responsabilidades, podendo atingir o ápice de sua essência espiritual e de suas capacitações individuais, utilizando-as para o bem geral, sem se perder nas trevas da ignorância e no agir em oposição à energia criadora de Deus.

Somente o profundo conhecimento das Leis da Criação e sua correta utilização propiciarão o surgimento de seres verdadeiramente humanos, aptos a construírem na Terra, em gratidão ao Todo-Poderoso, um maravilhoso jardim de paz e harmonia para evoluírem e alcançarem a suprema felicidade de existir conscientemente, que aproveitarão seu tempo terreno para evoluírem sem se sobrecarregar com uma reciprocidade negativa e pesada, mas sim uma que os eleve continuamente às regiões luminosas. Então a própria democracia evoluirá para um sistema em que os estatutos humanos tenderão à perfeição, por se assentarem sobre a solidez das leis vivas da Criação que regem os Universos, e serão acatados e respeitados porque contribuirão para a paz e a harmonia entre os povos, respeitando as condições que asseguram a vida de todas as espécies, possibilitando uma existência sadia e equilibrada.

No seio das famílias surgem desentendimentos e atritos entre seus membros, atrapalhando-se mutuamente com egoísmo e, não raro, com rancor, em vez de oferecer um solo seguro, com o apoio da sincera amizade, para que os descendentes possam se tornar individualidades independentes e espiritualmente fortes, confiantes em si mesmos e na atuação das leis da Criação.

Os indivíduos se desencaminham, levando uma existência vazia e cheia de vícios, vagando a esmo pela vida, sem propósitos definidos, deixando o precioso tempo que lhes é dado se escoar, sem o adequado aproveitamento. Evidentemente, a aquisição de bens terrenos não pode ser desprezada, no entanto, é errado colocá-la como a prioridade salvadora de todos os males, pois os bens existem para facilitar a vida terrena e não como finalidade principal. Isso se presta como paliativo aos seres humanos que se separaram de seu eu interior, vivendo na realidade falsa criada pelos humanos dominados pelo raciocínio.

No trabalho, as coisas não se passam de melhor forma. Os desentendimentos e conflitos são uma constante, deixando o ambiente sempre desgastante e carregado de descontentamento, desconfiança, calúnias, ódio e inveja.

O ser humano vive em um mundo de aparências. Suas atitudes raramente apresentam autenticidade, inclusive em suas práticas de culto religioso. A simulação domina a vida dos seres humanos e grande parte de seus atos.

Muitos artistas e estudiosos focalizam com frequência em filmes e peças de teatro essa crise existencial, mostrando os aspectos desagradáveis e desarmoniosos. Nunca, porém, avançam com mais profundidade, mostrando a causa, o porquê dessa instabilidade antinatural e destrutiva.

Por que isso acontece com o ser humano? Por que se mantém na estagnação, deixando de evoluir para construir melhores condições de vida? Vejamos a explicação dada por Abdruschin: (*Mensagem do Graal*, vol.1. *Culto*)

"Nisso é que reside o segredo do êxito, da estabilidade ou da ruína. O que está construído nessas leis vivas da Criação recebe auxílio, trazendo êxito e também estabilidade. Onde, porém, tais leis não forem observadas, seja por ignorância, seja por obstinação, o desmoronamento efetivar-se-á irremediavelmente, após tempo maior ou menor, porque não conseguirá se manter permanentemente, pois não se encontra sobre uma base firme e inamovível."

"Eis por que tanta obra humana é efêmera, fato que não precisava ocorrer. A isso pertencem cultos de múltiplas espécies que constantemente têm de ser submetidos a transformações, se não devam sucumbir totalmente."

"O Filho de Deus deu aos seres humanos, do modo mais simples e mais claro, em sua palavra, o caminho certo pelo qual deviam conduzir sua existência terrena, correspondente à tessitura da Criação, a fim de, através das leis de Deus que se manifestam no tecer da Criação, serem apoiados auxiliadoramente e elevados às alturas luminosas, para obterem paz e alegria na Terra."

"Infelizmente, contudo, as Igrejas não se conservaram no caminho da salvação e soerguimento dos seres humanos, dados pelo próprio Filho de Deus e por ele exatamente explicado, mas sim, acrescentaram à sua doutrina muita coisa segundo seu próprio pensar, e, dessa forma, naturalmente causaram confusão, acarretaram cisões, porque não correspondia às Leis da Criação e por essa razão eram também, não obstante isso soasse de maneira estranha, contra a clara doutrina do Filho de Deus, segundo a qual eles, no entanto, se denominam cristãos."

No século XXI, muitos seres humanos estão percebendo que a religiosidade lhes é inerente, mas as regras criadas pelas religiões propiciam conflitos íntimos e incoerências que inquietam o espírito vigilante. Então, as pessoas perdem a segurança, acabando por se tornarem descrentes, abandonando até seu íntimo sentimento de religiosidade. Contudo, isso não é o apropriado. O ser humano que percebe que a vida não pode ser somente esse curto intervalo, mais dedicado ao consumismo do que à busca do significado da vida, que vai do nascimento até o desenlace, pressente que há algo mais significativo a ser pesquisado. Há que se pesquisar a fundo, com sinceridade e muita seriedade, qual é o propósito da vontade criadora de Deus. Pois, dentro da lógica natural, não há lacunas, tudo é simples e coerente, impulsionando para o constante progresso e evolução do espírito e da Criação.

Quando o ser humano se descola do espiritual, acaba ficando preso a superficialidades. Muitos se apegam à conquista e conservação no poder terreno, fazendo dos demais servos de seu bel-prazer de dominação. O faraó no Egito. Nero em Roma e tantos outros abraçaram a tirania. A desconfiança, a insatisfação, a inveja e o descontentamento criam desarmonia e revelam o desconhecimento do funcionamento incorruptível das Leis da Criação. Os descontentes se encaminham para a ruína e se tornam tiranos em seus ambientes. Atualmente, em toda parte encontramos tiranos, nas famílias, nas organizações, nos governos. Mas o poder terreno deveria ser utilizado exclusivamente para o bem, para melhorar este mundo, pois se trata de um poder efêmero, que no além não significa nada, tenha sido o ser humano rei ou governante, magistrado ou papa. Esteja onde estiver, terá de arcar com cada uma das consequências de seus atos.

Os grandes abalos que atingem a alma nos fazem pensar sobre a vida. Quem somos nós? De onde viemos? Para onde vamos? Existe um Criador?

As religiões têm procurado simplificar tudo de forma mecânica: "Façam isso e aquilo, façam caridade, sejam honestos, tenham uma vida exemplar". Contudo, essas importantes noções são enviadas diretamente para o cérebro frontal, e por ele captadas sem adentrarem profundamente na alma. Nisso, não há nada de vivo, pois se viessem acompanhadas das explicações sobre o funcionamento das Leis da Criação, mostrando como as derradeiras consequências, boas ou más, alcançam os geradores dos pensamentos e atitudes, estejam onde estiverem, então a intuição captaria e assimilaria isso no âmago da alma.

Tudo o que foi criado artificialmente pelo ser humano, sem levar em consideração as Leis da Criação, está sendo posto em evidência, mostrando sua precariedade. O anseio pela religiosidade deverá levar o indivíduo a construir uma base espiritual como apoio aos embates que a vida lhe apresenta, como a irrevogável colheita daquilo que semeou em suas peregrinações. Há uma forte pressão para manter as pessoas emburradas e mal-humoradas. Um sorriso alegre e jovial é a melhor arma contra a escuridão. Enfrentando as grandes dificuldades que eclodem no século XXI, os jovens não refletem sobre as causas, não pensam na espiritualidade. Trata-se da simples questão: quanto mais os humanos deixaram de ouvir o coração, agindo em função do raciocínio calculista, mais e mais os humanos foram se tornando criaturas individualistas, e a humanidade foi afundando em um modo de viver rígido, materialista, sem alvos nobres e elevados, gerando o caos de nossos dias. Voltar ao coração é o caminho!

O Sol, uma breve nota

A composição da atmosfera determina a capacidade que a Terra tem de manter o equilíbrio entre a energia recebida e a energia liberada. Trata-se de um mecanismo miraculoso. A radiação solar, penetrando na atmosfera, é refletida de volta pelas nuvens. Parte da radiação que atinge a superfície é absorvida pela terra, mas parte é refletida de volta para o espaço pelo gelo, pela neve ou água. Uma parte dessa energia é capturada pelos gases e reenviada para a Terra, elevando a temperatura. É o chamado "efeito estufa", que, em conjunto com a atmosfera, impede que a superfície terrestre se congele, o que impossibilitaria a existência de vida no planeta. É um mecanismo miraculoso porque não foi inventado pelos seres humanos, mas funciona com absoluta perfeição, desde que o homem, com sua ignorância e estupidez, não interfira, provocando desequilíbrio e desgraças, em vez de compreender e respeitar.

O conjunto é de tal magnitude, envolvendo tantas variáveis funcionando de forma interligada, que o ser humano fica abismado ao tomar conhecimento desse intrincado mecanismo que possibilita a vida. Há ainda os mares e suas correntes, a cobertura florestal, as cordilheiras, a formação das geleiras. As novas gerações deveriam ser orientadas desde cedo sobre essa grandiosidade para, no reconhecimento, captarem o significado da vida, mas os videoclipes e shows de música pesada, com gritos e movimentos agressivos, absorvem muito de seu tempo disponível, embrutecendo suas mentes e corações.

A Organização das Nações Unidas divulgou um relatório de mil páginas sobre o clima, elaborado pelos cientistas que participaram do Painel Intergovernamental sobre Mudanças Climáticas, concluindo que o aquecimento do planeta se acelera, o clima se torna instável, a ocorrência de neve se reduz e as geleiras no Ártico não se recompõem com a mesma largura, permanecendo as camadas 40% mais finas.

Isso tudo porque os mecanismos estão sendo rompidos pelo acúmulo de população, o que aumenta a queima de combustíveis fósseis, destrói florestas, polui mares e rios, aumenta os desertos.

Mas há outra variável que, interferindo em conjunto com os estragos provocados pelo homem, faz a situação ficar mais delicada ainda. Trata-se da aceleração das explosões no interior do Sol.

Os cientistas calculam que o Universo surgiu há 13 bilhões de anos com o *big bang*, e o sistema planetário solar há 5 bilhões de anos, sendo que esse Sol se manterá firme ainda por outros 5 bilhões de anos.

Mas Roselis von Sass diz, em *O Livro do Juízo Final*, "que a estrutura física do nosso Sol chegou ao seu ponto crítico (...) A duração de vida de cada estrela é limitada". E prossegue:

"Os efeitos das erupções solares alcançam longe, pois as correntes carregadas de eletricidade e de elevada atividade, liberadas nas erupções, irradiam para o espaço sideral, tocando aí também os campos magnéticos da Terra. Com isso causam tufões, tornados, chuvas excessivas ou grande estiagem (...)"

A camada de ozônio funciona como escudo protetor da Terra, absorvendo a irradiação ultravioleta. Pesquisadores descobriram a existência de grande buraco na camada de ozônio, que, combinado com o aumento da potencialidade das explosões solares, tem preocupado os cientistas que pesquisam a possibilidade de dotarem a Terra de um protetor solar. Mas, na verdade, não dá para "tapar o sol com peneiras", ou seja lá com qual for o aparato imaginado. Descobriu-se que lançamos quantidades excessivas de CFCs (clorofluorcarbono) na atmosfera, acarretando reações químicas na camada de ozônio.

De 1985 a 2000, alguns picos elevados perderam 18% da cobertura de gelo. O aquecimento do planeta é a principal causa. Os Alpes suíços perderam um quinto de sua capa de gelo nos últimos 15 anos, segundo estudo da Universidade de Zurique. As ondas de calor contribuem para grande parte dessa perda, reduzindo a espessura da camada de gelo em até três metros.

O tempo está esquentando. O ano de 2015 bateu recorde como o ano mais quente já registrado pelos cientistas. A humanidade se acha sob alerta sobre a necessidade de medidas mais abrangentes diante do aquecimento global e das mudanças climáticas, mas o sistema é rígido e imediatista.

Nós temos de entender que, como parte da Criação, é nosso dever compreender e respeitar a natureza, pois em tudo deveríamos apoiá-la para que ela mantenha as condições de habitabilidade do planeta. A destruição indiscriminada da cobertura vegetal do planeta é uma irresponsabilidade tão grande como a poluição da água potável ou dos oceanos.

O planeta Terra e os seres humanos se acham em meio a um conturbado período de transição. O Sol também. As enormes labaredas que explodem em seu interior, levando chamas de hidrogênio a enormes distâncias, indicam isso. Há um processo de aumento da temperatura no interior do Sol. A comunidade científica precisa ir fundo no estudo dessas visíveis alterações para que, desvendando os segredos dos fenômenos cósmicos, possa auxiliar a humanidade, preparando-a para se adaptar adequadamente às transformações em desenvolvimento.

No limite

Nunca como agora foi tão necessária a firme vontade de viver em paz, pois tudo tende para um limite crítico, a começar pela carga humana sobre o planeta e seu modo de viver, desajustado em relação à natureza.

São muitas pessoas destruindo muitas coisas ao mesmo tempo, dificultando e até impedindo a automática recuperação por meio dos mecanismos naturais. Já estamos consumindo mais do que a capacidade repositora da natureza.

Assim como ocorre no meio ambiente, também ocorre no campo das relações humanas entre os povos, entre as famílias e mesmo entre os indivíduos em suas relações pessoais.

A verdadeira paz é o que a humanidade mais necessita nesses dias tão atribulados, em que a sede de poder endureceu o coração das criaturas. Muitos falam em paz, mas seu íntimo está cheio de astúcia e cobiça.

No mundo, milhares de filmes estimulam a violência e o embrutecimento do ser humano, poucos mostram o amor e a paz, a harmonia da naturalidade. Cenas brutais de hedionda selvageria, sangrentas e aterrorizantes, celebram a morte em vez da vida. Ou então comportamentos absurdos, que chegam a provocar, em muitas pessoas, vontade de vomitar. É como diz o povo: o filme é tão pesado que chega a "virar as tripas" das pessoas mais sensíveis. Puro veneno para a mente e para a alma.

Estamos presenciando uma sistemática destruição de tudo de bom que ainda restou no ser humano. Não há mais respeito. Os jovens não respeitam os mais velhos e agridem os anciões. Meninas se prostituem desde cedo por qualquer trocado, ou então são levadas por modismos, adentram precocemente na atividade sexual, muitas delas ficando grávidas já na adolescência.

Novas doenças estão fazendo muitas vítimas. A miséria material e mental avança a passos largos. Quem deterá essa geração quando ela despertar desse pesadelo e acordar inconformada com a pobreza, com o coração carregado de ódio dàqueles que, a seu ver, possuem mais do que eles?

A humanidade se vangloria das grandes conquistas que já alcançou; contudo, na Terra, ainda não alcançamos a paz duradoura e a espontânea alegria de viver, tudo foi contaminado pela insatisfação e pelo descontentamento.

A população está espremida entre as correntes religiosas que se preocupam mais com o brilho próprio do que em dar a orientação correta. De um lado, há o dogmatismo inventado pelos humanos, impostos à força ou com muita habilidade. De outro, os que, conhecendo o histórico dos dogmas, sutilmente corroem os frágeis alicerces, não oferecendo também um conhecimento solidamente estruturado. No meio, seres humanos indolentes que não se apercebem dos antagonismos ideológicos. Mas há também os que sofrem com a enigmática situação, sem saber onde buscar a compreensão nesse tumultuado divórcio das concepções; precisam estar vigilantes para não caírem no desânimo nem se deixarem levar para a insatisfação e revolta.

Se o Cristianismo contém introduções artificiais, isso não impede que os seres humanos pesquisem a fundo os ensinamentos originais de Jesus, sem preconceitos religiosos ou raciais, olhando sempre para a lógica incorruptível das leis naturais da Criação. Jesus, filho de Maria, foi adotado por José, o carpinteiro, mas também era o portador da verdade para a humanidade. O que restou de sua mensagem ficou truncado e cheio de lacunas. Onde encontrar a Luz da Verdade? Eis a grande questão para a humanidade. Seria indispensável rever as palavras de Jesus, em uma sincera pesquisa sem temores de analisar logicamente tudo aquilo que nos tem sido mostrado como tendo d'Ele procedido.

Muitas conquistas foram alcançadas. Muitas vilezas foram perpetradas. A resultante tem sido o constante rebaixamento humano opondo-se à contínua evolução e conquista de maturidade.

No século XX, os humanos espalharam o vírus da AIDS por cometer abusos e por se entregar ao vício das drogas, contaminando-se mutuamente. O balanço da AIDS é trágico e vergonhoso, porque ocorre apenas com a espécie humana, a qual se afastou da vida sadia e natural.

Lamentavelmente, ocorreram contaminações por meio de transfusões de sangue, que também se tornou mercadoria posta à venda, por vezes de forma vil e clandestina, sem os devidos cuidados com as condições do "doador-vendedor". A prioridade é para o ganho com a transação. Há também casos de crianças que contraíram a doença ainda no útero materno, durante a gestação. Por que isso ocorre? Como entender essas tragédias? O saber humano é muito restrito. Somente o profundo conhecimento das Leis da Criação, em especial da reciprocidade, possibilitará a exata compreensão.

Muitos recursos e energias foram dispersos em inglórias lutas ideológicas para mostrar quem pode mais. Se isso tudo tivesse sido aplicado para o bem geral, a humanidade teria despertado de sua estagnação espiritual e suas conquistas seriam dez vezes superiores ao que já conseguimos, pois a humanidade teria aprendido a se utilizar corretamente das potencialidades que a natureza, ou melhor dizendo, a Criação, oferece.

Quando os seres humanos reconhecerem que fazem parte da Criação e que devem se esforçar no reconhecimento e respeito às suas leis, então tudo o que fizerem alcançará resultado positivo, pois estarão agindo com consciência e responsabilidade. Como não agem dessa forma, será forçoso que arquem com as consequências de suas atitudes e decisões.

O fato é que as populações estão sendo levadas ao limite. Os caóticos desequilíbrios social e ambiental, em um quadro de superconcentração urbana com as mais precárias condições de sobrevivência, poderão levar a uma convulsão de crimes e desrespeito à ordem pública, sem que haja freios comunitários. A situação fica ainda mais grave em função dos conflitos étnicos e religiosos que vão ressurgindo em paralelo ao aumento da população e da miséria.

Em menos de 50 anos, o continente africano foi levado ao descalabro pela cobiça e ganância. Agora, no mundo todo, tudo se acelera, porque a pressão humana e econômica é muito maior. Culpa-se a globalização e as novas tecnologias da informática. Mas o fato real é que os seres humanos ainda não conseguiram superar suas deficiências para desenvolver um mundo melhor.

O presidente da Suíça, Moritz Leuenberger, ao discursar em Davos em 2001, recorreu a Marx e recuou ao tempo da Revolução Francesa para concluir que "não há verdadeira liberdade quando ela não está acompanhada de justiça e solidariedade". Podemos ir mais longe ainda, ao tempo de Jesus, quando também já não havia verdadeira liberdade.

Jesus era a palavra viva encarnada na Terra. Dizia ele aos seus discípulos: "Quem aceita minha palavra, aceita a mim, em verdade, come da minha carne e bebe do meu sangue". Muita confusão foi lançada sobre essa frase. O que se come e o que se bebe integra o corpo, constituindo as células. Trata-se de uma clara indicação para aceitar os ensinamentos trazidos por ele de tal forma que ela se integre à própria carne e ao próprio sangue, para que todo o pensar e atuar demonstrem naturalmente a compreensão do significado da vida. Assim, em muitas coisas a retransmissão foi sempre inadequada. Na *Mensagem do Graal*, Abdruschin esclarece o porquê: "Em todas as transmissões, apenas o principal foi omitido: a indicação à Palavra que peregrinou pela Terra. Por esta não ter sido entendida, julgavam-na de pouca importância. Com isso, porém, toda missão de Cristo foi incompreendida, mutilada, desfigurada".

Então, não tendo a humanidade compreendido, mas mutilado e desfigurado a missão de Cristo, de trazer a verdade sobre a vida, por meio de Sua palavra proveniente da Luz, que tipo de construção se poderia esperar para o futuro? O reconhecimento das Leis da Criação teria sido a base real de um saber globalizado, isto é, a base da construção humana, sem, contudo, eliminar as características de cada povo pela padronização do modo de viver.

No futuro se colhe a sementeira do passado. O atual mundo desumano, que faz sofrer a todos com sua brutal aspereza, é o mundo que foi construído pelos próprios seres humanos, distanciados da Luz da Verdade.

Os seres humanos não são os donos do planeta, são hóspedes temporários que não querem enxergar que a Terra é para o desenvolvimento e a evolução de todos, independentemente da cor da pele e do local onde nasceram. Agora todos se assustam com o futuro ameaçador que se avizinha, mas o futuro é sempre a colheita do que se semeia, isto é, os efeitos da lei da reciprocidade, tantas vezes apontados por Jesus.

Leis da Criação e caos humano

Fascinante é a história da humanidade e sua evolução. São 3 milhões de anos que se perderam na imensidão do passado. O que temos disponível não vai muito além de 6 mil anos, e mesmo essas informações são fragmentárias, cheias de lacunas, quando não adulteradas pelo desconhecimento ou mesmo propositalmente, para atender aos interesses de dominação e influência sobre cada grupamento em cada época, tendo sempre os dominadores contando a história da forma que melhor lhes conviesse.

O que sabemos é insuficiente e, lamentavelmente, pouco estudado no sentido de que se reconheçam as sendas trilhadas pela humanidade para chegar aonde chegou, com mais de 7 bilhões de almas encarnadas na Terra, em sua quase totalidade desconhecedoras do sentido da vida e de sua verdadeira finalidade, distanciadas da essência humana que as vivifica, sendo que mais de 3 bilhões vivem nas mais precárias condições.

Mas a história é riquíssima, só não conseguimos entendê-la porque foi encoberta por entulhos para dificultar a visão clara e ampla. Inúmeras vezes o destino da humanidade esteve nas mãos de um povo, de um rei ou imperador que podia e devia ter alterado o curso da história, pois estava encarnado para cumprir uma missão, para inverter a contínua trajetória decadente da humanidade para uma nova e progressivamente ascendente, conduzindo o ser humano para a destacada posição que lhe cabe em um mundo de paz, felicidade e maravilhas, exatamente o oposto do caos que presenciamos hoje, após decorridos mais de dois milênios em que a Luz da Verdade foi ofertada por Jesus à humanidade frívola e arrogante.

A nova mensagem deveria ser integrada ao conhecimento antigo, formando um conhecimento amplo e unificado, para ser divulgado a todos os povos, o que não ocorreu. Diante da recusa dos representantes da religião, foi levada a outros povos pelos discípulos, mas acabou sendo desfigurada, colocada em oposição ao velho conhecimento, gerando muitas dúvidas e conflitos. Para compreender o mundo atual com exatidão há que se voltar à Babilônia, passar pelo Egito e estudar profundamente os ensinamentos de Moisés, até chegar à vinda de Jesus de Nazaré. Fácil será constatar que os ensinamentos dos profetas e enviados especiais, como Lao-Tsé, Buda, Zoroáster e posteriormente Maomé convergiam todos na mesma direção do saber do Criador Onipotente de Todos os Mundos, o Altíssimo, e suas leis que regem a Criação, apontando os riscos de uma degradação da civilização humana, por causa do desconhecimento do real significado da vida e das leis do Criador.

O estudo da história desses dois milênios é de suma relevância. Ocorrendo a desarticulação do movimento dos discípulos de Jesus, seguiram-se os séculos de trevas e paralisação espiritual, até que se esboçassem as primeiras reações que iluminassem a realidade, provocando a reforma e o surgimento das correntes protestantes. A Luz do Saber permaneceu inaproveitada para a vida humana, que retrocedeu continuamente.

Nos últimos dois milênios, a humanidade aprofundou sua queda de forma inimaginada. Jesus não era capitalista nem socialista, sua vinda foi para trazer a Luz do saber espiritual. Naquela época, nem os escribas, nem os fariseus, nem Pôncio Pilatos captaram isso, e a mensagem da Luz não foi utilizada pela humanidade como deveria ter sido. Também Nero recusou os ensinamentos de Jesus, solicitamente explicados por Paulo. O imperador romano poderia ter mudado a história espiritual da humanidade. O que se seguiu foram dois milênios de permanentes conflitos, em que os representantes da Igreja se postaram como se fossem os donos da verdade dogmática que eles construíram, fazendo de tudo para a conservação de seu poder e seus privilégios, enquanto a humanidade resvalava para baixo na ignorância e na indolência espiritual.

Com a ampliação do materialismo distanciado da espiritualidade, com a crescente predominância do dinheiro na vida humana passando a ser o principal objeto da cobiça, os caminhos da humanidade passaram a ficar cada vez mais apertados e cheios de obstáculos e abismos, ampliando a dimensão dos conflitos, desvalorizando a própria vida. O domínio do raciocínio frio, sem coração, foi se tornando absoluto.

O dinheiro passou a ser o grande ídolo, a razão do existir da maioria dos seres humanos, que, perdendo a solidariedade, foram descuidando de tudo o mais, explorando a natureza e os semelhantes com desprezo e arrogância, mas o dinheiro não restabelece os estragos provocados nas florestas, no solo, no ar e nas águas. O desequilíbrio ambiental está implantado e, com a superpopulação, se agrava diariamente, porque as atividades humanas visam prioritariamente ao dinheiro, deixando a natureza para o plano secundário, pouco se importando se, com sua atividade, introduz perturbação e destruição.

"A natureza, em sua perfeição consentânea com as Leis da Criação, é a mais bela dádiva que Deus deu às Suas criaturas!" (*Mensagem do Graal*, vol.3, *Natureza*)

As Leis da Criação ou leis de Deus são perfeitas, imutáveis, eternas. Tudo o que existe foi criado pelo funcionamento automático das Leis da Criação que expressam a Vontade de Deus. Somente o conhecimento e a adaptação às mesmas possibilitarão o surgimento de uma doutrina verdadeira, real, não surgida das sutilezas da mente humana, que sempre se contorce na busca de interpretações condizentes com seus desejos mais imediatistas, o que acarreta a necessidade de proceder revisões conforme exigirem as condições reinantes a cada novo momento na história humana.

As recentes descobertas sobre o genoma comprovam que o corpo humano, como receptáculo da alma, do espírito, possui estrutura vital idêntica, independentemente de sua cor ou local de nascimento, o que evidencia nitidamente que todos estão sujeitos às mesmas leis espirituais cósmicas, a despeito das teorias e invenções humanas introduzidas nas religiões.

Também Adolf Hitler não se utilizou adequadamente de suas capacitações no sentido de alcançar a evolução espiritual própria e da espécie humana, fechando os olhos para a realidade espiritual. Ele e seus adeptos, obcecados pela vaidade e sede de poder, enveredaram por funestos caminhos. Buscando, com arrogância, a raça superior, empurrou o espiritual para baixo, enclausurando-o, cometendo crimes hediondos que só os seres humanos desconectados de sua essência conseguem praticar, atraindo desgraças ainda maiores para a humanidade.

Reconhecer as leis de Deus na Criação é o caminho para desfazer a caótica confusão das teorias e doutrinas, que, em vez de aproximar, afastaram as criaturas humanas da Luz da Verdade, lançando-as nos mais hediondos conflitos.

Tempos de Juízo Final

A expressão "Juízo Final" desperta desde logo um sentimento de aversão na maioria dos seres humanos, desconhecedores que são do funcionamento da Criação. Não entendem nem querem entender o significado dessa época em que os acontecimentos graves se sucedem velozmente.

Desde longa data os seres humanos têm recebido informações sobre os tempos da avaliação e da eclosão acelerada dos efeitos recíprocos, que desencadeariam o Juízo Divino.

A primeira notícia do Juízo Final foi gravada na Grande Pirâmide, por ordem do Criador Onipotente, como alerta aos seres humanos para que modificassem a sua trajetória espiritual, evitando os graves infortúnios que estavam gerando para si mesmos com as suas atitudes em oposição às Leis da Criação. Posteriormente, a notícia do Juízo Final chegou a todos os povos por meio de enviados especiais e profetas.

Mais tarde, a informação chegou por meio da palavra "apocalipse", expressão de origem grega que significa "revelação". Trata-se das profecias relativas ao exame final da humanidade quanto ao uso que fez do tempo que lhe foi dado para a evolução espiritual, ocasião na qual seu modo de viver e todos os seus atos, corretos ou distanciados dos valores espirituais, atrairiam consequências de igual espécie, benéficas ou desastrosas.

O apocalipse surge como consequência da reação das leis naturais da Criação, trazendo de volta tudo que de pernicioso a humanidade semeou. Não deveria ser assim se predominasse uma atuação voltada para o bem e para o aprendizado do significado da vida.

Segundo a enciclopédia *Larousse*, nos séculos I e II a.C. desenvolveu-se no Judaísmo, dando continuidade ao gênero profético, uma abundante literatura que descrevia aos não iniciados, por meio de uma forma convencional e misteriosa, a instauração do reino messiânico e o fim dos tempos. Por exemplo, o livro bíblico de Daniel, o livro de Enoc e outros escritos Qumrãn.

Também o Cristianismo primitivo produziu apocalipses, dentre eles o Apocalipse de João, o único apocalipse que a Igreja inseriu no cânon dos textos bíblicos (Novo Testamento). Redigido no final do reino de Domiciano (81-96), é um conjunto de visões simbólicas que anuncia aos cristãos primitivos o triunfo da Luz sobre as trevas.

O apocalipse expõe claramente a lei da reciprocidade. A fim de propiciar uma compreensão mais ampla, citamos O *Livro do Juízo Final*, de Roselis von Sass, cuja primeira edição remonta ao ano de 1969:

"Sim, soou a hora da humanidade! Tudo o que acontece em toda a Criação e também em todos os pequenos e grandes corpos siderais se realiza de acordo com um horário exato. Incomparavelmente e além de qualquer pensar humano está organizado o imenso lar da Criação! Cada acontecimento no Universo está cuidadosamente predestinado e planejado e se desencadeia quando o relógio mundial do Cosmos dá para isso o sinal".

"Bilhões de corpos celestes movimentam-se em marcha harmoniosa em suas órbitas demarcadas. Cada modificação que ocorre nos astros, cada nova formação e cada decomposição no superamadurecimento começam e terminam no espaço de tempo para isso previsto."

"Agora o relógio do Universo deu também para a humanidade o sinal. E esse sinal indicou que o tempo para o desenvolvimento destinado à espécie humana expirou. Bastante longo foi o tempo colocado à disposição de cada um (...) Toda a humanidade devia agora ter atingido um determinado ponto de evolução espiritual. Tanto no aquém como no além!"

Mais adiante, a autora pergunta: "Por que a humanidade tem de sofrer um Juízo?". Ela mesma responde:

"Por quê? Porque a criatura humana, apesar de sua livre vontade, permanece ligada à lei da Criação que diz que cada um deve colher aquilo que semeou. Em outras palavras, cada um pode proceder conforme desejar; as consequências, porém, correspondentes à sua vontade original, retornam a ele. No bom ou no mau sentido. Pois tudo o que uma pessoa pensa ou faz continua a viver..."

"Muito distante está o tempo em que isso aconteceu. Aproximadamente 1 milhão de anos decorreu, desde então. Todo o mal teve início com esse pecado. Ele foi a causa de todo o sofrimento posterior da humanidade, e foi também ele que colocou o germe para o Juízo Final, que está descrito na Bíblia com todos os seus horrores... o pecado contra o espírito."

"O ser humano compõe-se de espírito, alma e corpo terreno. O espírito, graças à sua constituição mais leve, possuía ligação com os mundos luminosos e com outros espíritos mais elevados. Ele atuava orientando na Terra, guiava os destinos de cada um, bem como os de povos inteiros. A alma é apenas um invólucro do espírito. Ela é como a polpa da fruta que envolve o caroço. O corpo terreno, com seu cérebro e raciocínio, é a casca exterior ou o invólucro da alma e do espírito".

Em seu livro, Roselis esclarece como o espírito guiava e influenciava o ser humano:

"O espírito guiava e influenciava todos os atos do ser humano que vive no pesado corpo terreno. E isso sempre no sentido da vontade de Deus! O raciocínio ligado à matéria era o instrumento que executava as ordens do espírito, pondo-as em prática na Terra, no sentido correto. Enquanto assim acontecia, havia somente felicidade e alegria na Terra, paradisiacamente bela, e todos os entes da natureza eram amigos da criatura humana."

"Foi então que chegou o dia em que os seres humanos se tornaram orgulhosos, sentindo-se grandes e fortes, tão fortes que acreditaram não mais necessitar da direção do espírito. A voz interior tornou-se-lhes incômoda. Daí por diante se deixaram guiar pelo raciocínio."

"Os seres humanos faleciam depois de uma determinada idade e encarnavam-se, após uma permanência no além, novamente na Terra. Seu mau pensar e o atuar afastado da Luz, porém, não morriam. Acompanhavam-nos no além, pois estavam aderidos às suas almas, formando o carma que, por sua vez, se manifestava de alguma maneira em cada nova encarnação terrena."

"A primeira e mais importante fase prevista para o desenvolvimento dos seres humanos passou. Belas e sadias criaturas humanas deveriam agora povoar a Terra. Criaturas cujos rostos refletissem a beleza e maturidade espiritual, e cujas obras e ações dessem testemunho da eterna onipotência e amor de Deus. Assim teria sido, se a ligação com a Luz não tivesse sido interrompida."

Por meio dos esclarecimentos de Roselis von Sass, percebemos que os seres humanos não podem continuar enfiando a cabeça na areia para não enxergar os fatos que estão ocorrendo à nossa volta. Basta abrir os jornais ou assistir aos telejornais para que sejam vistas as mais abjetas atitudes de violência e as mais dramáticas ocorrências que fazem nosso corpo estremecer e surgir a indignação: como seres ditos humanos podem agir de forma tão embrutecida e desalmada?

Quanto mais Jesus ia dando cumprimento à sua grande missão – que, conforme decisão da humanidade, deixou abertos dois caminhos: ou a obediência aos seus ensinamentos, com a consequente ascensão, evitando tudo o que traz a ruína, ou um malogro e desabalada corrida na estrada em declive que levaria à destruição –, tanto mais claramente via que a decisão da maioria da humanidade se inclinava para o falhar e a consequente destruição. (*Mensagem do Graal*, vol.2, *Fenômeno universal*)

Assim como no tempo de Jesus, os seres humanos continuam escarnecendo da grande simplicidade das leis Divinas, mostrando assim sua pequenez. Segundo Abdruschin, Jesus já havia constatado que o ser humano julgava-se grande e elevado demais para receber com gratidão, de seu Criador, tudo quanto necessitava e, por isso, nem é mais digno de continuar usufruindo as graças.

Assim, a simplicidade da mensagem de Jesus, que mostrava ao ser humano o significado da vida e como ele deveria viver para fortalecer seu espírito em paz e felicidade, foi posta de lado e, em seu lugar, foi construída uma doutrina dogmática e regras complicadas, difíceis de ser compreendidas pelo raciocínio lúcido. Com suas parábolas, Ele mostrava os caminhos certos na Criação. Surpresa, a humanidade ficou escutando, pois percebia algo de grandioso, mas logo despertaram os egoísmos, desejando satisfazer primeiramente os desejos terrenos, para logo depois perseguirem-no com seu ódio, até conseguirem que fosse pregado na cruz, para que não mais precisassem aborrecer-se com as palavras d'Ele. A antiga união foi rompida, a cortina sagrada diante do Santíssimo se rasgou. Confusa, a humanidade ficou abandonada, pois a ligação com o Criador fora cortada.

Já naquele tempo, Jesus viu que os seres humanos se perdiam para sempre, se não mudassem de caminho. Cada uma de suas frases continha esclarecimentos de algum fenômeno da Criação, por meio de imagens.

Após setembro de 2001, parece que saímos do artificial mundo da fantasia, despertando a humanidade para as asperezas do realismo da reciprocidade. Estamos vivendo a guerra dos pensamentos, parece que todos estão contra todos. Não há consideração ao próximo. Não há mais amor. Com forte individualismo as pessoas estão sempre avançando umas contra as outras, nas casas, no trabalho, nas ruas. Há falta de educação, principalmente no trânsito, falta de cavalheirismo, falta de nobreza. Há um desencontro entre pais e filhos e desarmonia entre casais. Com a perda da consideração própria de seres humanos que reconhecem que seu semelhante, assim como ele, é mais um peregrino em busca da evolução, tudo passa a mostrar que a guerra está no ar.

Atingimos um ponto de supermaturação, e o que se torna mais evidente são todos os desequilíbrios provocados pela espécie humana, justamente ela, que deveria ter enobrecido e prosseguido na obra de beneficiar e embelezar o planeta com sua atividade, trazendo para o planeta a força do espírito. Basta olha para os filmes. Eles retratam a vida dos seres humanos em toda a sua vacuidade e falta de naturalidade, em toda a sua maldade. São poucas as pessoas que ainda conservam uma sincera consideração ao próximo. Muitos escondem suas reais intenções. Outros não se envergonham em agir bestialmente. Assim, a vida vai assumindo contornos de muita desagradabilidade, pois são poucas as formas de bons pensamentos.

Em meio aos ódios mútuos e à selvageria, a paz não será presenteada, mas imposta pela força da Luz que exigirá que ela seja mantida para o bem daqueles que querem reconhecer e seguir a vontade de Deus. Brevemente chegará o dia em que os perturbadores da paz não mais terão o direito de existir no planeta, para eles foi planejado o julgamento final. Para que surjam melhoras, faz-se necessário que os seres humanos retornem à sua origem, esforçando-se para restabelecer a perdida conexão com o mundo espiritual.

Os predadores e o *tsunami*

O tipo de pessoa conhecida como predadora está sempre recolhendo para si tudo o que suas mãos alcançarem. Os predadores se julgam merecedores porque se acham mais espertos que os demais. Em pouco tempo, deixam um rastro de destruição por onde passam e sempre encontram cúmplices que se aliam na rapinagem. Estão sempre prontos a rapinar aquilo que tenha sido construído, mediante grande esforço, por aqueles que sonham com um futuro melhor para humanidade.

Para Francesco Alberoni, em *A Arte de Comandar*, os construtores, levados por seus sonhos e grandes projetos, sempre encontrarão quem crie obstáculos: "Quantas pessoas, por simples inveja, não hostilizaram aqueles que tinham boas ideias, prejudicando também, assim, a empresa e, por isso, a si próprias? Para atrapalhar, é preciso pouco. Basta dizer não, opor-se com objeções, retardar as práticas, protelar as decisões. Fazer aquela sabotagem que todos os burocratas, todos os funcionários conhecem muito bem". Alberoni conclui: "Para realizar até mesmo a coisa mais modesta é preciso coragem, energia, vontade. Quem destrói, o faz porque seu espírito é voraz, árido, vazio, sem um objetivo nobre".

Muitos estudiosos não conseguem perceber as conexões da vida. Esse tipo tem seu espírito adormecido, encoberto pelos apetites menores.

Não enxerga a vida como ela é. Procedem de regiões próprias para essa espécie astuta, onde não há beleza nem lealdade. Estão sempre à espreita de oportunidades para lograr o próximo, para obter vantagens pessoais. Consideram a vida e o planeta como feitos para os espertos desfrutarem ao máximo. Mas, com seu procedimento, instilam o veneno do desânimo e da destruição.

A grande rapinagem, porém, refere-se ao ataque à natureza com avidez, como se o planeta tivesse sido criado exclusivamente para eles, sejam os metais, as pedras preciosas, as árvores, os animais, enfim, tudo que possa dar algum dinheiro, contudo, por mais dinheiro que consigam, sempre será insuficiente para repor o equilíbrio ambiental arbitrariamente rompido. Com displicência, não se incomodam ao jogar o lixo e dejetos que produzem diretamente nos mares e rios.

O ex-presidente Luiz Inácio Lula da Silva, falando sobre o *tsunami* que assolou a Ásia, assim se pronunciou: "Esse desastre que vitimou tantas mulheres, homens e crianças é um alerta para nós, para que a gente comece a olhar com mais carinho a preservação ambiental e com mais carinho a natureza. Nós muitas vezes a desprezamos e, de vez em quando, ela se revolta. Quando ela se revolta, ela não pede licença. Não diz onde vai acontecer".

De fato, a natureza revela nossa insignificância diante de sua força. O ano de 2005 principiou sob os abalos da tragédia. Paulatinamente, foram sendo descobertas novas vítimas procedentes de vários países. O *tsunami* ficou gravado na cabeça das pessoas. A natureza e o meio ambiente estão em constante movimentação de renovação e acomodação dos elementos. É como se a natureza estivesse fazendo uma grave advertência. Autoridades do Sri Lanka ficaram surpresas com o fato de que o *tsunami*, que matou mais de 22 mil pessoas no país, não tenha, aparentemente, matado animais. Ondas gigantes inundaram parte da maior reserva de animais selvagens do Sri Lanka, o Parque Nacional de Yala. O local abriga centenas de elefantes e vários leopardos. "O curioso é que não encontramos nenhum animal morto", declarou à agência *Reuters* H.D. Ratnayake, vice-diretor do departamento de vida selvagem, e acrescentou:

"Nenhum elefante está morto, nem mesmo uma lebre ou coelho. Acredito que os animais possam pressentir um desastre. Eles têm sexto sentido e sabem quando as coisas estão acontecendo."

Fenômenos naturais são naturais, mas os seres humanos, com sua mania de grandeza, perderam a capacidade de perceber os sinais, de viver em harmonia com a natureza e os enteais. Todos estão correndo.

Correndo na estrada, no aeroporto, no avião. Mas para onde estão indo com tanta pressa? Na vida, o que vale é a paz de espírito, a alegre atividade com serenidade, o convívio harmonioso. Tudo isso para que a vida seja efetivamente aproveitada para a evolução espiritual.

No Brasil e no mundo, estamos recebendo o que ajudamos semear ao longo de nossa trajetória. Temos de sair do lodo formado ao longo dos 500 anos da história do país, sem alvos nobres e elevados, que por pouco poderia ter tido um destino semelhante ao dos povos da África, continuadamente depredados pelos humanos gananciosos e cheios de cobiças. Temos de fazer do Brasil uma pátria de seres humanos que almejam evoluir em paz.

Os brasileiros de bom senso se encontram apreensivos diante da situação, pois enxergam a falta de objetividade e a possibilidade de ruína de um país que permitiu o avanço da corrupção em prejuízo do progresso real; as renhidas disputas pelo poder sem preocupação com o futuro melhor. Todo o desmazelo com o país se espelha na poluição do Rio Tietê, com lixo jogado pela população, e na secura das represas poluídas por esgoto; é a colheita ruim do atraso humano. Vamos todos cuidar do Brasil com seriedade. Governantes, oposição e empresários precisam dialogar visando ao bem do país, não à sua divisão. A construção de um futuro melhor só depende de nós, de nossa disposição para buscar os valores que consolidem o progresso e o desenvolvimento humano em um país forte e autônomo. Incentivos para a conscientização e o bom preparo, para que saiamos do marasmo e alcancemos a progressiva evolução humana de forma continuada, pois o Brasil destina-se aos seres humanos que querem compreender a realidade da vida, beneficiar e embelezar o maravilhoso planeta Terra.

Evangelhos apócrifos e a inquietação humana

No tempo dos discípulos, o nascimento e a morte de Jesus eram encarados com naturalidade, tanto pelos adeptos como pela população em geral, um que nasceu em um estabulo próximo à Belém, por falta de acomodações graças ao acúmulo de viajantes para cumprir o recenseamento e que faleceu por causa das torturas que lhe foram impostas em um julgamento inidôneo. Posteriormente, adveio um dogmatismo que obscureceu toda a simplicidade e naturalidade dos fatos reais.

Em meio à incoerência das teorias apresentadas, chegamos ao século XXI. Houve um longo período de uma só verdade imposta aos seres humanos, os quais tinham de aceitar tudo sem que lhes fosse permitido questionar nada. Enfim, cada vez mais vai tomando forma a inquietação e a insatisfação de muitas pessoas que querem algo mais do que as respostas disponibilizadas, buscando informações que possam, pelo menos, ser aceitas pelo raciocínio lúcido.

Nesse momento de muitos riscos que afetam toda a humanidade, como alterações climáticas, crise econômica, epidemias de doenças infecciosas e terrorismos, só para citar alguns, grandes transformações universais estão se processando, a despeito de serem reconhecidas ou não. Enfim, os seres humanos estão começando a perceber que há algo a ser buscado, que para encontrar as respostas, deverão buscar pelo Santo Graal com sinceridade e estar dispostos a examinar objetivamente os fatos.

Com frequência, as pessoas estão indagando quem realmente era Jesus e qual era sua real missão. Qual a verdade sobre a geração de seu corpo terreno, já que, pelas leis naturais do Criador, a fecundação é indispensável.

Os ensinamentos de Jesus foram dados para o ser humano em geral, independentemente de sua formação religiosa. Assim como Ele não se envolveu com as seitas dos fariseus, saduceus e essênios que viviam na Palestina, também não se pode considerá-Lo como exclusividade da Igreja Romana, que se cristalizou sob o comando do imperador Constantino, que estabeleceu com seus bispos, no terceiro século, os fundamentos da nova religião que teria alcance global no mundo daquela época.

Constantino conseguiu, com a religião criada, aquilo que Alexandre tentara em vão alguns séculos antes, com o poder das armas. Criando um império universal, mediante a imposição de uma doutrina oficial que deveria ser aceita sem restrições pelas populações, Constantino estabeleceu as bases para o maior império jamais alcançado anteriormente.

Mas teria sido essa a missão de Jesus? É o que muitas pessoas estão perguntando. Contudo, Jesus afirmara: "Este não é meu reino". Então, o que Jesus realmente queria ensinar? Que o reino da matéria é perecível, porém imprescindível para o fortalecimento e desenvolvimento do espírito, e que a verdadeira vida está no reino espiritual.

Durante muito tempo, foi aceita a hipótese de que Jesus não falou mais nada durante o indecoroso julgamento, para assim entregar sua vida como sacrifício pelos pecados da humanidade. Atualmente, essa ideia começa a despertar certo desconforto e incredulidade nas pessoas que estão raciocinando com lucidez. Como o sacrifício de um inocente poderia perdoar a humanidade pecadora? Onde repousa nisso a justiça?

No livro *Jesus, a Verdade e a Vida*, o professor Fida Hassnain escreveu que, segundo os manuscritos encontrados no Mar Morto, quando Jesus estava instruindo seus discípulos no templo, um deles teria perguntado: "O sangue dos sacrifícios pode lavar os pecados?". Ao que

Jesus teria respondido: "O sangue dos sacrifícios de animais ou homens não pode nunca lavar os pecados, nenhuma falta pode ser erradicada pelo derramamento de sangue inocente".

O nascimento de Jesus era encarado com naturalidade pelos discípulos e adeptos, sem o obscurantismo dogmático que veio depois. Já a forma brutal como lhe foi tirada a vida era percebida como uma perfídia, o selo da recusa da humanidade aos ensinamentos espirituais, para eles não havia a necessidade da intermediação de organizações religiosas para que o ser humano alcançasse a elevação e a salvação.

Atualmente, a busca de um conhecimento mais realista sobre a vida de Jesus se defronta com a dificuldade do desaparecimento dos documentos que poderiam auxiliar na elucidação. A humanidade está procurando entender os acontecimentos do passado e os fenômenos da atualidade que o raciocínio não consegue explicar.

Érica Montenegro escreveu, na edição de dezembro de 2004 da revista *SuperInteressante*, o artigo "Um outro Jesus", com base no fato de que os evangelhos apócrifos são textos que foram proibidos e ficaram desaparecidos por mais de um milênio, e mostram um Jesus diferente daquele que conhecemos. Segundo suas pesquisas, nada é mais importante que a sabedoria, e o autoconhecimento é o caminho para adquiri-la. Essa ideia – que não é muito diferente daquilo que prega o budismo – está completamente ausente dos evangelhos de Mateus, Marcos, João e Lucas. Qualquer bom cristão sabe que o Novo Testamento oferece um caminho com duas opções para a salvação. Primeira: é preciso ter fé (ela remove montanhas). Segunda: as ações têm de ser boas (ame o próximo como a si mesmo). Em nenhum lugar há referencia à outra rota para o Paraíso. Nem Lucas, nem Marcos, nem Mateus, nem João mencionam a necessidade do autoconhecimento e o saber das leis da Criação para a salvação.

A jornalista complementa escrevendo que, se o Cristianismo tradicional ignorava a importância do autoconhecimento, a ideia não é nova para nós, do século XXI.

Contudo, é imperioso conhecer-se a si mesmo para, simultaneamente, conhecer a profundidade de todas as coisas, vale dizer, da própria vida. O conhecimento de si mesmo e de sua origem deve necessariamente passar pelo reconhecimento do espírito, como o núcleo realmente vivo no ser humano.

De fato, a principal finalidade dos ensinamentos de Jesus era a conscientização dos seres humanos do significado espiritual da vida, mas isso não foi bem compreendido e, posteriormente, foi suprimido por outras noções mais próximas ao entendimento do raciocínio terreno.

Os seres humanos deverão chegar ao reconhecimento de que não foram capazes de compreender a profundidade dos escritos da Bíblia, que dão esclarecimentos sobre fenômenos espirituais, confundindo tudo em sua mente restrita, como se fossem acontecimentos terrenos.

Abdruschin escreveu: "Deus é Divino, Sua Vontade é espírito. E dessa vontade viva originou-se o ambiente espiritual que Lhe está mais próximo, o Paraíso com seus habitantes. Desse Paraíso, porém, adveio a criatura humana como semente espiritual, a fim de prosseguir no percurso pela Criação ulterior. O ser humano é, portanto, portador de espírito no conjunto da Criação material. Por esse motivo também se encontra atado, em suas ações, à pura vontade primordial de Deus, tendo de assumir toda a responsabilidade, se deixar que ela, pelas influências externas da matéria, fique coberta de impurezas e, sob certas circunstâncias, soterrada temporariamente de modo total. É o tesouro ou o talento que em sua mão devia render juros e mais juros". (*Mensagem do Graal*, vol.2, *Espírito*)

Figuradamente, os juros corresponderiam ao contínuo aprimoramento e embelezamento da vida no planeta, como meta do ser humano espiritualizado. Mas, tendo enterrado o talento, o espírito, sob as impurezas da matéria, tendo permitido que seu egoísmo pudesse agir livremente, construiu um mundo caótico e cheio de riscos que ameaçam toda a humanidade.

Ansiedade mundial

A tragédia do World Trade Center de Nova York ainda estava na lembrança de todos quando, no final do ano de 2004, a devastação causada pelo *tsunami* asiático com ondas de trinta metros de altura provocou uma comoção mundial, deixando os seres humanos desorientados com o acontecimento causador da perda de mais de trezentas mil vidas, e a destruição de habitações, hotéis e outras construções. Os pronunciamentos transcritos a seguir mostram bem a medida dessa comoção:

"Banda Aceh, Indonésia – O secretário de Estado dos Estados Unidos, Colin Powell, mesmo depois de vários dias de viagem pelas áreas devastadas pelo *tsunami*, ainda parecia em choque com a magnitude da destruição, nesta quarta-feira. Disse ele, 'estive na guerra e passei por diversos furacões, tornados e outras operações de resgate, mas nunca vi algo assim', após uma viagem de helicóptero de trinta minutos."

"Não consigo imaginar o horror que essas famílias passaram e todas as pessoas que ouviram o barulho chegando e tiveram suas vidas apagadas por essa onda", complementou. "O poder da onda para destruir pontes, destruir fábricas, destruir lares, destruir plantações, de destruir tudo em seu caminho é chocante."

"O governador da Flórida, Jeb Bush, que participou da visita de Powell às áreas atingidas, parecia abalado com o que viu. 'É de quebrar o coração', disse." (AP/OESP, 5.1.2005)

"O secretário-geral da ONU, referindo-se à catástrofe, disse que 'nunca havia visto tamanho destruição. Você se pergunta: onde estão as pessoas? O que aconteceu com elas?'" (*Folha de S. Paulo*, 9.1.2005)

A destruição causada pelo *tsunami* na Ásia, um dia depois do Natal, além dos milhares de mortos, lançou 5 milhões de pessoas na miséria, sem ter o que comer e sujeitos a contrair enfermidades. Agora, o que poderão dizer as religiões? Como explicar para os fiéis que estamos entrando na fase mais aguda do Juízo Universal, preliminar às grandes transformações? Como esclarecer o critério de seleção para permanecer vivo ou morrer tragicamente? Como entender os complicados desígnios da salvação vigente entre os humanos?

A alteração produzida na orientação do eixo da Terra pode estar prenunciando fatos abaladores para a humanidade, pois uma alteração dessa natureza é algo extraordinário, um fato que não acontece todos os dias. Contudo, acabou sendo minimizado, fazendo os seres humanos acreditarem tratar-se de coisa corriqueira, em vez de, aproveitando o sinal da natureza, examinar seriamente a maneira complicada como tem vivido.

Ao iniciarmos o século XXI, as pessoas não estão dando mostras de grande satisfação com a vida. Uma grande ansiedade invade os corações. Alexandre, o Grande, também não estava satisfeito com a vida que estava levando. Apesar de seu grande domínio abranger três continentes, poder e riqueza não lhe propiciaram aumento da felicidade, e seu descontentamento acabou encurtando sua vida.

Atualmente, vivemos em um mundo de pouca esperança no futuro, o que enfraquece a vontade de viver das pessoas. As pessoas são levadas a crer que a vida não é muito mais do que nascer, crescer, trabalhar e consumir, e depois morrer, e aproveitar a vida, como se o viver não tivesse um significado mais elevado. Não reconhecem mais as dádivas do Senhor. Assim, não poderão se alegrar. Alegria é gratidão, e sem ela os seres humanos se desvalorizam. Em muitas cidades faltam ordem e disciplina, as ruas estão sujas, os jardins e praças malcuidados. Em muitas casas também ocorre o mesmo. É o vazio existencial, a falta de motivação mais nobre, o desinteresse. Mas o ser humano deve ter fortalecida sua vontade de viver, ciente de que deverá reencontrar o caminho perdido.

Agitação e medo inquietam o ser humano, que agora deve esforçar-se para aplicar todas as forças do espírito, a fim de se tornar conhecedor da real situação para resolvê-la favoravelmente, sem comodismo ou indolência.

Continuamente, o espírito humano é sacudido pelos acontecimentos inquietantes, para permanecer desperto, sem cair na indiferença fatal daqueles que não mais sentem a saudade da Luz em seu coração e que afundam com sua desconfiança, insatisfação, descontentamento e inveja.

As catástrofes naturais também nos demonstram a insignificância e a fragilidade dos seres humanos e das estruturas por eles erguidas, ante a força da natureza. Está tudo à vista, basta abrir os olhos e ver os resultados do distanciamento da humanidade do funcionamento das Leis da Criação.

A *Mensagem do Graal* compara a vida dos seres humanos a uma grande estação de trem. Simbolicamente, cada resolução é como se fosse um trem escolhido, que segue para uma determinada estação. Enquanto esta não chega, há tempo de mudar de trem nas estações intermediárias, isto é, tomar novas resoluções. Muitas vezes, Jesus quis avisar aos seres humanos para qual estação estavam indo, ou seja, nessa situação confusa em que a humanidade se encontra agora.

Os seres humanos nunca quiseram mudar de trem, buscando as estações mais ensolaradas da paz e da harmonia. Jesus queria que os seres humanos buscassem pelas boas estações, que trouxessem a Luz da Verdade para suas vidas. Aqueles que deveriam ter dado claras orientações aos seres humanos acabaram indicando caminhos e trens inadequados ao real progresso.

Agora é o Juízo, a reciprocidade atua severamente, o trem é muito veloz na estrada em declive, as estações ruins chegam cada vez mais depressa. Não fica difícil prever aonde irá parar o trem da humanidade.

O novo milênio traz consigo a era do despertar do espírito de sua inatividade, cuja compreensão deveria estar além dos limites grosseiros e materiais, restringidos pela tese de que tudo quanto não puder ser justificado por meio do raciocínio deve ser desprezado e ridicularizado. O despertar espiritual mostrará o quanto estamos distantes do verdadeiro saber. O mundo grosseiro e material é um meio, não a verdadeira pátria do espírito.

A ciência deveria tornar mais compreensível à dádiva de Deus, a Criação, na tentativa de perscrutar as leis do Criador, a fim de que essas, por seu conhecimento mais apurado, possam ser utilizadas mais proveitosamente para o bem da humanidade. Tudo isso nada mais é do que se submeter à Vontade Divina.

Grandes Transformações

*T*odas as condições ambientais do planeta se acham em intensa movimentação, impulsionadas pelos entes da natureza, que dão o prosseguimento natural às consequências das decisões humanas. Água, ar, solo, florestas, tudo interligado pela vida de forma harmoniosa.

Muitos cientistas de várias nacionalidades estão alarmados com as descobertas dos efeitos aparentemente irreversíveis de alterações causadas pelo aquecimento global no *habitat* ártico, nos países que rodeiam o Polo Norte. As alterações climáticas aumentaram a duração dos verões e reduziram a camada de gelo que cobre grande parte do Ártico.

"As regiões polares são as primeiras que mostram sinais do aquecimento climático, sendo, por isso, sentinelas da mudança ambiental", declarou o geólogo Alexander Wolfe, da Universidade de Alberta (Canadá). Segundo Kathleen Tuhland, bióloga da Queen University, "o momento dessas alterações confirma sem dúvida a intervenção do ser humano".

"A densa camada de gelo que cobre a parte ocidental da Antártida está em desintegração, afirmam cientistas britânicos. Caso esse 'desabamento' atinja seu ponto máximo, o nível dos oceanos deve subir quase 4,9 metros. Os peritos do grupo BAS (British Antarctic Suvery), com sede em Cambridge, descobriram que essas massas de gelo, até agora consideradas estáveis, estão em processo de desabamento."

"A equipe mediu a densidade da camada de gelo e chegou à conclusão de que a cada 12 meses o nível dos oceanos subiria um quinto de milímetro. O professor Chris Rapley, diretor do BAS, declarou na conferência que esse sinal de alarme já constava do último relatório do grupo intergovernamental sobre alterações climáticas das Nações Unidas, mas foi ignorado.

"O eventual colapso dessa camada causaria um desastre de proporções gigantescas, já que enormes zonas costeiras submergiriam, tanto em países desenvolvidos como naqueles em desenvolvimento."

A conferência de Exeter faz parte dos esforços do Reino Unido para aproveitar sua presidência do G8 (países mais ricos e Rússia) e chamar a atenção do mundo em relação às alterações climáticas.

O ex-primeiro-ministro britânico, Tony Blair, pediu aos cientistas, na conferência, para determinarem a partir de que momento as alterações climáticas começarão a ter consequências catastróficas para as sociedades do planeta e para os ecossistemas.

O círculo polar Ártico ficará sem gelo durante o verão e o início do outono já no final do século XXI, devido ao aquecimento global, alerta estudo do Conselho Ártico publicado pela imprensa sueca.

Cerca de um quarto do gelo da região desapareceu durante os últimos quarenta anos, e a temperatura média aumentou um grau. O aumento da emissão de gases-estufa causa um efeito maior no Ártico devido às poucas horas de incidência dos raios solares na região, explica o estudo.

Segundo Erland Kaellén, do Instituto Meteorológico da Universidade de Estocolmo, o consequente aumento da temperatura colocará em perigo espécies como o urso-polar.

"As alterações climáticas já começaram, e não há forma de voltar atrás, embora possamos investigar até onde podemos atenuá-las", afirmou Kaellén ao jornal *Dagens Nyheter*. Os níveis de dióxido de carbono (CO^2) sobre a Antártida subiram 2,6% em seis anos, primeiro aumento de um gás causador do efeito estufa até agora detectado sobre o continente.

A informação é de um grupo de cientistas japoneses do Instituto Nacional de Pesquisa Polar, para quem o dióxido de carbono proveniente dos continentes habitados está aparentemente dirigindo-se para a atmosfera sobre a Antártida. "Tudo na Terra está agora poluído com dióxido de carbono", disse Takashi Yamanouchi, professor do instituto. "Isso pode estar contribuindo para a expansão do aquecimento global, embora seja necessário verificar se as temperaturas na atmosfera estão de fato subindo", explicou.

Os verões muito quentes, com ondas de calor como as que atingiram a Europa em 2003, deverão se repetir com frequência até o final do século, indica um estudo suíço. As altas temperaturas afetam a saúde das pessoas, sobretudo idosos, e provocam violentos incêndios florestais.

O aquecimento global, provocado pelas alterações climáticas, que têm origem na poluição, traduz-se por variações das condições meteorológicas e também pelo aumento geral da temperatura, aponta o estudo.

"Os investigadores calculam que haverá grandes dificuldades de adaptação da agricultura a essas alterações."

"Os gases de efeito estufa, emitidos pela indústria e pelos transportes, são apontados como a principal causa para o aquecimento global." (Agência Lusa)

Um terço das espécies de anfíbios – como sapos, pererecas e salamandras – corre perigo de extinção, revela estudo publicado pela revista *Science*.

As espécies mais ameaçadas estão na América Latina. No total, pelo globo, 1.856 espécies de anfíbios correm perigo de sumir. São 110 só no Brasil. No Haiti, o país mais pobre da região, 92% de suas espécies correm perigo de extinção.

"Os anfíbios são o melhor indicador que a natureza tem sobre a saúde ambiental", diz Russel Mittermeier, presidente da organização ecológica *Conservation International*.

"Seu catastrófico declínio constitui uma mensagem de advertência no sentido de que estamos em um importante período de degradação." (*Folha on-line*)

Outra informação muito grave partiu da ONU, dando conta de que o planeta pode entrar em colapso neste século.

"O mais amplo estudo já feito sobre ecossistemas, com 1.360 cientistas, alerta para o esgotamento de recursos e de espécies."

Cerca de 60% de todos os ecossistemas do planeta estão degradados ou sendo usados de modo não sustentável. Se nada for feito, as consequências poderão levar a um cenário desolador em 50 anos.

Essas são as principais conclusões de um estudo realizado por 1.360 especialistas em 95 países: a *Avaliação Ecossistêmica de Milênio* (AEM), lançada em 2001, a partir de solicitação feita no ano anterior pelo secretário-geral das Nações Unidas, Kofi Annan. Em março de 2005, o projeto divulgou suas conclusões iniciais.

"Dentre os problemas mais sérios identificados por essa avaliação, estão: as condições drásticas de várias espécies de peixes; a alta vulnerabilidade de 2 bilhões de pessoas vivendo em regiões secas; e a crescente ameaça aos ecossistemas das mudanças climáticas e poluição de seus nutrientes", diz uma das principais mensagens do relatório, que tem como título *Vivendo além e nossos meios – O capital natural e o bem-estar humano*.

Essas são apenas algumas informações, o conjunto das alterações é muito mais amplo e abrangente, envolvendo o que acontece na superfície da Terra, como consequências do comportamento humano em relação ao meio ambiente e também devido às poderosas liberações de energia no Cosmos e às colossais explosões solares, que afetam tudo, inclusive o interior da Terra, refletindo-se nas atividades vulcânicas, podendo ocorrer erupções a qualquer momento, e nos movimentos das placas tectônicas, como em 26 de dezembro de 2004, provocando um maremoto de intensidade 9.2 na escala *Richter*, a 160 quilômetros da Indonésia, causando uma onda *tsunami* que devastou várias cidades, tirando a vida de mais de 300 mil pessoas. Ocorre também a eclosão de raios cósmicos, que vem aumentando uma estranha claridade que surge no hemisfério norte na época do inverno. Enfim, tudo isso se entrelaça com as correntezas marítimas, com a formação dos ventos e tornados.

Diante das alterações climáticas em curso, urge que façamos planejamento sustentável de nossas atividades, evitando todos os desperdícios de recursos. A falta de chuvas criou um grande problema de abastecimento de água para a grande São Paulo em 2014 e que vai repercutir nos próximos anos. Além da alteração do clima, houve decênios de descaso com a poluição, com a preservação dos mananciais e suas reservas florestais, com o saneamento. Faltou ampliação do sistema, concluído em 1985, condizente com o aumento da população.

A vida exige o adequado equilíbrio de incontáveis elementos. Solo, água, florestas, composição da atmosfera, a participação de milhões de espécies animais e vegetais. Isso tudo foi cuidadosamente planejado pelos entes da natureza em conformidade com as perfeitas leis do Criador. Mas eis que os efeitos negativos das ações humanas se tornaram nitidamente visíveis.

Durante milênios, os picos das montanhas têm estado cobertos de gelo. Com a chegada da primavera, um derretimento provoca a descida de água cristalina que vai banhar as planícies, alimentando os córregos e riachos, formando os rios. É a vida que ressurge com as plantas, as flores e as diversas espécies de animais.

O Monte Kilimanjaro deixou de ser coberto por neves que duraram mais de 11 mil anos. Trata-se de um inequívoco sinal de que algo muito grave está acontecendo com o planeta. Mas não é só o Kilimanjaro, o mais alto pico na África. No Himalaia, as geleiras também estão cedendo. Segundo Jennifer Morgan, diretora do programa de mudanças climáticas da WWF (Fundo Mundial para a Natureza): "O derretimento rápido das geleiras do Himalaia deve primeiro aumentar o volume da água nos rios, causando enchentes generalizadas, mas essa situação vai mudar, e os níveis da água cairão, causando problemas econômicos e ambientais maciços para a população do oeste da China, do Nepal e do norte da Índia".

Em 1962, quando os astronautas americanos alcançaram a Lua, pela primeira vez visualizou-se que a Terra tem seus limites e que não poderíamos continuar sacando os recursos da natureza de forma indiscriminada.

Passados alguns anos, em 2005, foi constatada a "triste contaminação" da Terra, com a vista da Estação Espacial Internacional de grandes áreas com nuvens de fumaça e poluição nitidamente visíveis.

"*É triste ver o que está ocorrendo na Terra. Era doloroso ver a fumaça das fábricas e a contaminação da natureza.*" Foi assim que o russo Salizhan Sharipov definiu a impressão geral que teve de sua missão de quase sete meses na Estação Espacial Internacional (ISS), ao lado do norte-americano Leroy Chiao.

"Vimos a contaminação que a indústria produz. Notamos isso especialmente no Sudeste Asiático, onde a cortina de fumaça nos impedia de fotografar a região", destacou o russo, na primeira entrevista coletiva que os astronautas deram em Moscou depois do retorno à Terra, em 25 de abril de 2005.

Os seres humanos

Os germes espirituais, em seu anseio para a autoconscientização, percorreram a trajetória que os conduziu ao planeta Terra para o vivenciar do anseio neles latente. A Terra é o ponto na matéria grosseira onde se reúne tudo quanto existe na Criação e que atingiu o ponto de supermaturação. É o campo de cultivo para a germinação da semente espiritual. O espírito tem de dominar, tem de se esforçar para isso com plena consciência. "Mas só poderá dominar conscientemente se conhecer todas as leis que se encontram na Criação, orientando-se de acordo com elas. Diferentemente não é possível. Só então preenche o lugar que lhe foi dado e que ele nunca poderá alterar nem deslocar." Abdruschin, *Mensagem do Graal*, Vol. 3, *Temperamento*.

Em decorrência do retardamento da evolução do espírito humano, muitas coisas entraram em processo de estagnação, pois os mecanismos naturais foram rompidos e a destruição tem sido de tal monta que superou a capacidade natural de autorregeneração promovida pelos entes da natureza.

Ao atingirmos o ponto de supermaturação, tornam-se evidentes todos os desequilíbrios provocados pela espécie humana, justamente ela, que deveria ter enobrecido e prosseguido na obra de beneficiar e embelezar o planeta com sua atividade. A paz é precária. A violência urbana aumenta, mormente nos países atrasados. A situação atual da economia e das finanças globais apresenta tantos desequilíbrios que foi definida por Paul A. Volcker, ex-presidente do Banco Central americano, como "patinação sobre uma camada de gelo cada vez mais fina", que a qualquer momento poderá se romper, gerando fortes crises financeiras.

Mas, na verdade, o que parece estar assentado sobre uma fina camada de gelo é a própria estruturação da vida humana.

Em entrevista do dr. Paal Brekke, diretor do projeto Soho, da NASA, para Mitch Battros, da *Earth Changes TV*, ambos examinaram a equação que analisa causas e efeitos entre os eventos no interior do Sol e as alterações climáticas. Para eles, as manchas solares ocasionam as labaredas solares, as quais impulsionam os ventos solares que interagem no campo magnético terrestre, o que provoca mudanças nas correntes marítimas, que causam condições climáticas extremas, desestabilizando as condições de vida dos seres humanos. Inclusive o equilíbrio emocional. (*www.earthchangestv.com*)

O fato é que, inegavelmente, a atividade solar se acha em franca progressão, sem que se saiba exatamente o significado disso, mas que, conforme a equação dos cientistas, deverá trazer para a Terra, e para a humanidade em geral, um agravamento das condições ambientais. Além disso, segundo Abdruschin, na *Mensagem do Graal*, "*já há anos vêm os entendidos falando da vinda de um grande cometa, ele também pode ser chamado de Estrela de Belém, porque é da mesma espécie. Sua força levanta as águas para grandes alturas, traz catástrofes climáticas e outros fenômenos mais. A Terra treme quando seus raios a envolvem*".

Se os seres humanos conhecessem a vida como ela é, tudo seria diferente, mais leve, melhor, mais pacífico e harmônico, não haveria todo esse sofrimento decorrente dos caminhos errados, tanto na vida pessoal como nas dificuldades para o viver cotidiano. Haveria melhor entendimento entre as pessoas porque o sentimento conciliador sempre estaria presente.

No entanto, conhecer o significado da vida, saber por que se encontra na Terra, é um dever do ser humano. Mas quem se ocupa seriamente com isso? Ao espírito humano está reservada uma tal evolução que o manterá acima do contínuo processo que promove a formação e decomposição de tudo quanto é material, para que não venha a ser arrastado junto, desde que ele não se prenda espontaneamente ao materialismo dominante, afastando-se do ciclo evolutivo previsto nas Leis da Criação, o que afeta o próprio movimento circular do planeta.

Renascimento da Terra

O princípio básico de toda matéria é a transformação: o aglomerar-se, a formação, a decomposição e a desintegração para um novo formar. Assim, o que se passa nas imediações próximas é apenas uma cópia daquilo que existe na Criação e, nesse meio, foi colocado o ser humano, dotado de espírito e livre resolução, apto para conduzir tudo na direção mais elevada, ao alcance da Luz.

Com a faculdade de livre decisão, que lhes é inerente, os seres humanos deveriam ter escolhido o caminho em direção à Luz. Na ausência dessa escolha, tudo o mais foi sendo rebaixado, tendendo para um limite crítico que leva ao processo de desintegração.

A esse respeito, Abdruschin apresenta o seguinte esclarecimento:

"*Uma parte do Universo ou corpo sideral material, onde espíritos humanos em desenvolvimento estão sintonizados com todos os seus desejos e sua vontade pura somente para a Luz, permanece mais luminosa e, desse modo, mais leve, em uma altitude que, sem interrupção, está capacitada a receber de modo pleno as forças vivas de irradiações provenientes da Luz, podendo com isso permanecer sempre vigorosa e sadia, vibrando nas Leis da Criação, nem chegando por isso ao curso que deve conduzir ao superamadurecimento e desintegração*". (*Mensagem do Graal*, vol.2, *Eu Sou a Ressurreição e a Vida, ninguém chega ao Pai, a não ser por Mim!*)

De fato, os seres humanos, concebidos segundo a imagem do Criador, se afastaram do pão da verdade, sem o qual o espírito perde a sua energia e não mais consegue atuar de forma abençoada. Assim a sociedade humana, afastada da Luz, encontra-se como que sob escuras nuvens que sombreiam seu destino, e o próprio planeta Terra se acha em situação delicada, pois em seu atual movimento orbital se encontra em uma zona de perigo.

Quando os seres humanos se defrontam com problemas para obter alimentação sadia e água cristalina, é sinal de que as coisas já ultrapassaram os limites de tolerância. E disso não faltam exemplos. Algum tempo atrás, muito se falou da contaminação da carne bovina em países da Europa, o que ficou conhecido como a "doença da vaca louca". O Oriente Asiático enfrentou a questão da "gripe do frango", tendo por isso de eliminá-los aos milhares. Agora, as mais recentes informações dão conta de que até os peixes não estão livres de contaminação. Salmões e outros peixes estariam contaminando a população quando ingeridos sem cozimento em temperatura elevada ou não congelados devidamente. As águas próximas de alguns países, como do Japão, não produzem muitos peixes há décadas. Assim, para alimentar sua população, os japoneses aumentaram o tamanho dos navios pesqueiros e começaram a pescar cada vez mais longe. Em muitas regiões, a água potável está se tornando escassa, gerando desentendimentos e conflitos.

Enfim, são sintomas de que algo de sadio foi retirado da vida humana e de seu meio ambiente. A cobertura vegetal se reduz. O solo sofre erosão, as águas diminuem e ficam poluídas, pragas e viroses começam a atingir as espécies animais e vegetais que se prestam à alimentação humana. Mas, apesar de tudo, a Terra ainda continua dando acolhimento e oferecendo alimentos, água e ar que sustentam a vida. Porém, os seres humanos recebem as dádivas com insatisfação e descontentamento, sem retribuir com um agradecimento sincero. Em vez de belos corpos, com feições alegres e sadias, surgem caricaturas humanas, enfraquecidas e desengonçadas, distanciadas da Luz, apresentando múltiplos sintomas de doenças.

Estão em curso visíveis transformações cósmicas, preparando um grande acontecimento para ajustar o movimento circular do planeta Terra, elevando as criaturas humanas, que almejam por isso a níveis mais altos, onde possam ser alcançadas pelas benfazejas influências da Luz e assim cumpram efetivamente sua finalidade de seres humanos vivificados pelo espírito. Então, a Terra novamente voltará a ser primaveril, tão linda e acolhedora como quando saiu da mão do Criador.

É indispensável que o ser humano esteja preparado e disposto a renovar seu próprio futuro, se é que realmente deseja ter um bom futuro. Ele pode, pois dispõe da força outorgada pelo Criador: terá apenas de agir em consonância com a perfeição determinada pelas Leis da Criação, para que possa alcançar a real e duradoura felicidade, sentindo-a no íntimo, ou, como muitos estão dizendo, no eu superior, que na verdade se trata da própria alma percebendo que está atingindo seu alvo de elevação e enobrecimento, olhando para si mesma com gratidão pelo dom da vida e tudo o que recebeu, o ar para respirar, os alimentos que nutrem o corpo, a água que sacia a sede, o Sol que mantém a vida.

A vida é um presente muito valioso para ser desperdiçada. Tempo não aproveitado é tempo perdido. Devemos compreender seu significado e viver com plenitude. Devemos fortalecer a vontade de viver e lutar por nossos ideais. No banquete da vida, o ser humano nasceu para evoluir e ser feliz. As crises devem nos levar em busca de algo melhor que nos possibilite alcançar um estado de serena felicidade proveniente da alma iluminada.

Uma Nova Era em Gestação
O Futuro da Economia

A população mundial atingiu o número de 7 bilhões de pessoas em 2014, o que cria pressões em todos os setores da vida. Em decorrência, o crescimento econômico se tornou a grande preocupação dos governantes. Em artigo publicado no jornal *O Estado de São Paulo*, o jornalista Celso Ming disse que em praticamente todos os países a política econômica está voltada prioritariamente para a geração de empregos, o que, por sua vez, está condicionada à geração de riquezas. Mas até quando se pode contar com esse tipo de estratégia?

Com o advento das novas tecnologias e a inclusão de milhões de trabalhadores em várias nações do mundo e, em particular, nas da Ásia, criar empregos tem sido uma tarefa árdua. Estamos diante de um quadro inédito de dificuldades. O relatório lançado pela Divisão de Política de Desenvolvimento e Análise do Departamento de Assuntos Econômicos e Sociais da Organização das Nações Unidas (ONU) indica que o crescimento econômico mundial tende ao declínio, pois foi consideravelmente mais fraco durante 2012, e deverá se manter frágil nos próximos anos. As dificuldades nas grandes economias dos países desenvolvidos decorrem do desequilíbrio entre produzir e assegurar renda para manter o consumo.

Segundo o relatório, muitas dessas economias, em especial as europeias, estão presas em um "ciclo vicioso de desemprego elevado, queda no consumo, instabilidade do setor financeiro, riscos soberanos elevados, austeridade fiscal e baixo crescimento".

Quanto aos Estados Unidos, Nouriel Roubini, professor da Universidade de Nova York e presidente de uma empresa de consultoria que leva seu nome, alertou para o elevado déficit que pode despertar a insurgência dos mercados contra a dívida do país que não para de crescer, tal como aconteceu na Europa. Uma paralisação dos mercados financeiros levaria a economia ao caos, desorganizando a produção e o consumo em escala global.

Os Estados Unidos continuarão sendo a grande potência econômica, pois são mais organizados, planejam em longo prazo e contam com uma população melhor preparada. No entanto, como o crescimento mundial se defronta com seus limites críticos, é possível que haja um acirramento da guerra das moedas, com a flexibilização da liquidez. Porém, mais dinheiro não resolverá a questão do limite dos recursos naturais e do disciplinamento do consumo e do padrão de vida. Os interesses contrários impedem que haja um consenso tendente ao bem geral, embora a superpopulação exija que ocorra um bom entendimento para evitar o caos social.

Desde longa data os humanos gostam de indicar um culpado para suas misérias, tranquilizando-se com isso e não pesquisando as causas reais. Para muitos, o capitalismo é o grande vilão por propiciar o crescimento da corrupção. Para outros, as contínuas interferências dos governos desarrumam a economia. Pessoalmente, acho que o problema da corrupção não está no capitalismo ou socialismo, mas sim no ser humano dito materialista, que se corrompe devido à sua cobiça de dominar e se achar dono do mundo, permitindo que os fins justifiquem os meios. Para o escritor alemão Abdruschin, o homem entregou-se ao materialismo, eliminando as aspirações mais elevadas, provocando cisões e ódio mútuo. Com a sintonização errada dos indivíduos, o falhar tornou-se visível em toda parte. Para onde quer que se olhe, há um quadro da mais desoladora confusão e miséria.

Lamentavelmente, diante do rolo compressor do materialismo, estamos sendo conduzidos para uma completa alienação do sentido da vida, o que nos reduz à condição de máquinas sem conteúdo, afastadas da Luz, sem que haja plena consciência disso. Quanto mais persistimos nessa situação, mais ficamos sujeitos ao atraso no desenvolvimento humano, incapacitando as novas gerações para a construção de um futuro melhor.

Imediatismo na economia

Imagine a bela paisagem do Polo Norte. Montanhas de água congelada acumuladas em milênios e que agora estão se desfazendo. Quanto maior o aquecimento global, maior o desmanche. Assim está ocorrendo com muitas das estruturas erigidas através dos séculos, e que agora ameaçam desmoronar por falta de sustentabilidade. É o caso da economia, que durante muito tempo se fundamentou no real, na natureza como a grande. Visava-se cuidar da subsistência através da extração dos recursos naturais, na produção agrícola e na distribuição dos artigos indispensáveis. Trabalhava-se para assegurar a sobrevivência.

A partir do século XVI começam a surgir mudanças na produção industrial, com o surgimento das fábricas e do que seria o embrião do mercado financeiro com operações de participação e financiamento de grandes empreendimentos. Trabalhar para acumular dinheiro tornou-se objetivo atraente. Aos poucos, o dinheiro foi adquirindo a posição de mercadoria especial. Assim, depois de séculos, a finança global acabou se tornando dominante, assumindo a posição anteriormente ocupada pela religião nos rumos da vida, da política e da economia. O poder financeiro superou até os governos, mas atingiu um estágio de supersaturação, exibindo seus frutos nas crises das dívidas soberanas de duvidosa liquidação, na falta de empregos para as novas gerações, no aumento da miséria e na concentração da riqueza.

O mercado financeiro se descolou da economia real. Calcula-se que, para um montante de produção mundial de 60 trilhões dólares, o mercado financeiro esteja girando com um volume de papéis e operações da ordem de 600 trilhões, altamente concentrado em poucas mãos. Se esse montante, ou parte dele, for parar no mercado real, nas mãos dos consumidores, teremos uma situação complicada. Quando as pessoas se apegam a interesses ligados exclusivamente ao material, perdem a sensibilidade, e sua atividade torna-se rígida, tendendo ao desmoronamento quando as consequências finais se fazem sentir. As ações movidas pela intuição contêm a força natural, enquanto que as tomadas com o raciocínio precisam de grande esforço para ser mantidas.

O raciocínio tende para o individualismo. O espírito está para a intuição, assim como o cérebro para o raciocínio, e tudo precisa estar integrado com a participação do cerebelo, segundo afirmou Abdruschin. O físico inglês Isaac Newton (1642/1727) caminhava nessa direção, mas os cientistas modernos deram ênfase ao cultivo do raciocínio, pondo a intuição de lado, gerando a tendência destrutiva do pensamento calculista. Assim a natureza e suas leis permanecem incompreendidas até hoje, enquanto as teorias criadas precisam ser permanentemente revistas, como acontece com a ciência econômica. Enquanto isso, os imediatistas vão tirando proveito, onde e como podem, acumulando liquidez financeira.

A situação econômica atual assemelha-se à avalanche de gelo: muita coisa se desprende e não tem como voltar ao que era. Quanto mais avançamos no tempo, mais efeitos danosos aparecem, pois muita coisa foi montada de improviso tendo em vista a maximização de resultados no curto prazo, sem considerar as consequências para o futuro da humanidade.

Tempos obscuros

Como teríamos chegado a uma situação tão difícil e perigosa para a humanidade? Enquanto são realizadas muitas discussões de caráter financeiro, a qualidade humana e do próprio planeta seguem em declínio, sem que nada sério seja debatido sobre essa questão tão essencial. A evolução dos seres vivos seguiu mecanismos estritamente naturais e coerentes, necessitando para isso um longo período de amadurecimento até que surgisse o corpo mais evoluído que daria lugar ao ser humano.

Os cientistas radicais não querem admitir a atuação de leis invisíveis que promovem a evolução, pois examinam a realidade apenas com o cérebro. O ser humano surgiu em um corpo de origem animal ao qual deveria enobrecer prosseguindo a marcha evolutiva, tanto na aparência bonita e saudável como em seu comportamento como espécie pensante dotada de livre-arbítrio, destinada a produzir na Terra uma vida de elevada qualidade através de sua essência espiritual.

Por volta do ano de 1930, a população mundial situava-se na casa dos 2 bilhões de pessoas. Atualmente, avançou para mais de 7 bilhões, ou seja, em um curto período de 83 anos houve o aumento de 5 bilhões de pessoas, sem que tivesse havido um planejamento para conduzir esse crescimento de forma ordenada. De onde vêm tantas almas?

"*É preciso limitar o número de pessoas nas futuras gerações (...) a cada quatro dias e meio, estamos trazendo mais 1 milhão de pessoas ao mundo, e isso não é algo sustentável. E é incrível como quase todo mundo entendeu isso muito bem e concordou comigo*", afirma o escritor Alan Weisman, autor de *O Mundo sem Nós*.

Acontecimentos trágicos se avolumam pelo mundo. A vida e seu real significado ainda não foi compreendida, pois não houve interesse para isso, apenas para nossa satisfação no curto período que peregrinamos pela Terra.

No filme *Bel Ami, o sedutor*, uma das amantes pergunta a Georges (interpretado pelo ator Robert Pattinson) por que ele agia de forma tão egoística. Para fugir da pobreza, respondeu ele, acrescentando que seu pai tinha uma vida difícil, mas em todos os fins de semana se ajoelhava pedindo uma próxima vida melhor. "Eu quero viver bem agora, porque tudo acaba quando se morre", concluiu.

A começar pelas religiões, o maior interesse tem sido a satisfação própria no curto período que peregrinamos pela Terra. Sem conhecer o antes e o depois, sem o reconhecimento das leis naturais da Criação, os homens embrutecem e partem para as guerras de conquista. E alegando outros motivos, semeiam misérias. A sintonização da humanidade tem sido a de aproveitar o momento presente, sem se preocupar com o futuro, deixando a vida rolar solta pelo acaso, sem comprometimento, sem responsabilidade. A Mensagem de Jesus, moldada pelos interesses, foi utilizada por Roma como base para a religião, a qual, durante séculos foi a mola mestre, exercendo influência sobre tudo, tolhendo a liberdade dos indivíduos.

Com o desenvolvimento do capitalismo como civilização, a vida vem se desvinculando da religião e o ser humano, da espiritualidade. Ao contrário da religião, no capitalismo a influência dos homens que se apegam ao poder é exercida de forma oculta. Ganância e sede de poder têm impedido o progresso real.

As novas gerações devem ser preparadas para se tornarem seres humanos de qualidade, benéficos a si mesmos e ao planeta. É uma causa a ser abraçada pelos jovens. Einstein, Darwin, Newton e muitos outros reconheciam a existência de poderosas leis reguladoras da natureza e da vida. Por isso a importância, até hoje não compreendida, de iniciar o aprendizado infantil através das belezas da natureza e seu encadeamento lógico de causas e efeitos.

Uma nova forma de viver

Muitos jovens consideram que algo está errado no atual sistema de vida; sentem que alguma coisa foi perdida. Não sabem mais o que fazer nem se existe algo em que poderiam acreditar. Há uma sensação de impotência e raiva, pois veem muita bandalheira sem que consigam ter esperança de melhoras, podendo facilmente descambar para as formas de ódio. De fato, algo na essência humana está encolhendo, deixando a vida áspera e vazia, mostrando a falta do Amor.

Jonathan Sacks, ex-rabino chefe da Commonwealth, afirmou que "há o abandono de um código compartilhado de valores, que é o que liga uma pessoa a outra (...) Há uma perda de um sentido de lealdade e responsabilidade (...) A sociedade, aos poucos, começa a se dissolver, e o primeiro sinal disso é a dissolução da família. Na Inglaterra, hoje, 50% das crianças nascem fora do casamento".

Os parâmetros e códigos de convivência que não solidificaram um padrão ético e moral fundamentado nas leis da Criação, mais cedo ou mais tarde acabam se desgastando, deixando de ser aceitos e respeitados pelos humanos que, de alguma forma, acabam intuindo que há algo errado nessa construção. Basta citar apenas a questão do divórcio. É muito complicado quando as famílias estão formadas, mas, se não há amor nem consideração, o mútuo respeito tende a se deteriorar, tornando impossível a convivência a dois. Então veio o divórcio como arremedo de uma situação de conflito, em uma união que não atendia aos princípios básicos do matrimônio verdadeiro.

Os jovens não podem ficar prisioneiros das engenhosas teorias distantes da realidade da vida, sendo a liberdade, com responsabilidade e consideração, inalienável. Precisam olhar os acontecimentos com clareza. Devem ser ágeis para perceber logo o que há de errado. Ter a humildade de reconhecer os próprios erros, corrigir a si mesmos, aprender com os erros, ver as coisas com realismo, com simplicidade, sem fantasia. Estar vigilante, manter o pensamento firme, sem permitir divagações estéreis ou pensamentos malévolos. Manter a serenidade e a capacidade de ver o que se passa à sua volta e que tipo de pensamentos estão lhe impingido – se descontentamento, revolta, indiferença –, enfim, pensamentos destrutivos que inibem sua capacidade criativa e sua iniciativa.

O importante é estabelecer metas, organizar os detalhes, agir com prudência. Para o bom andamento do relacionamento humano há um mandamento básico indicado por Jesus: "Ama ao próximo como a ti mesmo", isto é, não faça a ele o que não faria a si mesmo, ou o que não quer que façam consigo. Abdruschin ampliou a compreensão desse mandamento explicando-o na Mensagem do Graal com outras palavras: "Concedido vos é peregrinar através da Criação! Caminhai de tal maneira que não causeis sofrimento a outrem, a fim de satisfazer com isso qualquer cobiça!".

O desrespeito a esse mandamento, de forma velada ou explícita, acarretou as funestas consequências que estão transformando o viver em uma impiedosa luta pela sobrevivência, reduzindo a vida a um vale de lágrimas. Agora estão se tornando visíveis os trágicos efeitos da forma errada de viver em desacordo com essa lei, e tudo que se opôs a ela tende a se desfazer ruidosamente. As novas gerações que, aturdidas veem essa continuada degradação, sem saber qual a causa, precisam adquirir plena consciência da atuação dessa lei, para que possam construir uma nova forma de viver sadia e pacífica. Se a humanidade se esforçasse no sentido do Amor Divino, estaria protegida, e o viver seria bem diferente, mais ameno, mais construtivo e pacífico.

Despertar o eu interior

As novas gerações estão enfrentando vários impactos, dentre os quais a desaceleração econômica que vem reduzindo os empregos nos países desenvolvidos e o aumento da violência urbana em nações desiguais como o Brasil. Também estão observando os efeitos das alterações climáticas e suas consequências catastróficas. Há um descrédito nos gestores da religião, da economia e das finanças públicas. Qual influência exercem sobre os jovens tantas notícias de crises, onde supostamente não deveriam existir, como na religião, nos governos, na administração pública ou privada? Onde encontrar um alento esclarecedor, uma saída? Onde encontrar a Verdade?

O grande desafio é atingir o eu interior, que todos nós possuímos, e que se manifesta na consciência do próprio existir. Ele está adormecido. Precisa ser despertado para ajudar, para agir. Reflexões fortalecem. Pensamentos esvoaçantes atrapalham. Ouvir com atenção, interiorizar as vivências, favorece a movimentação. A partir dos anos 1970, ocorreram mudanças que afetaram profundamente o preparo das novas gerações, com o aumento dos estímulos para o fortalecimento do raciocínio em prejuízo da intuição.

Os jovens de hoje são seres humanos da mesma forma como as pessoas de mais idade, cujo eu interior ainda se mantém mais ou menos ativo, agindo com bom senso e algum lampejo intuitivo. Mas com os avanços da tecnologia e as mudanças na educação, e com a redução do hábito de ler e do aprendizado por convivência, o eu interior se apresenta mais travado nas novas gerações.

Atualmente, fortalece-se a crença de que a felicidade está na conquista do prazer imediato, o que cria uma barreira para a busca do sentido da vida. Estamos diante de uma geração que quer o prazer imediato, sem grandes preocupações com o significado da existência.

Às vezes, quando adentramos em um recinto ou em uma moradia, somos surpreendidos por algum arranjo de flores com sua beleza e sua leveza. No entanto, nem sempre observamos a mesma delicadeza nas formas de pensamento presentes nesse local. Isso porque as pessoas não se preocupam com sua maneira de pensar, falar e agir; não ouvem seu íntimo. Então, percebemos formas agressivas, ríspidas, sem coração, geradas na oficina do cérebro, pois o eu interior está travado. Abdruschin explica com clareza a origem disso, mostrando a diferença entre o ser humano materialista, que obedece cegamente ao seu raciocínio, e o ser humano de coração, que age com amor e generosidade, movido pelo lampejo espiritual – sua intuição.

A beleza das flores indica o caminho da leveza, mas teimosos, os humanos frequentemente preferem a rudeza do raciocínio movido pela desconfiança, medo e cobiça.

Algumas vezes consegui manter uma conversa com o "eu interior" da pessoa com a qual estava falando. Outras vezes notei como o raciocínio atrapalha e dificulta, impedindo o diálogo, pois o eu interior geralmente age com justiça e generosidade, o que contraria o ego. Hoje está cada vez mais difícil estabelecer o verdadeiro diálogo entre as pessoas. As novas gerações sofrem com isso e com o peso da tecnologia, cada vez mais baseada no raciocínio, e sua forte influência na educação.

E enquanto o raciocínio trava, o eu interior abre o caminho para uma visão mais ampla. A época exige comedimento e bom senso. Os jovens não pensam sobre isso; não são conduzidos a isso. Tudo conspira contra, para que os pensamentos permaneçam na superfície, sem análise, sem interiorização. E sem a conexão com o eu interior, as pessoas agem como robôs, preponderando as influências externas nas tomadas de decisões.

Com o eu interior desperto, vamos adquirindo visão de conjunto, capacidade de análise e melhor compreensão da situação, reconhecendo os pontos críticos. Para alcançar melhores resultados, temos de fazer um esforço visando ao fortalecimento do eu interior e à sua movimentação. Precisamos compreender que a presença humana no planeta deveria promover a melhora das condições de vida, não o contrário. Isso, a família e a educação precisariam transmitir às novas gerações.

A ciência e o comportamento humano

Trabalhando com os sentidos e a observação da natureza, a ciência acabou desacreditando a religião porque esta se baseou em pressupostos dogmáticos criados pelos próprios homens, em oposição às leis naturais, e com isso passou-se a crer que os seres humanos e a Terra fossem o centro de tudo. Porém, tanto a religião como a ciência acabaram se afastando da espiritualidade, permanecendo desconhecedoras da origem da Criação, da vida e do ser humano.

Deepak Chopra, formado em medicina na Índia, busca no livro *Ciência X Espiritualidade* a compreensão da condição humana. Segundo ele, a espiritualidade se orienta para uma região invisível e transcendente, interna aos indivíduos, havendo uma realidade invisível que é fonte de todas as coisas visíveis e que pode ser reconhecida por nossa consciência. No debate entre ciência e consciência, sobressai a questão da livre resolução dos seres humanos, cuja naturalidade acabou sendo perdida nas complexas teorias religiosas e científicas.

Segundo esclarecimentos de Abdruschin (1875-1941), cada intuição forma imediatamente uma imagem com a participação do cerebelo, que deve ser a ponte da alma para dominar o corpo. O cerebelo é a parte do encéfalo que transmite o sonho, estando ligado ao cérebro anterior, de cuja atividade se originam os pensamentos ligados ao espaço e ao tempo, os quais compõem o raciocínio. Como ponte, o cerebelo possibilita a manifestação da alma através de intuições, as quais dão as coordenadas ao raciocínio formado pelos pensamentos. Quando o raciocínio se torna dominante, ele bloqueia a intuição.

O ser humano não é máquina, uma vez que as máquinas não podem tomar decisões por si, mas apenas fazem aquilo para o que foram programadas. Deepak defende que o ser humano tem a faculdade de decidir, de fazer livres escolhas de forma consciente com seu livre-arbítrio. No entanto, os humanos têm se deixado viciar em agir no piloto automático, sem prestar atenção ao que fazem. Nesse caso, tendem a se tornar subordinados ao cérebro e aos mecanismos aos quais se deixaram plasmar. Por isso há muito esforço para entender como funcionam o cérebro e o raciocínio para alcançar uma dose de previsibilidade com relação ao comportamento humano.

Muitas pessoas agem de forma automática, sem refletir sobre suas ideias e ações, sem perceber como e por que foi tomada determinada decisão. Quando o cerebelo deixa de atuar como ponte para a alma, significa que o raciocínio já tomou conta das decisões, impedindo a reflexão intuitiva que possibilitaria perceber as motivações ocultas e geralmente condicionadas.

O naturalista britânico Charles Darwin (1809-1882) havia percebido o instinto de imitação dos animais e inclusive do ser humano. Os animais jovens imitam os mais velhos como meio de aprendizado; tudo é simples e natural. Mas os humanos tendem a imitar os modelos que lhes são dados. E quando o ser humano passa a agir por imitação diante de situações semelhantes às vividas pelos modelos apresentados, ele, na realidade, está se reduzindo, tornando-se indolente por não querer se dar ao trabalho de refletir sobre a forma e a razão de estar agindo de uma determinada forma e não de outra que poderia ser mais conveniente a si mesmo.

Na Roma antiga, oferecia-se pão e circo. No passado, a religião incentivava os fiéis a permanecer na indolência e a não fazer muitas reflexões e análises, aceitando tudo o que lhes fosse pregado. Atualmente, também se nota um esforço em manter a massa indolente, no piloto automático, tal qual os cães de Pavlov que salivam ao ouvir a campainha que anuncia a chegada da comida. Nós também nos deixamos enganar ao ver cenas de filmes. Embora sabendo que se trata de ficção, o cérebro age como se estivesse diante de acontecimentos reais, podendo condicionar-se ao som das "campainhas" que lhe são dadas a ouvir. Há muitos modelos mórbidos, sem propósitos de vida. Sem contato com o eu interior, as pessoas tendem a imitar os modelos que lhes são oferecidos. Os modernos estudos da neurociência avaliam as reações sinalizadas no cérebro que captam os índices emocionais.

Carlos Augusto Costa, coordenador do laboratório da Fundação Getulio Vargas (FGV), disse que "estamos longe de entender completamente o cérebro humano, mas com as técnicas do neuromarketing é possível desenvolver uma comunicação muito mais eficaz para candidatos a cargos eletivos, empresas ou instituições públicas". Trata-se, na verdade, de uma tentativa para conquistar o inconsciente de eleitores e consumidores em geral para que atuem na direção desejada. Prova de que o viver se tornou sujeito a manipulações e condicionamentos, pois as pessoas se acomodaram a uma situação de não desenvolver esforços por si, como seria o natural. Há um vazio de conteúdo espiritual na vida e nos indivíduos. Apenas alguns poucos ainda estão procurando preencher com Luz e Verdade, para compreender e alcançar os fins a que vieram.

Ciência e espiritualidade

Sabemos que não existe efeito sem causa nem causa sem efeito. Tudo tem finalidade específica, e isso também vale para o ser humano e a vida. A Terra não é o centro de tudo. Acreditar nisso foi o grande erro que prejudicou o conhecimento da origem do ser humano e da vida. Cabe aos cientistas buscar o conhecimento das leis naturais da Criação, as quais transcendem ao restrito planeta na imensidão do Cosmos.

O real significado da vida ainda não foi compreendido, pois não houve interesse para isso. A começar pelas religiões, o maior interesse tem sido a satisfação própria no curto período que peregrinamos pela Terra. Sem conhecer o antes e o depois, sem o reconhecimento das leis naturais da Criação, os homens embrutecem e semeiam misérias, travando guerras de conquista, mas dando-lhes como desculpa de seus atos outras motivações menos decadentes.

Acontecimentos trágicos se avolumam pelo mundo. Lamentáveis ocorrências na aspereza da civilização moderna revelam que falta em nosso modo de viver harmonia com as Leis da Criação. Quando a Espiritualidade está presente no coração, a Pureza, o Amor e a Justiça atuam sem impedimentos iluminando tudo, e um ideal de progresso humano une as pessoas. Sem a Espiritualidade, predomina o raciocínio, com as suas restrições. O materialismo avança. A Luz se afasta. Cada um se julga melhor que o outro. Desaparece a boa vontade, as pessoas não se entendem. A consideração e a paz vão embora.

Tudo induz para a vida falsa e vazia, sem sentido, mera imitação daquilo que nos é dado a ver de forma continuada, só superficialidades prevalecem. As pessoas são permanentemente distraídas com futilidades sem valor. Não há motivações que promovam o enobrecimento da espécie humana. Basta lembrar do avanço das drogas e seu poder de destruição junto à população. Temos na capital de São Paulo a maior cracolândia do mundo.

Faltam incentivos para pensamentos mais profundos ou um questionamento mais sério. Estaria uma reação começando a se esboçar? Não deverá ser com violência, mas com o desvelar da vida real, tão nefastamente ocultado, que conseguiremos clarear as trevas dos erros humanos. Segundo Abdruschin, tudo acabou se submetendo apenas ao raciocínio, restringindo a faculdade de compreensão ao puramente terreno. Sem o espírito atuante, também chamado de coração, os humanos se tornam insensíveis à moral e à ética. Como exemplos, basta lembrar dos inúmeros horrores narrados pela história, como guerras, escravidão, prepotência, e inclusive os praticados no período da Inquisição.

Estamos atrasados há séculos. Agora há uma tendência mundial para a escassez de recursos. Novas confrontações são esperadas. Muitos problemas já são bem conhecidos. Precisamos de motivação e vontade para corrigir os erros. As pessoas em geral, e os jovens e universitários em particular, precisam deixar de lado as ruas e as greves, unindo-se para que, embora tardiamente, nos preparemos para os difíceis tempos vindouros, dando nossa contribuição para o aprimoramento humano e o bem geral.

Física quântica e espiritualidade

As condições de vida estão tendendo para uma situação de precariedade crescente, assim como também os relacionamentos humanos, pois há pouco entendimento. Isso está nitidamente visível, só não percebe quem não quer ver. A humanidade ainda não compreendeu direito que Jesus veio à Terra para trazer a Luz da Verdade e a aurora da libertação espiritual para os seres humanos, que já naquela época em que ele viveu afundavam nas trevas, afastando-se do espírito e das leis da vida.

A Mensagem da Luz da Verdade, concedida naquele momento, acabou sendo desfigurada, tendo restado muito pouco dela, pois deveria ter sido acolhida no espírito, e não apenas no raciocínio. Os humanos de forma geral se afastaram da espiritualidade por desconhecerem seu funcionamento, e com o raciocínio desprovido das capacitações do espírito enveredaram pelo mundo perecível do materialismo, com seus pendores para conquistar e ordenar como se fossem pequenos reis.

O desconhecimento das Leis da Criação acarretou funestas consequências, pois a ignorância desses ensinamentos não inibe seus efeitos, e na roda da vida cada começo terá de se unir ao seu fim, trazendo os resultados bons ou maus. Os estudiosos da física quântica estão agora percebendo isso, redescobrindo a espiritualidade como a fonte da vida, afirmando que a consciência não é matéria, e declaram como seu objetivo devolver a espiritualidade e a unidade ao nosso meio social e às instituições, possibilitando ações que beneficiem o todo e a todos.

A violência e a agressividade estão no ar, geradas por bilhões de pensamentos desprovidos de espiritualidade. Em muitas coisas, as condições de vida estão retrocedendo, em vez de alcançar melhoras. Com aspereza, criamos as condições inóspitas de nosso mundo material. Examinando nossa realidade, Amit Goswani, físico quântico que busca a conciliação da ciência com a consciência, percebeu o entorpecimento espiritual que se evidenciou a partir dos anos 1950, com a desestruturação dos melhores ideais cultivados pela humanidade até então. Com seu enrijecimento, os seres humanos deixaram de buscar significados, vivendo sem muitas alegrias, satisfazendo-se com o consumismo.

No entanto, o primeiro passo na libertação desse jugo deveria ser o restabelecimento da conexão de cada individuo com o próprio espírito que vivifica seu corpo material, para dar à vida uma direção de melhora continuada. Por meio dessa reconexão, cada um estaria apto a transferir, nas ações e no convívio, as capacitações do espírito, através da livre resolução e do pensamento racional.

Os estudiosos da física quântica já perceberam que os desejos e o querer exercem forte influência e atração da igual espécie. Eles entenderam ainda que os quereres anteriores nos colocam diante de uma fila de desejos em espera, os quais retêm a livre resolução. E mais: que, se pensarmos de forma clara e benéfica, seremos beneficiadores do mundo; e que em tudo que doarmos e recebermos tem de prevalecer o equilíbrio. De fato, isso corresponde ao funcionamento das leis vivas que mantêm a Criação – lei da atração da igual espécie, da gravidade, da reciprocidade, do movimento e do equilíbrio.

O ser humano recebeu tudo, não lhe cabendo fazer exigência alguma, mas pedir com humildade. Na Mensagem do Graal, Abdruschin explica que o "Pedi e vos será dado!" indica a faculdade do espírito que o induz sempre, sob um determinado impulso, a querer ou desejar algo, que depois em sua irradiação atrai imediatamente a igual espécie, na qual lhe é dado automaticamente o desejado.

A Mensagem do Graal explica a Criação de forma simples, com fatos. O ser humano tem de pôr em funcionamento as faculdades de seu espírito. E, com o emprego acertado dessas faculdades, movimentar-se nas leis de Deus de maneira a adaptar-se à Criação e progredir dentro dela com o saber. Então, só terá de agradecer conscientemente por ter recebido o dom da vida e tantas graças.

Jesus, um revolucionário

Os humanos receberam o planeta Terra para que pudessem evoluir através de transitórias permanências. Os diversos povos deveriam se desenvolver uns ao lado dos outros, pautando-se em conformidade com as leis da vida e tendo a natureza como a grande provedora e concessora de benesses e riquezas. Com o afã de abocanhar mais e dominar, no entanto, surgiram divisões. O respeito mútuo e a confiança se perderam. O incompreendido Mestre Jesus ficou horrorizado ao ver a áspera forma de vida, sem respeito nem consideração, mas isso nada tinha a ver com ideias comunistas ou socialistas, pois ele mesmo era proprietário de um empreendimento de carpintaria com vários artesãos sob suas ordens, o qual entregou aos irmãos.

Zelota é mais um livro sobre Jesus. Escrito com seriedade por Reza Aslan, que pesquisou a vida e a época de Jesus, mas não conseguiu se libertar do conceito de revolucionário político. Para a humanidade que havia se afastado da Luz da Verdade, a Mensagem de Jesus foi tida como revolucionária, pois colocava em cheque os pressupostos estabelecidos, indolentemente aceitos.

Porque não havia como fazer silenciar sua voz vibrante, foi capturado, torturado e executado sem que se pudesse imputar-lhe qualquer ato culposo. Pilatos, em um gesto de incompreensão, lavou as mãos. Jesus não se interessava pela política, como era o caso de Judas Iscariotes, nem pelo poder que se concentrava nas mãos das autoridades religiosas. Mas opunha-se frontalmente ao sistema de vida restrito ao puramente material, como alvo prioritário da humanidade, cuja antena para o espiritual já havia sido baixada pelo raciocínio supercultivado.

A espada que Jesus empunhava era a Palavra Iluminada que desfazia os mitos e as falsas interpretações. Seu legado ficou prejudicado por dois milênios, até que Abdruschin fez a reconstituição na Mensagem do Graal, obra ainda pouco pesquisada pelos estudiosos de temas religiosos.

Segundo Abdruschin, "*é um grande erro as criaturas humanas acreditarem que pela morte na cruz esteja garantido o perdão de seus pecados (...) As explicações de Jesus que tudo abrangia mostram, em quadros práticos, a necessidade de observar e dar apreço à vontade divina, que se encontra nas leis da Criação, bem como aos seus efeitos, na obediência e na desobediência. Sua obra libertadora consistiu em trazer essa explicação, que devia mostrar as falhas e os danos das práticas religiosas, pois ela trouxe em si a Verdade, a fim de iluminar a escuridão crescente do espírito humano (...) Uma grande lacuna na possibilidade de compreensão de tudo isso advém apenas da circunstância de os seres humanos ainda não haverem procurado essas leis de Deus na Criação, não as conhecendo, por conseguinte, até hoje, tendo apenas encontrado aqui e acolá pequenos fragmentos disso, onde justamente tropeçaram*".

Desconhecendo esses fundamentos, o homem deixa de agir como humano e passa a interferir e desequilibrar, agindo como uma espécie estranha que quer se colocar como dono de tudo para satisfazer suas cobiças. Não quer aceitar que não passa de um hóspede temporário, que deveria reconhecer a ordem da casa e suas leis e, amparado por elas, construir de forma beneficiadora em vez de provocar miséria e desolação.

Afastados do real significado da vida, os seres humanos se extraviam no mundo material onde deveriam fortalecer o espírito. Têm o impulso, mas não o compreendem mais, sempre o dirigindo para objetivos superficiais. Os humanos colocaram as leis da Criação contra si mesmos. Se, ao contrário, bilhões de pessoas quiserem um mundo melhor, e pensarem e agirem nesse sentido, então poderão contar com o auxílio beneficiador dessas leis, que sempre trazem de volta o que é semeado pela livre vontade de cada um. Com o aumento da indolência espiritual, desenvolveu-se um grande comodismo e pouco movimento. Mas enquanto houver boa vontade, a melhora geral sempre será possível, buscando-se o autoaprimoramento, observando a lei do movimento aplicada na grande causa da humanização da vida através do fortalecimento da espiritualidade, da coesão do querer de seres humanos para irradiar a Luz da Verdade.

Como teria sido

Após tantas interpretações tendenciosas, desfigurações e distorções também, Jesus se tornou esse irreconhecível para a grande maioria dos seres humanos do século XXI. Decorrido todo esse tempo, muito pouco restou dos ensinamentos originais e de sua finalidade. Como teria sido se os seres humanos daquela época tivessem acolhido os reais ensinamentos em seu coração, preservando-os como o mais valioso tesouro em suas mãos, transferindo-os na íntegra para as gerações futuras como norma de vida?

Poderíamos supor que os romanos tivessem buscado uma nova forma de vida estabelecendo uma convivência pacífica com os outros povos. Não teria ocorrido uma cisão no conhecimento espiritual dos judeus se permanecesse uma única cultura na qual se integrariam os novos ensinamentos. Provavelmente não surgiria um Cristianismo isolado e independente do passado. Constantino assumiria o Império Romano em condições mais favoráveis diante da maturidade da população e não teria achado necessário instituir uma religião oficial. Gregos, romanos e judeus iriam aos poucos compreendendo a vida como ela realmente é, e sua visão se ampliaria continuamente, adquirindo novos conhecimentos fundamentados na realidade espiritual e nos fenômenos da Criação.

Maomé, percebendo que os árabes se mantinham atrasados em relação a outros povos, e com suas aptidões de líder, por certo instruiria seu povo no conhecimento da realidade espiritual da vida. Assim, os diferentes povos aprenderiam a conviver pacificamente lado a lado.

Inquisição, Cruzadas, guerras religiosas certamente jamais teriam ocorrido, posto que, embora independentes, cada povo teria a visão espiritual da vida. Tampouco teriam sido impostas pela força crenças aos nativos das terras descobertas no Novo Mundo e na África ou a imposição de conversões mediante o emprego da força. Somos todos seres humanos de espírito; embora haja a diversidade e diferença nos costumes, os seres humanos são essencialmente da mesma espécie, independentemente da cor da pele ou da região onde tenham nascido.

Com todo o seu saber e mania de grandeza, o ser humano não passa de um grãozinho de pó da descomunal engrenagem cósmica. Não somos os proprietários do planeta, somos meramente hóspedes transitórios, cuja obrigação é aproveitar a hospedagem para evoluir, evitando atividades nefastas e destrutivas de seu *habitat*.

Já naquela época, os seres humanos haviam decaído muito. Não estavam preparados como deveriam estar para receber os ensinamentos. Seus desejos estavam voltados principalmente para o que é material, isto é, direcionado apenas para uma vida terrena cômoda, sem uma forte aspiração mais elevada. Assim, todas as suas interpretações tendiam a fugir do real sentido amplo das palavras ouvidas, restringindo-se aos interesses mais imediatos.

Se tivesse ocorrido o preparo das almas em busca da Luz, tudo teria sido muito diferente. Com base na ética verdadeira, não teria surgido um mundo tão cruel e desumano, com miséria, violência e tantas coisas feias produzidas pelos humanos, espalhadas pelo planeta.

O grande objetivo era que os seres humanos se tornassem suficientemente ativos e fortes no espírito, e assim, livres, não demoraria muito para compreender serem desnecessárias as intermediações entre o Criador e sua criatura.

Com o real saber espiritual e vivendo de conformidade com as leis da Criação, certamente teríamos chegado ao século XXI com um nível populacional equilibrado, com o meio ambiente preservado, com a população altamente educada e espiritualizada. A interferência governamental seria mínima, simplesmente porque não haveria essa caótica desordem que domina as megacidades, e os sistemas econômicos e políticos. Estaríamos próximos ao paraíso terrestre. O planeta seria como uma grande universidade onde não haveria espaço para teorias vãs, mas todo o saber seria real, porque seria amplo, abrangente, não se circunscrevendo apenas à materialidade, e prático, voltado para questões úteis da vida beneficiando a todos. Assim teria sido!

Reflexões sobre o século XXI

A travessia para o século XXI iniciou-se sobre grande comoção. Seria o fim de um ciclo? O que nos reservaria o novo século? As pessoas se perguntavam: será que o mundo vai acabar? Naquele momento já se fazia presente a inquietação decorrente das aceleradas mudanças que, rompendo a comodidade de rotinas que perduravam havia muito tempo, retiram as pessoas de sua zona de conforto. O processo vai avançando. Essas mudanças estão ocorrendo em nível governamental, profissional e familiar.

As pessoas ficam desorientadas com a velocidade com que se modificam os cenários onde até então atuavam tranquilamente. Então isso provoca um retraimento, porque perdem o controle da situação a qual estavam acostumados, percebendo sua impotência para restabelecer o padrão ao qual se acostumaram ao longo dos anos, aumentando sua revolta e pessimismo, baixando a autoestima, fixando-se rigidamente nas coisas que não deram certo, ampliando o mal do século, a depressão.

O grande problema humano está no desaparecimento do uso da intuição que sempre se manifesta através de decisões de muito bom senso. Ademais, a intuição sempre capta certa leveza superior que dá sustentação e flexibilidade. No entanto, os seres humanos se apegaram cada vez mais ao seu intelecto restrito, com sua rigidez e consequente aspereza, oferecendo soluções que não se sustentam por muito tempo, exigindo constantes mudanças, apertando o controle sobre os demais, mecanizando as atitudes, reduzindo a participação dos indivíduos.

Sem participar, os indivíduos vão perdendo o interesse por tudo o que fazem, caminhando para a depressão em virtude do continuado aborrecimento e das frustrações que experimentam. O desinteresse acarreta falhas humanas seja em um escritório, uma fábrica, um restaurante ou em qualquer outra situação de trabalho, provocando os mais imprevistos acidentes.

É muito importante perceber que nossas atividades recebam reconhecimento e aprovação. É muito importante nos sentirmos queridos e amados. O desprezo e a rejeição geram uma sensação de inutilidade e fracasso que deprime as pessoas.

No século XXI, a vida ficou reduzida a uma rotina massacrante e renhida luta pela sobrevivência; a busca do sentido da vida foi posta de lado. A população não está consciente da gravidade da situação, e está sendo conduzida para o descontentamento, sem saber onde buscar esperança. O impulso para a busca de respostas perdeu a força. As pessoas não sabem mais se aquietar em um cantinho, refletindo sobre a vida, acumulando forças e equilíbrio emocional.

Os graves e brutais acontecimentos à nossa volta provocam uma insensibilização de muitas pessoas. Se pararmos um pouco quando assistimos aos noticiários da televisão e perguntarmos: para onde o mundo está indo, por certo ficaremos desanimados, pois se tantas coisas ruins estão acontecendo e se multiplicando, o que esperar do futuro? Diferente não é com telenovelas e filmes. As pessoas querem se distrair, passar momentos agradáveis, mas o que veem é a pura desagregação da sociedade humana, em ações de seres humanos embrutecidos, em ritmo cada vez mais acelerado.

Estamos atravessando uma época difícil em todos os sentidos. Com olhar atento, atuantes no corpo e no espírito, vamos vivenciando os acontecimentos, percebendo que acima de tudo paira uma justiça incorruptível, o que nos alegra e fortalece. Com generosidade e consideração, fica mais fácil enfrentar as atitudes egoísticas e a aspereza reinante, produzidas pelo raciocínio calculista e sem coração.

Se os seres humanos conhecessem a vida como ela é, tudo seria diferente, mais leve, melhor, mais pacífico e harmônico, não haveria todo esse sofrimento decorrente dos caminhos errados. Haveria melhor entendimento entre as pessoas porque o sentimento conciliador sempre estaria presente. Mantendo no íntimo o sincero desejar do bem para o próximo, inconscientemente cada um favorecerá o outro. E isso também é imprescindível nos relacionamentos entre homens e mulheres, para que eles se complementem de fato, e, fortalecidos, construam um mundo melhor. Estamos vivendo em uma época muito difícil. Contudo, temos de buscar a alegria da simplicidade e da naturalidade das Leis da Criação.

Principais transformações – de 1900 a 2015

A história mostra que todos os povos que não tinham o alvo elevado de progredir, beneficiando e melhorando as condições de vida, soçobraram. Atualmente, impera a fragmentação. Cada um para seu lado, com sua turminha restrita e ideias medíocres. Não há a visão de um alvo comum a ser alcançado e preservado. Não há lideranças capacitadas para desenvolver essa inspiração. Apenas objetivos materiais de curto prazo sem maiores comprometimentos.

Os idealistas são afastados mesmo quando movidos pelo desejo de dar sua contribuição para a conquista de um melhor futuro. A desconfiança atira suas pedras. As pessoas estão desconectadas, cada um para si, não há metas compartilhadas. Isoladas, as pessoas não permitem que sua intuição incandesça suas ações. O ambiente também não, pois se acha rígido, engessado pelos egoísmos. Necessitamos de uma visão compartilhada que vá além do raciocínio e das realizações puramente materiais, mobilizando o coração, com um toque de espiritualidade em sua firmeza e generosidade.

O século 20 assinalou o abandono dos ideais de bem-estar geral da humanidade. Logo no início de 1914 a 1918 o mundo viveu sua conflagração geral da Primeira Guerra. Em 1931, surgiu a primeira edição da Mensagem do Graal, destinada a auxiliar a humanidade nos caminhos do desenvolvimento humano. Mas de novo a humanidade entrou em guerra total.

O século XXI começou devagar, com o atentado ao WTC de Nova York em 2001, e tudo quase parou. Mas, superados os traumas e acalmadas as guerras de George Bush, tivemos um período de grande expansão monetária que fez surgir muitas bolhas, as quais geraram a crise financeira global de 2008.

É evidente que os seres humanos apresentam diferentes níveis de evolução e capacitação, e isso se reflete no maior ou menor acúmulo de riqueza. O trágico da espécie humana são as travas colocadas com o intuito de manter a massa na indolência, no comodismo, possibilitando maior desfrute do bolo da natureza por uns, oferecendo pão e circo para outros.

Christine Lagarde, diretora do FMI, falando sobre o novo multilateralismo para o século XXI, disse que o nascimento da moderna sociedade industrial provocou deslocamento maciço. O mundo estava repleto de tensão e rivalidade entre as nações, perturbando o equilíbrio tradicional de poder e desigualdade entre os que têm e os que não têm, seja na forma de colonialismo ou as baixas perspectivas das classes trabalhadoras sem instrução. Em 1914, esses desequilíbrios se transformaram em conflitos. Nos anos a seguir, o pensamento ideológico nacionalista levou a uma degeneração sem precedentes da dignidade humana. A tecnologia, em vez de elevar o espírito humano, foi desenvolvida para a destruição e terror. As primeiras tentativas de cooperação internacional, como a Liga das Nações, caiu de bruços. Até o final da Segunda Guerra Mundial, grande parte do mundo estava em ruínas.

No pós-guerra, esboçou-se uma aura de pacificação e harmonia em busca da prosperidade. Surgiram os anos dourados com vida mais amena e aumento das oportunidades.

Nos anos 1970, o mundo se depara com a crise do petróleo, recurso natural limitado cujo consumo tendia a se expandir progressivamente. Logo em seguida veio a crise da dívida dos países atrasados como o Brasil. Longo período de austeridade e baixo crescimento. E de novo surgem as disputas e intervenções encobertas ou não, sobre os recursos energéticos, mobilizando interesses e promovendo conflitos e acordos políticos.

O século XXI teve inicio sob o impacto do atentado ao World Trade Center, as Torres Gêmeas de Nova York. Sombras fizeram antever um futuro ameaçador para a humanidade, e mais alguns anos de dificuldades, até que teve início o ciclo da grande expansão do crédito e concentração da riqueza, interrompido pela crise financeira de 2008.

Em nosso mundo atribulado, poucos sorrisos nos são dados a ver. As pessoas percebem que algo está diferente e que não há mais aquela atmosfera leve como nos séculos passados. Espalha-se mau humor e descontentamento. Deveríamos estar irradiando espontânea alegria de viver, incentivando a atuação alegre, sem receios nem ressentimentos. A vida seria bem melhor com sentimentos e pensamentos mais nobres.

Estão ocorrendo muitos fatos abaladores, fatos significativos de impacto global: como o grande avanço da transferência da produção industrial para a China e para a região asiática, e a crise financeira de 2008 que teve como estopim o estouro da bolha imobiliária norte-americana. As lutas pelo poder e a ganância desmedida arrastaram a humanidade para uma nova crise, tão grave quanto a de 1929, mas não é só financeira; é a espécie humana que, obstinadamente, não assume a posição que lhe cabe, optando por produzir excrescências em vez de beleza e harmonia.

Mais incisivas ainda são as alterações climáticas, cujas consequências estão interferindo globalmente no meio ambiente, afetando a produção de alimentos e o suprimento de água. Tais ocorrências estão provocando mudanças de tal monta que ainda não tomamos a exata consciência do que está se formando. Por isso, poderíamos chamá-las de apocalípticas, pois, independentemente das causas aparentes geradas por interesses particulares, na essência, eles trazem os efeitos de uma grande semeadura, cujos frutos em seu desabrochar estão provocando um grande reboliço.

Outro evento, não menos preocupante na atualidade, é a crise de credibilidade nos governos ditos democráticos devido aos desvios do poder até agora não saneados. As estruturas do poder se defrontam com as fragilidades do artificialismo em que foram fundadas. Oscilam diante do descrédito por se estabelecerem sobre bases falsas, distantes do sentido da vida. De um lado ocorrem excessos no uso do poder, de outro observa-se a quebra de autoridade e liderança, surgindo movimentos informais constituidos por pessoas desesperançadas que contestam o ordenamento existente atraves de açoes que desorganizam o sistema como forma de barganha para alcançar seus objetivos.

Indivíduos e países facilmente se deixaram escravizar pela impiedosa cobiça, não recuando diante de nada para satisfazer ao seu desejo de grandeza, batalhando por espaço e poder, gerando flagrante miséria e desigualdade na participaçao da riqueza produzida pela natureza para assegurar a sobrevivência da humanidade.

Para eliminar a miséria e conter a cresente desigualdade social, necessitamos de um novo ideal de sempre aspirar ao mais elevado nível que o ser humano possa alcançar. Para construir de forma benéfica erigindo uma nova civilização, cada indivíduo deve se preparar, se fortalecer, reconhecer, estudar e adquirir confiança nas leis naturais da Criação que estabelecem o funcionamento harmônico do fluxo da vida, e tudo a elas se subordina, queiramos ou não.

Veias abertas

Em 1971, foi lançado o livro *As veias abertas da América Latina*, de Eduardo Galeano, em que o autor denuncia a exploração das riquezas e da população por cinco séculos, desde a época do descobrimento pelos europeus até aquele ano, contagiando muitos jovens que sentiam intuitivamente que algo no mundo estava errado e, não sabendo exatamente o quê, se deixavam influenciar pelas teorias propaladas. Mas a obra é parcial; embora apresente fatos incontestáveis, não explica a causa das misérias e sofrimentos no mundo.

O autor usa linguagem envolvente, quase mística, apontando os abusos na exploração das riquezas e da população da América Latina.

Porém, com o foco socialista da obra, estava claro que faltava algo para entender o mundo e suas misérias provocadas pelo homem.

Presente à Bienal do Livro em Brasília, Galeano insurgiu-se contra sua própria obra; de forma exagerada, disse que se a relesse desmaiaria, e não sabe bem por que a escreveu. Agora ele reconhece que a realidade da vida é muito mais complexa e que a condição humana é diversa, declarando que não estava apto para interpretar essas questões.

Galeano tinha centrado sua obra na questão da desigualdade econômica. Algumas frases de sua obra mostram isso claramente: "*Há dois lados na divisão internacional do trabalho: um, em que alguns países especializaram-se em ganhar, e outro, em que se especializaram em perder. Nossa comarca do mundo, que hoje chamamos de América Latina, foi precoce: especializou-se em perder desde os remotos tempos em que os europeus do Renascimento se abalançaram pelo mar e fincaram os dentes em sua garganta. Passaram os séculos, e a América Latina aperfeiçoou suas funções (...) Mas a região continua trabalhando como um serviçal. Continua existindo a serviço de necessidades alheias, como fonte e reserva de petróleo e ferro, cobre e carne, frutas e café, matérias-primas e alimentos, destinados aos países ricos que ganham, consumindo-os, muito mais do que a América Latina ganha produzindo-os (...) É a América Latina a região das veias abertas. Desde o descobrimento até nossos dias, tudo se transformou em capital europeu ou, mais tarde, norte-americano (...) Tudo: a terra, seus frutos e suas profundezas, ricas em minerais, os homens e sua capacidade de trabalho e de consumo, os recursos naturais e os recursos humanos. O modo de produção e a estrutura de classes de cada lugar têm sido sucessivamente determinados, de fora, por sua incorporação à engrenagem universal do capitalismo. A cadeia das dependências sucessivas torna-se infinita, tendo muito mais de dois elos, e por certo também incluindo, dentro da América Latina, a opressão dos países pequenos por seus vizinhos maiores e, dentro das fronteiras de cada país, a exploração que as grandes cidades e os portos exercem sobre suas fontes internas de víveres e mão de obra*".

Foram necessários milhões de anos de evolução para o surgimento do homem na face da Terra. E não se trata de um novo animal na escala evolutiva; é humano, mas precisa continuar evoluindo, caso contrário regride, embrutece e se transforma em um monstro, pois a capacidade de livre resolução lhe é inerente e se trata de uma especial capacitação e tanto pode usá-la para destruir malevolamente ou construir beneficamente, mas não poderá omitir-se de sua responsabilidade; terá de arcar com as consequências.

Muitas vezes, esquecemos o fato de que o ser humano recebeu o direito de existir no planeta Terra para evoluir conscientemente, mas teria de se movimentar, e não ser tratado como um desprotegido. No entanto, o sistema econômico precisa ter consideração e dar oportunidades para que as pessoas possam participar da mesa oferecida pela natureza. Quando alguns se colocam à frente, impedindo a participação, isso gera misérias e conflitos; dessa forma, não pode haver paz nem progresso, a sobrevivência se torna uma luta onde os humanos se digladiam entre si com muita inveja e rancor. Com seu desejo de poder e domínio, afastou-se de sua missão primordial, escravizando-se ao mundo material, desumanizou sua atuação.

A tarefa principal do ser humano deveria ser construir um mundo de paz e alegria, contribuindo para o embelezamento geral. Em vez de se dedicar a esse alvo, os humanos se apegaram ao poder e às riquezas, fomentando lutas religiosas e lutas ideológicas, visando a aumentar seu poder e sua esfera de dominação.

A nova civilização humana

Na civilização moderna, os seres humanos vão abdicando de sua intuição, tornando-se meros robôs, agindo como autômatos de acordo com os estímulos recebidos. A intuição os capacita a analisar os acontecimentos e tomar uma posição pessoal, individual. Mas, como a intuição jaz adormecida, os seres humanos agem apenas em função dos estímulos externos.

Esquecendo-se de sua essência, os humanos fizeram e desfizeram durante séculos, tudo ia indo sob controle. A partir de 1970, as coisas desandaram e começaram a se evidenciar as consequências do descaso com a evolução da humanidade. Alguns estudiosos da economia não a separavam da evolução e do bem-estar geral da humanidade, porém as bases eram frágeis e isso foi sendo posto de lado. Com a ascensão do dinheiro, o humanismo ficou sem sentido, perdeu a base, e o planeta Terra e sua população se deixaram conduzir para o limite crítico.

Uma civilização que vibrasse nas leis Divinas da Criação! Eis o que deveria ser o grande alvo a ser alcançado. Quando surgir entre os humanos esse tipo de civilização será possível alcançar a paz verdadeira, o progresso contínuo e harmonioso, uma existência feliz, porque tudo caminhará adequadamente no sentido da real evolução. Mas isso não significa padronização dos costumes. Cada povo deve manter suas características próprias e sua individualidade, devendo, contudo, buscar sempre o autoaprimoramento, para que cada geração se torne mais qualificada do que a anterior.

Mas os seres humanos nunca se esforçaram efetivamente para alcançar esse tipo de civilização, julgando-se mais espertos porque seu alvo está determinado pelos interesses materialistas, pela cobiça do poder, não exatamente pelo bem do povo.

Olhemos para o interior dos países. Existe o grupo dos mais ricos. Existe o grupo dos que alcançaram algum progresso e também o grupo daqueles que vivem em profunda miséria. Observando atentamente, notaremos que no íntimo não há muita diferença no procedimento dos governantes e governados. Não há aspiração mais elevada. Predominante é a visão: capitalismo ou socialismo como conflito ideológico acobertador da cobiça pelo poder, sem que seja encontrado um caminho adequado para o efetivo progresso humano. Todavia, enquanto isso não ocorre, os gastos militares dos países ricos já se aproximam do PIB do Brasil, revelando os desequilíbrios e a insensatez desta era.

A religião inadequadamente envolveu-se na política. Na política estão os degraus do poder. Os seres humanos, através da religião e do dinheiro, disputam os degraus do poder, decorrendo daí muitos conflitos. Os seres humanos querem poder e usam de vários meios para alcançá-lo. Os homens da religião não querem o dinheiro no poder. Os homens do dinheiro querem a religião separada do poder. E todos acabaram abraçados ao materialismo puro, sem espírito nem coração.

Assim, a religião, em sua ânsia de se aproximar do poder, acabou se distanciando da realidade espiritual da vida e consequentemente das leis de seu Criador que regem a Criação. Pois se os seres humanos, em qualquer parte que estivessem, tivessem buscado pelas leis da Criação, elas certamente teriam sido encontradas, posto que elas atuam uniformemente, seja no norte ou no sul, no Universo inteiro. São muitos os povos, mas apenas um Deus e Senhor. O planeta Terra não passa de um minúsculo pontinho de nosso sistema solar na galáxia Via Láctea que abriga bilhões de estrelas. Estudando as elipses percorridas pelos planetas, o físico naturalista Isaac Newton percebeu que a matemática terrena não é suficiente para analisar a perfeição que rege esse fenômeno.

Na nova civilização humana não há lugar para a intolerância, atualmente muito discutida. Quando os seres humanos, em sua restrição intelectiva, se julgam detentores do conhecimento máximo, a intolerância surge impulsionada pela presunção. O novo saber preocupa os manipuladores do poder, e, no entanto, com humildade espiritual, as possibilidades de ampliar o saber são ilimitadas. Jesus trouxe para os seres humanos Sua Palavra de orientação para a vida material e consequente progresso espiritual, mas pouco restou dos ensinamentos originais. Os seres humanos desenvolveram uma estruturação de vida em que as pessoas valem pelo que possuem, não pelo que são. Isso tinha de provocar arrogância, insatisfação, inveja e ódio. Por fim o ódio acaba manifestando-se em caóticas confrontações visíveis, isto é, grosso material. Durante longo período, os sentimentos de ódio permaneceram nas incubadoras da matéria fina, não visíveis ao olhar humano, lançando seus efeitos maléficos perceptíveis por pessoas sensitivas.

Estamos muito longe de alcançar a grande civilização. O planeta se acha próximo ao seu limite crítico. Mais de 7 bilhões de pessoas exercendo pressões em todos os sentidos, colhendo os frutos amargos de suas semeaduras inadequadas. Os cenários produzidos pelos seres humanos estão completamente distanciados de suas capacitações. Beleza, harmonia, paz e felicidade deveriam permear a vida. Ao invés disso temos violência, lixo e dejetos, odores desagradáveis e miséria. A grande civilização somente se tornará realidade em honra ao Todo-Poderoso. Mas como isso se tornará possível?

"Honrareis então a Deus no sentido mais verdadeiro e puro, se, trabalhando alegremente, vos utilizardes de tudo quanto a Criação vos oferece; pois isso só vos será possível, se souberdes essas leis e também as compreenderdes, e então, acima de tudo, se agirdes realmente de acordo com elas! Só então a Criação vos dará tudo quanto ela contém de beleza. Ela dará alegremente, auxiliando-vos." O ensinamento é de Abdruschin, na *Mensagem do Graal*, Vol. 3, p.241, e, prosseguindo: *"E então, quando agirdes de tal maneira segundo as Leis da Criação, já estareis também com isso transformados e completamente diferentes do que éreis até agora. Sereis então seres humanos agradáveis a Deus, sereis seres humanos como sempre deveríeis ter sido, sereis seres humanos conforme a Vontade de Deus porque vivereis Suas leis!"*

A naturalidade e as guerras

Diante das disputas econômicas e de poder que ocorreram no sangrento século XX, sofremos duas guerras mundiais que consolidaram os Estados laicos dissociados da religião em sua gestão. As finanças atingiram o auge. Há limitação de recursos naturais. A população alcançou níveis nunca vistos e não dá para equalizar o padrão de vida. Há que se buscar soluções harmonizadoras e equilibradas. Fora disso, estaremos sujeitos aos mesmos riscos do século passado agravados por esses novos fatores.

Em julho de 2014, foi completado um século do início da Primeira Guerra Mundial (1914/1918). A insensatez se sobrepôs ao bom senso. Houve 10 milhões de vítimas. Quanto mais o homem avança no materialismo, mais se afasta de sua essência espiritual e comete as maiores barbaridades. Decorrido mais de meio século da Segunda Guerra (1939/1945), continuação da Primeira, permanecemos enfrentando condições adversas. Nas grandes cidades, o custo de vida subiu muito. Aumentou a carga de trabalho, mas há pouca chance de ampliar a poupança pessoal. Há uma forte luta por *status* e o dinheiro é a grande alavanca que promove a sensação de poder, mas reduz a solidariedade e a preocupação com o todo. O dinheiro se tornou o grande ídolo e fonte de poder. As religiões vão adotando o mesmo princípio. Jesus veio à Terra para explicar as leis da vida aos humanos que embruteciam, mas sua palavra continua desconhecida e interpretada conforme seja mais conveniente aos interesses.

No período em que o general Geisel presidiu o Brasil, contraímos elevada dívida externa que explodiu com o choque dos juros abusivos. Os governantes deveriam zelar pelo equilíbrio nas contas internas, externas e do comércio com outros países, mas sempre se descuidaram disso. Atualmente a indústria decai. A atenção dos empresários parece ter se voltado para as importações. Estamos importando até vasos sanitários.

Desde que as companhias assumiram o comando, não se conhece mais o proprietário. Os administradores querem saber apenas de lucros e bônus. Se não der certo, vão embora com os lucros e deixam os prejuízos para as cidades. É mais adequado que as empresas não fiquem nas mãos do Estado, mas sim com os empresários, porém eles precisam de um código de ética que respeite a população, a natureza, a cidade, o país.

No século XXI, tem sido notória a tendência para a desigualdade nos ganhos e na concentração da riqueza. Diante de um cenário de dificuldades, de falta de tempo para tudo, as pessoas começam a sentir desânimo e depressão. Já não basta a liberação sexual como paliativo para acalmar a inquietação. As pessoas sentem mesmo uma depressão e fragilidade diante da minoria que ostenta o poder de sua riqueza, como no tempo dos barões da borracha em Manaus, que acendiam o charuto importado com notas de contos de réis.

A humanidade abandonou a naturalidade da vida e suas leis; perdeu o conhecimento do que é natural e vive em função de sua criação principal, o dinheiro, que relegou tudo o mais a plano secundário, inclusive os valores humanos. A missão do homem é o eterno aprendizado para evoluir. Perdido nas superficialidades que criou, vai destruindo tudo e provocando a ruína e o retrocesso.

Na luta pela sobrevivência, prevalecem os egos individualistas. Falta o olhar para o Alto, visando a construir um mundo pacífico com oportunidade de progresso para todos. Enquanto não houver um alvo elevado, pouca coisa vai melhorar. Estamos diante da grande bifurcação. O homem precisa decidir se prefere prosseguir no embrutecimento e ruína, ou tornar-se realmente humano e beneficiador da vida.

O cérebro e o coração

Em julho de 2014 houve uma avalanche de acontecimentos constrangedores. Parece que se formaram simultaneamente vários canais de irradiações desfavoráveis, desencadeando efeitos negativos. Não fomos bem-sucedidos no mundial de futebol, revelando nossa fragilidade. Teve início nova guerra no Oriente Médio. Um avião com 298 passageiros, atingido por um morteiro, caiu na Ucrânia. Na África, surgiu nova epidemia de Ebola. A Argentina caiu no calote. Descobrimos que estamos diante da maior extinção de animais que já houve na Terra. No Brasil, observamos uma das mais renhidas disputas eleitorais. Secas e inundações se sucedem em várias regiões. Aumentam os desentendimentos e a insensibilidade entre as pessoas.

O ser humano tem agido sem ouvir o que o coração diz, perdendo a consideração pelas demais criaturas que contribuem para a sustentabilidade da vida no planeta. Conservar puro o foco dos pensamentos é vital para manter a serenidade e cultivar a paz. Não é fácil de entender a frieza com que algumas pessoas agem. Como humano, o homem deveria agir com generosidade, lealdade e consideração. Muito se tem falado do coração que abrigaria essas qualidades. No entanto, isso falta em muitas situações. Qual seria a causa da insensibilidade?

Recebemos um corpo herdado do pai e da mãe. Na geração desse corpo, atua a pouco conhecida lei da atração da igual espécie, com forte influência sobre o tipo de alma atraída para encarnação. Além disso, as experiências na primeira infância moldam o cérebro infantil, ensejando as propensões para o futuro. Conforme descobertas efetuadas pelos pesquisadores da neurociência, se um bebê recebe carinho, afeto e bons exemplos desde o nascimento, a parte cerebral, que é formada na primeira infância, irá criar no cérebro circuitos que freiam os impulsos egoístas que exigem gratificação imediata.

Hoje o cenário é de desestruturação não apenas das famílias, como também de muitos valores. Os estudiosos do cérebro e do comportamento descobriram que é nos primeiros anos de vida que se forma o arcabouço básico das conexões cerebrais. Países desenvolvidos como os Estados Unidos investem na educação infantil visando a formar uma base moral e de patriotismo desde a primeira infância, mas para isso é indispensável a presença de educadores bem preparados e que tenham elevada consideração humana. No entanto, há sempre o risco de que o cérebro frontal vá acumulando experiências negativas afastadas do sentido da vida, que geram descontentamento e revolta sem o contrapeso do coração, da intuição.

Esquecemos a importância de possibilitar às crianças o contato com a natureza, e de observar sua beleza e graça, sua lógica natural impulsionando tudo para o progresso. Desde cedo elas ficam conectadas aos eletrônicos. Precisamos de aplicativos que mostrem a perfeição da natureza como modelo para o progresso real, em suas causas e efeitos, e a perfeita integração das espécies para assegurar a sustentabilidade da vida. Solo, água, ar, florestas e fauna, tudo interligado pela vida.

Há uma região do cérebro frontal onde poderão se alojar tendências maldosas e vingativas decorrentes do descontentamento e desejo de satisfação imediata, que podem se tornar dominantes no comportamento, pois também são fortalecidas por impulsos atraídos através da igualdade de espécie.

No entanto, o ser humano sempre pode usar seu livre-arbítrio. Ao atingir a adolescência e fase adulta, cada indivíduo tem a possibilidade de escolher e decidir sobre os rumos de sua vida, desde que tenha o eu interior desperto e a intuição ativa para ver e sentir o que se passa à sua volta.

A modelagem do cérebro é muito poderosa. No cérebro frontal acumulam-se as experiências, e se este for unilateralmente fortalecido, mantém-se a propensão para satisfação imediata a qualquer custo, utilizando a astúcia e frieza do raciocínio. Isso é uma prerrogativa do ser humano, pois diferentemente dos animais que se guiam exclusivamente pelo instinto, o homem é dotado de livre-arbítrio, que o capacita a tomar decisões contrárias ao fluxo das leis naturais da Criação, ficando, porém, responsável pelas consequências.

Chegamos ao estágio do cérebro frontal superdesenvolvido sem contato com o espírito ou com o coração, sem medo, sem emoção, com raciocínio frio e astuto, que por sua vez também produz efeito hereditário sobre os descendentes. Mas como funciona essa propriedade benéfica que chamamos de coração? Por que os humanos vão se tornando insensíveis e indiferentes às grandes tragédias? Por que muitas coisas imorais vão degringolando tudo?

Na obra *Na Luz da Verdade*, Abdruschin descreve o processo sobre a integração dos dois cérebros existentes na caixa craniana de cada ser humano – o frontal e o posterior, conhecido como cerebelo, cuja função principal é a de possibilitar a conexão com o eu interior através das imagens de uma espécie diferente formadas pela intuição, e enviadas ao cérebro frontal pelo cerebelo. Ele explica: "*No entanto, o ser humano saiu voluntariamente dessa via que lhe foi prescrita pela constituição do corpo. Com teimosia, interferiu no curso normal da corrente de seus instrumentos, fazendo do raciocínio seu ídolo. Dessa maneira, lançou toda a energia na educação do raciocínio, unilateralmente, apenas sobre esse ponto. O cérebro anterior, como gerador, foi forçado desproporcionalmente em relação aos demais instrumentos cooperadores*".

A sensibilidade, que chamamos qualidade do coração, provém do espírito. Abdruschin esclarece que, com o desenvolvimento desarmônico dos cérebros, essa qualidade vai perdendo eficácia pela falta do fio condutor, e o ser humano regride sem alcançar aquilo que deveria ter sido desde o início: o beneficiador da Criação e transmissor de Luz para todas as criaturas.

Dominadores e dominados

Por qual razão teria sido necessária a formação de um planeta com condições de habitabilidade e vida através de um longo processo de evolução para enfim surgir o ser humano? Se aqui nascemos é porque havia nisso uma forte razão e necessidade, por isso deveríamos aplicar toda a nossa inteligência para entender o porquê. O inconsciente germe espiritual tinha de ser afastado, "ser expulso" de sua origem chamada de paraíso. Tinha de se afastar, segundo Abdruschin, para se fortalecer e adquirir autoconsciência, para poder "retornar à casa", com personalidade autônoma, apta e desejosa de prosseguir a jornada da eterna evolução, construindo e beneficiando sempre.

No entanto, o espírito humano se acomodou, apagando a lembrança de sua origem, acorrentando-se à matéria perecível onde se atou com milhares de fios, não conseguindo mais se desvencilhar. O caos foi se espalhando pelo planeta. População acima de 7 bilhões de almas. Educação e saúde deficientes. Muita miséria ao lado da acomodação na forte ânsia consumista. Esperança em um futuro melhor em declínio. Ausência de alvos nobres e elevados.

Alguns aspectos da atualidade têm sido fartamente analisados pelo sociólogo polonês Zygmunt Bauman em seus livros. A globalização financeira, a fragilização do Estado e o esforço de seu confinamento fora da política econômica, enfim, o domínio e poder que a acumulação financeira outorga aos seus detentores. Monarcas e imperadores se tornaram déspotas. Governantes eleitos não cumpriram seu dever, exorbitando na busca de vantagens pessoais. Ditadores usurparam a liberdade. Enquanto isso, o poder financeiro foi se consolidando e ampliando seu domínio silencioso. Bauman narra esse processo com realismo: "*Deixar a máxima liberdade de manobra ao dominante e impor ao mesmo tempo restrições as mais estreitas possíveis à liberdade de decisão do dominado*".

Ultrapassada a fase da guerra fria com o antagonismo entre capitalismo e comunismo, adentramos na fase de predominância do capital financeiro. Sempre presente nesse meio está a antiga tendência luciferiana para exercer o domínio, sedimentada pelo historiador italiano Nicolau Maquiavel (1469/1527), considerado o fundador da ciência política moderna. Há uma luta, um confronto para aumento de poder, sem que haja uma real preocupação com a evolução humana. Após a expansão econômica e financeira da Ásia, novos confrontos vão surgindo no cenário. Vem despontado o regime de Estado forte, capitalista e autoritário. E, de outro lado, o liberalismo da economia de mercado, com o mínimo de Estado. Duas formas de organizar o mundo, ambas sem grandes preocupações com o aprimoramento humano. Trazem em seu arsenal a imposição, a corrupção ou a truculência e tortura para alcançar seus fins, mas o pior é quando a liberdade acaba, impedindo as pessoas de tomar suas livres decisões, de se movimentarem, sufocando o espiritual.

Agora, surge uma visão desoladora com a limitação de recursos naturais, alterações do clima, crise econômico-financeira. O homem sempre fugindo de sua responsabilidade de ser um beneficiador, impondo sua vontade, sem refletir que a vida é uma passagem rápida. O resultado é o caos, a vida dura, a baixa qualidade de vida. Da guerra econômica e psicológica poderemos passar para a guerra real? Quem põe ordem nisso tudo? Um poderoso vento de renovação já circula pelo planeta, fazendo antigas estruturas oscilarem.

De nada terá valido toda a astúcia e despotismo para acumular *status* e poder; tudo poderá se desfazer no turbilhão dos acontecimentos. Despojado de sua astúcia, o ser humano terá de arcar com as consequências de suas decisões. Reconhecerá que a Terra é apenas um ponto de transição e aprendizado, e não algo que lhe pertence, pois a vida real se processa no espiritual.

Robocop: o poder da manipulação das massas

A fase inicial da mais recente versão do filme *Robocop* (2014) mais se assemelha a um video game. Mas, apesar de alguma previsibilidade, aos poucos a trama vai crescendo e começa a empolgar com a posição complicada em que Alex Murphy – o Robocop, interpretado pelo ator Joel

Kinnaman –, fica submetido aos interesses econômicos na produção e venda das máquinas policiais robóticas. É interessante de se ver.

O filme mostra que com o travamento decorrente da lei do senador Dreyfus, bem aceita pelo público e que impede a implantação de máquinas sem conteúdo humano no policiamento, Sellars (Michael Keaton), o CEO da Omnicorp, poderosa fabricante de armamentos, se põe a campo com o propósito de modificar a opinião da população e influenciar os congressistas para revogar a lei. As comunicações e a psicologia das massas são mobilizadas por ele com grande astúcia, distorcendo os fatos de acordo com suas conveniências, sendo auxiliado nisso pela cínica diretora das questões jurídicas da corporação. Novak, interpretado por Samuel L. Jackson, é o garoto propaganda, muito convincente em seu trabalho de seduzir as massas através da televisão.

Já o dr. Dennett (Gary Oldman) apresenta um ensaio de neurociência no estudo da dinâmica cerebral de Alex para transformá-lo no Robocop. Porém, o médico fica muito distante do núcleo interior, que quando desperto se sobrepõe ao raciocínio, achando que a consciência é formada pelas experiências de vida, deixando de lado a intuição e sua origem e a prerrogativa humana da livre resolução. Sua preocupação é evitar que a sensibilidade de Alex interfira no trabalho do Robocop.

Como as máquinas e os personagens da ficção, no mundo real os humanos também estão sujeitos a manipulações em sua consciência. Temos de estar vigilantes para não engrossarmos as massas de manobras formadas pelos indolentes. Edward Bernays (1891–1995), austríaco que foi pioneiro no campo das relações públicas e da propaganda, e que ajudou a popularizar nos Estados Unidos as teorias de seu tio, o psicanalista Sigmund Freud, disse em seu livro *Propaganda*, editado em 1928, que poderíamos ser largamente governados, ter nossas mentes moldadas, nossos gostos formados e nossas ideias sugeridas por homens que nunca nem ouvimos falar. Barnays se baseava no princípio de que as pessoas são irracionais, suas decisões e ações são manipuladas facilmente, e aplicava esse conceito na construção da propaganda.

Ele mostrou que a propaganda era uma arma poderosa para influenciar nas mais diversas atividades humanas, desde o consumo de produtos até as campanhas político-eleitorais, e que é possível moldar a mente das massas de forma que elas conduzam a força de sua decisão na direção desejada, supondo que estão agindo com seu livre-arbítrio. Em uma de suas citações, ele afirmou: "*a manipulação consciente e inteligente dos hábitos organizados e opiniões das massas é um elemento importante na sociedade democrática. Aqueles que manipulam esse mecanismo oculto da sociedade detêm um poder invisível que acaba se tornando predominante sobre os anseios da população".*

Segundo Abdruschin, na *Mensagem do Graal*, o ser humano recebeu do Criador uma força de livre resolução, as faculdades de raciocinar e de sentir intuitivamente. Por isso, temos o dever de praticar o poder da reflexão, acompanhando atentamente todos os acontecimentos, ligando-os com lógica, para não cairmos, por preguiça espiritual, na condição de escravos de crenças cegas. Isso levaria ao reconhecimento da existência das leis naturais da Criação, e ao respeito a elas, que traria a paz e a felicidade.

Trajetória humana

A trajetória dos humanos só poderá ser modificada para melhor por meio do esforço para adquirir a compreensão da vida. Desde milênios, o caminho trilhado tem sido de decadência continuada e aumento da miséria. O viver requer um sentido, uma direção enobrecedora. No entanto, a Revolução Industrial e a consolidação do sistema monetário criaram novos paradigmas de trabalho e consumo, evoluindo para o sistema capitalista de produção, introduzindo, posteriormente, novas tecnologias que usam menos mão de obra, gerando desemprego e aumento da desigualdade econômica.

No capitalismo, o mais significativo é a possibilidade da liberdade individual. Um sistema de produção e comércio nas mãos de cidadãos sérios e responsáveis é melhor do que nas mãos de monopólios ou do Estado intervencionista, ambos sujeitos aos despotismos e arbitrariedades de indivíduos prepotentes que, em sua ânsia de dominar e ganhar, só pensam em seus interesses. O capitalismo dominado pelo "financeirismo" semeia caos e insustentabilidade, transformando o homem em peça descartável de pouco valor. O mundo precisa de líderes empresariais e governamentais com espírito de estadistas, que no presente assumam responsabilidades quanto ao futuro, buscando progresso real e sustentabilidade.

Com o crescimento da população e a limitação dos recursos naturais, o modo de vida tende a um agravamento das condições gerais de vida, sempre descuidadas em função da prioridade de fazer dinheiro. Há que se rever esse modelo, buscando equilíbrio nas relações humanas. Em uma sociedade evoluída, não deveriam ocorrer tantos conflitos de interesses particulares, pois todos estariam voltados para o progresso real. A sede de poder e riqueza tem gerado o egocentrismo, desequilibrando tudo.

Estamos decaindo em um sistema rígido, perdendo o sentimento humano. Séculos se passaram sem que houvesse grandes preocupações com o preparo da população, principalmente nos países que permaneceram na condição de colônias. A liberdade é fundamental. Empresas e governos precisam definir claramente suas funções no objetivo da melhora geral.

A elevação da qualidade humana e de vida não é algo que se realize por decreto. Deve ser uma aspiração de todos e para todos, pobres e ricos, homens públicos, empresários e empregados, artistas, professores e estudantes. Buscar a elevação com consideração humana e seriedade, orientando as novas gerações desde cedo para essa meta, em um esforço dedicado e permanente na busca da Luz da Verdade. Só assim o homem, dotado de espírito, poderá se tornar, efetivamente, um ser humano.

Tudo fica difícil porque o homem ainda não sabe o que é. Muitos pensam que é o animal que não deu certo. O homem precisa entender que não é animal. É espírito que está encarnado para se tornar ser humano, construtor e beneficiador de tudo. Precisa compreender que aqui está para se tornar humano, não para se acorrentar ao espaço, tempo, matéria, simbolicamente feito de barro vivificado pelo sopro, mas sim um corpo desenvolvido feito de matéria terrestre vivificado pela alma.

Muitos ensinamentos da Bíblia perderam seu significado, pois ela foi elaborada muitos anos depois, por pessoas que se basearam na memória de outros, sujeita a esquecimentos, omissões, imaginação. É uma obra espiritual escrita com os costumes e linguagem daquela época. Em Lucas, 12,47 é mencionado o Senhor, o Criador, e os servos, as criaturas humanas que deveriam reconhecer a Vontade de Deus inscritas nas Leis da Criação e viver segundo elas, colhendo progresso e felicidade, ou atraindo sofrimentos ao agir em oposição a elas. No entanto, isso não foi claramente compreendido e praticado.

Como alterar a trajetória de uma sociedade habituada ao crescimento sem limites, visando prioritariamente ao acúmulo de capital? Como mudar para um modo de vida sustentável, sem revoltas e violência, de forma sábia, disciplinada, pacífica e equilibrada? Só mesmo se seus componentes reconhecerem e agirem em conformidade com as leis naturais da Criação que, se respeitadas, permitem ao ser humano a realização de grandes feitos ainda não alcançados devido à sua teimosia e mania de grandeza.

Um estranho chega e vai falando com simplicidade coisas muito importantes para todos nós. Muitos ouvem atentamente, outros não gostam, não lhes agrada que coisas tão apropriadas sejam ditas com tanta simplicidade e, então, se fecham e menosprezam. No íntimo também gostariam de zombar, mas preferem o ar de superioridade, ocultando o que está em seus egos arrogantes. Em seu individualismo, muitas pessoas não acolhem naturalmente, não querem que outros se evidenciem mais do que eles próprios, perdendo uma boa oportunidade de observar a vida sob o foco da Luz da Verdade, pois o ser humano não é o centro do universo. A Mensagem do Graal, de Abdruschin, oferece aos pesquisadores a indispensável ética espiritualista universal em uma nova visão de mundo, sem dogmas nem misticismos, fundamentada no Amor, na Justiça e na Pureza.

Como modificar a trajetória da humanidade?

Estamos no século 21. Fantasmas e medos povoam o imaginário das pessoas. Há falta de responsabilidade. Os problemas se agravam. Não se nota nenhuma alteração importante no modo de ser e nas metas da humanidade. Violência, decadência moral, doenças. Tudo no modo de vida continua rasteiro com foco na bebida, comida e diversão, sem que haja projetos enobrecedores da espécie e busca da Luz da Verdade. A situação tende a piorar porque os erros aumentam.

A humanidade está sendo movida principalmente pelo mundo virtual das imagens que oferece inexpressiva motivação enobrecedora, predominando os aspectos negativos e cruéis do comportamento humano. Tudo converge para um facho mediocrizante de pouca luz. Os pensamentos permanecem nessa mesma sintonia, sempre atraindo a igual espécie. Tudo ao redor fica opaco e confuso, aumentando a incerteza na mente das pessoas, e tudo vai caindo no imobilismo com a acomodação na desesperança de melhor futuro. Para criar um mundo humano e sustentável, temos de modificar a base das motivações e dos pensamentos.

Sem reflexões e vigilância, o eu interior vai enfraquecendo, permitindo que o cérebro seja invadido pelas imagens e sons externos. Bombardeado de todas as formas, nosso cérebro atua além dos limites. Forte pressão invasora afeta a psique humana sobrecarregando nossos pensamentos com insatisfação, ódio e desesperança. Desejos vão sendo implantados enquanto a vida transcorre no ambiente acanhado das coisas menores. São os invejosos e mal-humorados rodeados por eles mesmos. Falta a alegria do encontro pelo encontro. Para alcançar a paz e a felicidade temos de integrarmos nosso modo de agir no funcionamento das leis da Criação.

O cérebro frontal tem sido programado para permanecer conectado ao negativismo, bloqueando a conexão intuitiva com a espontânea alegria de viver. Angustiadas, as pessoas deixam de ouvir a voz interior, a própria intuição, uma breve percepção de algo que devemos reter, antes que inúmeras interferências tentem apagá-la. O sono reparador concede o necessário descanso ao cérebro, mas tem sido dificultado pela agitação desta era de turbulências. Mantenha a serenidade se quiser ter uma vida longa e lúcida. A ansiedade, o nervosismo, a insatisfação e o descontrole emocional são altamente danosos para o ambiente e para os que estão próximos, mas também causam danos nos neurônios, os quais vão se manifestar mais tarde através do mau funcionamento do cérebro. No entanto, como as crianças, temos de alcançar o sereno estado da espontânea alegria de viver, fazendo o que gostamos, gostando do que fazemos, sem perder de vista o nosso propósito de vida, nosso alvo elevado, vivendo o presente com alegria e gratidão sem perturbar a harmonia com descontentamento e mau humor.

"Eis que irrompe agora como um raio vindo da Luz! Força Divina cai súbita e inesperadamente nos fios do destino de todos os seres humano terrenos, bem como de todas as almas que se encontram nas planícies da Criação posterior. Devido a isso vai agora tudo direta e inesperadamente para o remate final". (Mensagem do Graal, Peregrina uma Alma)

Enquanto houver boa vontade, a melhora geral sempre será possível, buscando-se o autoaprimoramento, observando a lei do movimento aplicada na grande causa da humanização da vida através do fortalecimento da espiritualidade, da coesão do querer de seres humanos para irradiar a Luz da Verdade.

A *Mensagem do Graal* e a humanidade

"Escrevi a Mensagem do Graal, que eu ansiava trazer à humanidade. Essa Mensagem contém o saber da atuação completa da Criação, sem lacunas. Nela, os seres humanos reconhecem os caminhos que devem seguir, a fim de alcançarem a paz interior e, com isso, uma atividade alegre já aqui na Terra." (Abdruschin).

Abdruschin publicou muitos livros e artigos destinados a auxiliar a evolução espiritual da humanidade buscadora da Luz da Verdade. Deu ênfase a textos destinados à compreensão da gravidade daquela época triste do século XX, com guerras, crise econômica, miséria. No entanto, em face à continuada decadência espiritual da humanidade, nada foi como poderia e deveria ter sido. Os elevados valores deixaram de ser aproveitados na melhoria das condições de vida e progresso espiritual.

Ao fazer as escolhas que fez, conforme seu livre-arbítrio, a humanidade perdeu a oportunidade de resgatar e se libertar dos erros milenares para alcançar a condição verdadeiramente humana; tendo permanecido sintonizada nas concepções erradas, mantendo a tendência de preparar um futuro cada vez mais funesto para si, fato que percebemos claramente nos caóticos acontecimentos que observamos diariamente.

Incompreendido e abandonado por aqueles que anteriormente manifestaram o desejo de contribuir para a libertação espiritual da humanidade através da Verdade, Abdruschin ficou decepcionado e percebeu que o ser humano não é digno de confiança, apesar de receber tudo da Luz, inclusive a melhor condução para progredir espiritualmente.

A humanidade prosseguia em sua trajetória decadente. Em 1939, dez anos após a crise da Bolsa de Nova York, eclodiu a Segunda Guerra Mundial. Exilado pelo governo nazista, impedido de se apresentar em público ou receber seus amigos, Abdruschin procedeu à atualização de sua obra, em três volumes, adequando-a ao novo cenário da humanidade. A *Mensagem do Graal* foi concebida para conter a essência do atuar das Leis da Criação, explicadas sob a Luz da Verdade, e tudo o mais que os seres humanos necessitam para sua evolução integral.

Tudo ficara prejudicado, sem que houvesse nenhuma melhora no comportamento humano, apesar do sofrimento e miséria. Solitário, Abdruschin abandonou seu corpo terreno em dezembro de 1941. Impunha-se proteger sua obra para que permanecesse intocada diante dos poderosos interesses egocêntricos de influência e domínio sobre a humanidade. A simplicidade e a lógica naturalidade da *Mensagem do Graal* "Na Luz da Verdade" era uma ameaça ao domínio das doutrinas místicas e dogmáticas.

Nos anos 1950, logo após o término da Segunda Grande Guerra, havia um alvoroço, um período de graças. Muitos seres humanos ansiavam encontrar a Luz da Verdade, buscando a espiritualidade para uma vida melhor, com paz e harmonia. Naquela época, havia muitos obstáculos: interferência da religião, censura velada, dificuldade de acesso aos livros. Hoje em dia é tudo mais fácil: há mais liberdade, a internet tornou tudo mais acessível para os pesquisadores. No entanto, os apelos para o consumismo, a luta pela sobrevivência, a queda do nível moral e educacional acabaram agindo como entorpecentes sobre o indolente ser humano. Quanto mais se reduz o número dos que buscam a Luz da Verdade, mais a vida vai piorando no mundo, e mais se reduzem as possibilidades de paz e harmonia.

Segundo Harry von Sass, "*com sua Mensagem do Graal na Luz da Verdade, Abdruschin deu aos seres humanos a possibilidade de se libertarem, espiritual e terrenamente, do caos atual, de levarem uma vida digna na matéria e um dia voltarem para sua pátria espiritual. O ser humano tem seu livre-arbítrio, podendo decidir se seu caminho deve conduzir rumo à Luz ou para as trevas. Abdruschin modificou em vários pontos a versão original de sua Mensagem, retirando dela várias dissertações (...) De mais a mais, retirou tudo o que se referia à missão terrena dele, bem como muito que se referia aos efeitos imediatos do Juízo*".

A *Mensagem do Graal* permanece à disposição dos humanos há décadas, em diversos idiomas, através da atividade de divulgação desenvolvida voluntariamente por aqueles que reconheceram o elevado valor contido nessa obra. Embora se constitua em uma verdadeira Universidade Espiritual, ela ainda é pouco conhecida, pois a espiritualidade não tem sido a prioridade na educação para a vida, embora seja a condição essencial para o desenvolvimento integral, elevando os seres humanos e a cultura, capacitando-os para construir um mundo em paz e harmonia. Quando se começa a compreender a Mensagem do Graal, só agradecimento de todo coração ao Criador deveria ser nossa prece.

É Abdruschin quem nos dá o desfecho sobre nossa trajetória: *"Em meio ao cipoal dos conceitos errados criados pela humanidade, as condições de vida para a felicidade não são, de modo algum, tão difíceis de cumprir, como parece à primeira vista aos semiconhecedores. A felicidade é muito mais fácil de ser obtida do que tantos imaginam. A humanidade só tem de conhecer, antes de mais nada, as leis que residem na Criação. Se viver de acordo com elas, terá de se tornar feliz! Hoje, porém, ela ainda se acha muito distante disso e, por essa razão, aqueles que se aproximam da Verdade na Criação sentir-se-ão, por enquanto, solitários na maior parte das vezes, o que porém de modo algum infelicita, mas sim traz em si uma grande paz".*

Na Luz da Verdade: um Comentário Indispensável

Quero deixar claro que não é minha intenção fazer publicidade sobre o mencionado livro *Na Luz da Verdade, Mensagem do Graal*, de Abdruschin. Meu desejo é apenas divulgá-lo, para auxiliar aqueles que, sem saber exatamente onde, estão procurando esclarecimentos sobre o significado da vida, sobre a correlação entre a vida material e espiritual.

Com certeza, qualquer tipo de publicidade desse livro não receberia a aprovação de seu autor. Prova disso é a transcrição da introdução constante no volume 1:

"A venda cai, e a crença se torna convicção. Somente na convicção residem libertação e salvação!"

"Falo somente para aqueles que procuram com sinceridade. Urge que estejam aptos e dispostos a examinar objetivamente os fatos. Os religiosos fanáticos e entusiastas volúveis que permaneçam à distância, pois são nocivos à Verdade. Quanto aos malévolos e incoerentes, encontrarão nas próprias palavras seu julgamento."

"A Mensagem atingirá somente aqueles que ainda trazem em si uma centelha da Verdade e o anseio de se tornarem seres humanos realmente. Para todos esses, então, ela será um luminar e um firme apoio. Sem rodeios, ela abrirá o caminho através da caótica confusão atual."

"A palavra que se segue não traz uma nova religião, mas terá de ser o archote para todos os ouvintes e leitores sinceros, a fim de que encontrem o caminho certo que os leve à almejada altitude."

"Só pode progredir espiritualmente quem se movimenta por si. O tolo, que se serve das formas já prontas das concepções alheias, como meio de auxílio, segue seu caminho como que se apoiando em muletas, enquanto seus próprios membros sadios permanecem inativos."

"Tão logo, porém, utilize todas as faculdades que jazem dentro de si à espera de seu chamado, corajosamente, como meio para a escalada, ele aproveita as dádivas que lhe foram confiadas de acordo com a Vontade de seu Criador, e facilmente vencerá todos os obstáculos que procuram cortar seu caminho, distraindo-lhe a atenção".

"Por isso, despertai! Somente na convicção repousa a verdadeira crença, e a convicção só vem através de exames e análises irrestritas. Sede seres vivos na maravilhosa Criação de vosso Deus!"

Conclusão

Uma grande inquietação perpassa por toda a Terra. Uma grande parte dos seres humanos está insatisfeita com as respostas disponíveis. "Quem procura, acha" significa que o encontro está reservado àqueles que buscam. Eis a grande promessa. Só poderá achar quem procurar efetivamente.

Ao escrever estas reflexões, recolhi algumas pérolas de sabedoria extraídas do livro *Na Luz da Verdade, Mensagem do Graal*, de Abdruschin.* O tesouro está intacto, à disposição de pesquisadores sinceros que poderão recolher pérolas e muitas preciosidades para adornar a alma, na medida em que as reconhecerem e colocarem-nas em prática em seu viver cotidiano.

Aproximar-se da Luz da Verdade é imperioso para que os seres humanos possam emergir da confusão reinante, compreendendo o real significado da vida. Mas a Verdade requer raciocínio lúcido, lógica, objetividade e sincero meditar intuitivo. Sem esses atributos, não há como alcançar a força e o revigoramento que ela propicia. Aqueles que procurarem a Luz da Verdade sem estarem imbuídos desse espírito nada encontrarão. A apatia ou a indolência espiritual, o fanatismo, o sectarismo religioso e o misticismo são grandes empecilhos para o encontro com a Verdade. Já a humildade espiritual e a sinceridade ajudam a abrir as portas do saber real.

A empreitada é altamente compensadora, pois ela oferece a possibilidade de vivificar o espírito para que, fortalecido, ele ascenda, saindo da caótica turbulência em que a vida humana se desenrola atualmente,

---

N.A. O livro *Na Luz da Verdade, Mensagem do Graal*, escrito por Abdruschin de 1923 a 1937, disponível em vários idiomas, não propõe uma religião, mas oferece, com toda a simplicidade, um quadro nítido da atuação automática da Criação, por meio da qual os seres humanos podem reconhecer claramente os caminhos que lhes são bons, alcançando a paz em seus lares e adquirindo forças para um alegre atuar.

cercada de medos e tristezas, desconfianças e insatisfação. Somente a Luz da Verdade poderá libertar o aflito ser humano da desarmoniosa situação em que a vida se transformou. Sejam aqui oferecidas, como arremate, as palavras de Abdruschin:

"*Apenas o realmente nobre, o que tiver boa vontade, é capaz de se esforçar para cima, livre de cobiças inferiores.*"

"*Não há perigo maior do que deixar uma lacuna, cuja necessidade de preenchimento muitas vezes se sente de modo intuitivo. Nada adianta querer passar por cima disso, porque tal lacuna impede cada progresso, e um dia deixará ruir uma construção que sobre isso for erigida, mesmo que seja executada com a maior habilidade e com material deveras bom*".

"*Assim se apresentaram hoje diversas comunidades religiosas cristãs. Com tenaz energia fecham os olhos e ouvidos ante muitos trechos de suas doutrinas que deixam perceber uma falta de lógica. Com palavras ocas, procuram passar por cima disso, em lugar de realmente se ocuparem com isso de modo sério.*"

Desde longa data os seres humanos se afastaram da vida real, esquecendo-se de que cada resolução individual lhes traça a trajetória que terão de percorrer na Criação. Atualmente, o que se acredita sobre o significado da vida está distorcido, mutilado. Os seres humanos acham que a vida é aquilo que imaginam, sem atentarem para o funcionamento determinado pela perfeição da Vontade do Criador e Suas leis, que conduzem, beneficiando e aprimorando, o ser humano ao encontro da Luz e da felicidade.

Mais do que nunca, necessitamos de paz e serenidade para manter o equilíbrio emocional, força e coragem para resistir e suportar os embates, e sabedoria para encontrar soluções que reconduzam o viver para um ajustamento com as Leis da Criação. Então, a paz e a alegria surgirão naturalmente no coração das criaturas humanas. Se quisermos sair da atual fase de caos e horrores, teremos que irradiar nobreza, despertando alegria uns aos outros!

Referências Bibliográficas

ABDRUSCHIN, O.E.B. *Na Luz da Verdade*: a *Mensagem do Graal*. Embu: Ordem do Graal na Terra, 2001. v.I, II e III.
_____. *Os Dez Mandamentos e o Pai Nosso*. Embu: Ordem do Graal na Terra, 2002. 80p.
_____. *Respostas a Perguntas*. Embu: Ordem do Graal na Terra, 1993. 174p.
ALBERONI, F. *Arte de Comandar*. Rio de Janeiro: Rocco, 2004. 168p.
Apóstolos de Jesus. Embu: Ordem do Graal na Terra, 2002. 256p.
ARMSTRONG, K. *Jerusalém*. São Paulo: Companhia das Letras, 2000. 560p.
ASLAN, R. *Zelota*. Rio de Janeiro: Zahar, 2013. 304p.
Aspectos do Antigo Egito. Embu: Ordem do Graal na Terra, 2004. 416p.
BOWKER, J. *Deus, uma Breve História*. Rio de Janeiro: Globo, [200-].
BROWN, D. *O Código Da Vinci*. Rio de Janeiro: Sextante, 2004. 423p.
Buddha. Embu: Ordem do Graal na Terra, 2002. 252p.
COX, S. *Decifrando o Código Da Vinci*. Rio de Janeiro: Bertrand Brasil, 2004. 116p.
Ecos de Eras Longínquas. Embu: Ordem do Graal na Terra, [19--].
GAARDER, J. et al. *O Livro das religiões*. São Paulo: Companhia das Letras, 2000. 302p.
HASSNAIN, F. *Jesus, A Verdade e a Vida*. São Paulo: Madras, 1999. 274p.
Jesus: O Amor de Deus. Embu: Ordem do Graal na Terra, 2002. 400p.
JOHNSON, P. *História dos Judeus*. Rio de Janeiro: Imago, [200-]. 683p.
JORGE, F. *Lutero e a Igreja do Pecado*. São Paulo: Mercuryo, 1992. 226p.
KIYOSAKI, R.; LECHTER, S. *Profecias do Pai Rico*. São Paulo: Campus, 2003. 254p.

KNIGHT, S. *Explorando o Druismo Celta*. São Paulo: Madras, 2003.
Lao-Tsé. Embu: Ordem do Graal na Terra, 2001. 304p.
LUTZER, E. *A Fraude do Código Da Vinci*. São Paulo: Vida, 2004. 149p.
MARQUES, F.J. *Reflexões sobre Temas Bíblicos*. Embu: Ordem do Graal na Terra, 2004. 176p.
MEIER, L. *Moisés: o Príncipe, o Profeta*. São Paulo: Madras, [200-]. 169p.
PAES E FILHOS, O. *Artur Universo Angus*. São Paulo: Planeta do Brasil, 2004. 71p.
SASS, R. *A Desconhecida Babilônia*. Embu: Ordem do Graal na Terra, 2000. 304p.
_____. *A Grande Pirâmide Revela Seu Segredo*. Embu: Ordem do Graal na Terra, 1998. 368p.
_____. *A Verdade Sobre os Incas*. Embu: Ordem do Graal na Terra, 1999. 288p.
_____. *Atlântida: Princípio e Fim da Grande Tragédia*. Embu: Ordem do Graal na Terra, 1997. 176p.
_____. *O Livro do Juízo Final*. Embu: Ordem do Graal na Terra, 1999. 384p.
_____. *O Nascimento da Terra*. Embu: Ordem do Graal na Terra, 1998. 176p.
_____. *Os Primeiros Seres Humanos*. Embu: Ordem do Graal na Terra, 1999. 160p.
_____. *Revelações Inéditas da História do Brasil*. Embu: Ordem do Graal na Terra, 2001. 256p.
_____. *Sabá, O País das Mil Fragrâncias*. Embu: Ordem do Graal na Terra, 2002. 416p.
TIMMS, M. *Predições e Profecias*. São Paulo: Pensamentos, 1993. 281p.
VALLET, O. *Uma Outra História das Religiões*. São Paulo: Globo, 2002. 320p.